合规指南系列

国有企业合规管理体系建设实务

岳云 | 主编
刘峻 马勇 黎明琳 | 副主编

增订版

法律出版社 LAW PRESS · CHINA | 北京

图书在版编目(CIP)数据

国有企业合规管理体系建设实务：增订版 / 岳云主编. -- 2 版. -- 北京：法律出版社，2024
ISBN 978 - 7 - 5197 - 8634 - 2

Ⅰ. ①国… Ⅱ. ①岳… Ⅲ. ①国有企业－企业法－研究－中国 Ⅳ. ①D922.291.914

中国国家版本馆 CIP 数据核字（2023）第 238945 号

国有企业合规管理体系建设实务(增订版)
GUOYOU QIYE HEGUI GUANLI TIXI
JIANSHE SHIWU（ZENG DING BAN）

岳 云 主 编
刘 峻 马 勇 黎明琳 副主编

策划编辑 朱海波
责任编辑 朱海波
装帧设计 汪奇峰 臧晓飞

出版发行 法律出版社
编辑统筹 法律应用出版分社
责任校对 蒋 橙
责任印制 刘晓伟
经　　销 新华书店

开本 710 毫米×1000 毫米 1/16
印张 27.75 **字数** 450 千
版本 2024 年 2 月第 1 版
印次 2024 年 2 月第 1 次印刷
印刷 北京盛通印刷股份有限公司

地址：北京市丰台区莲花池西里 7 号(100073)
网址：www.lawpress.com.cn
投稿邮箱：info@lawpress.com.cn
举报盗版邮箱：jbwq@lawpress.com.cn

销售电话：010 - 83938349
客服电话：010 - 83938350
咨询电话：010 - 63939796

书号：ISBN 978 - 7 - 5197 - 8634 - 2
定价：98.00 元

凡购买本社图书，如有印装错误，我社负责退换。电话：010 - 83938349

本书编写组

主　编：岳　云

副主编：刘　峻　马　勇　黎明琳

编　委：刘　宇　杨碧茹　黄春红　王　赟

李泽忠　陈美君　泽旺卓玛　张　鑫

吕　远　陈　稳　韩　露　孙慧玲

由家屹

第二版序言

立足于2022年“合规管理强化年”之背景，为满足国有企业合规管理体系建设之实务需要，本书编委会于2022年8月编著出版了《国有企业合规管理体系建设实务》一书，初版见书即深受广大国有企业的欢迎和法律界的广泛关注。

彼时，国内鲜有涉及国有企业合规管理的专著，合规管理工作的推进也面临一些不确定因素，编者克服诸多困难写就此书。幸而“轻舟已过万重山”，各地国有企业自2022年“合规管理强化年”行动开展以来，启动了建设国有企业合规管理体系的探索，合规管理工作取得明显成效。围绕各地国有企业做出的探索与实践，编者实时关注，进行了研究和提炼，将国有企业在风险识别、流程管控、建立“三道防线”、合规文化建设、重点领域合规管理、法律纠纷案件管理等方面的具体做法和示例纳入本书。

本书第一版出版后，国务院国有资产监督管理委员会发布了《中央企业合规管理办法》，标志着国有企业合规管理体系建设迈向2.0时代。《中央企业合规管理办法》正式稿相较于征求意见稿有明显变化，相较于此前的《中央企业合规管理指引》更加突出刚性约束，内容更全、要求更高、措施更实。

同时，本书自出版以来，收到许多来自国有企业合规专家、合规专职管理人员等读者的反馈，建议增加实务中的具体做法和示例，以便在日常工作中参照适用。

综上所述，本书编委会从实务的角度出发，以《中央企业合规管理办法》为锚，对《国有企业合规管理体系建设实务》进行了修订。在第一版的基础上更新了国有企业合规管理组织架构的搭建、国有企业合规管理运行机制、国有企业合规文化与信息化建设等内容，特别增加《中央企业法律纠纷案件管理办法》的解读与应用专章，紧贴国有企业加强合规管理体系建设的实际需求，系统梳理、阐释了《中央企业合规管理办法》的落地要点，并扩充了国有企业合规管理体系建设案例，增加了国有企业合规管理实务工作中的具体做法和示例，以期对国有企业合规管理 2.0 体系的建设有所裨益。

本书付梓前夕，十四届全国人大常委会第七次会议通过新修订的《中华人民共和国公司法》，自 2024 年 7 月 1 日起施行。新《公司法》实质新增和修改多达 110 余条，对公司治理的诸多制度进行了重构，其影响力可见一斑。新《公司法》尤其对深化国有企业改革、完善中国特色现代企业制度作出了创新性修订，其中第一百七十七条明确规定“国家出资公司应当依法建立健全内部监督管理和风险控制制度，加强内部合规管理”，将国有企业合规管理从部门规章层面上升至法律层面，昭示着国有企业合规管理步入新时代。本书编委会第一时间认真研究学习《公司法》，就《公司法》与本书国有企业合规管理相关内容进行了修订、调整，重点就合规管理组织架构及董事、监事、高级管理人员职责义务进行了充实、完善，及时体现新《公司法》对国有企业合规管理的指引，有助于国有企业更好地应对当前新的法律环境所提出的挑战，把握时代新变局下的历史机遇。

本书得以再版，要特别感谢广大读者的支持与厚爱，以及法律出版社编辑朱海波先生的鼎力支持。多位专家和业内人士为本书的修订提出了许多宝贵建议，在此一并表示感谢！

是为再版序言。

2024 年 1 月

第一版序言

合规管理被认为是与业务管理、财务管理并驾齐驱的现代企业管理三大支柱之一。合规管理体系，是指包括合规管理人员、合规组织、合规制度、合规技术以及合规管理运行在内的各合规管理要素构成的有机统一的合规管理系统。

国有企业是国家经济发展的“主动脉”，是国民经济的支柱，在国家经济社会发展中发挥重要支撑、引领和带动作用。国有企业合规管理体系建设是完善国有企业公司治理机制、推动中国特色现代企业制度更加成熟定型的重要组成部分。加强国有企业合规管理体系建设，不仅是国有企业主动适应新监管体系、防范合规风险的题中之义，也是实现国有企业高质量发展、赢得国际市场竞争的必由之路，更是全面推进依法治国、加快建设社会主义法治国家的必然要求。

2022 年 4 月 1 日国务院国有资产监督管理委员会(以下简称国务院国资委)发布了《中央企业合规管理办法(公开征求意见稿)》，标志着以中央企业为代表的国有企业合规管理开始进入深化期。面对国务院国资委对强化合规管理建设的新任务、新要求，国有企业应该如何遵照其部署要求，扎实有效的推进合规管理建设，为实现国有企业高质量发展提供强有力法治保障，从而取得经得起历史和实践检验的实际效果？这是当前国有企业发展亟待解决的紧迫课题。

本书从实务的角度出发，紧贴国有企业加强合规管理体系建设的实际需求，系统梳理、阐释了合规管理体系建设的基本原则、组织架构、风险管理和重点领域。既深入研究了最新合规管理体系建设相关的法律法规及政策性文件，具体分析了国有企业实践中面临的重点问题和难点问题，又在全面总结本书编者律师团队参与指导国有企业合规管理体系建设的丰富实务经验的基础上，提出了推进国有企业合规管理体系建设的实现路径和操作方法，以期对国有企业合规管理体系建设的完善有所裨益。

本书具有三大亮点：

1. 前沿性。本书深入研究了最新合规管理体系建设相关的法律法规及政策性文件，将国有企业合规管理与法治中国建设紧密联系，把国务院国资委对国有企业合规建设的最新要求融入其中，体现了合规管理建设的与时俱进。

2. 专业性。本书结合国有企业的特殊性和独特优势，专门就国有企业合规管理体系建设涉及的合规人员、合规组织、合规制度、合规技术等系统性问题进行了深入研究，推进"因企制宜，因企施策"，具有很强的专业性和针对性。

3. 实用性。本书聚焦当前国有企业合规管理体系建设实践中面临的重点、难点问题，且编者律师团队多年来致力于国有企业的合规管理体系建设，具有丰富的实务经验，对国有企业合规管理体系建设具有很强的可操作性和实用性。

古语云："常制不可以待变化，一途不可以应无方，刻船不可以索遗剑"。面对实务中层出不穷的问题和挑战，国有企业推进企业合规管理体系建设势在必行，希望本书对国有企业建设合规管理体系、实现持续健康发展有所助益。

是为序。

2022 年 6 月

目 录
CONTENTS

第五章 国有企业合规文化与信息化建设

第六章 国有企业合规管理的重点领域

第七章 《中央企业法律纠纷案件管理办法》的解读与应用

第八章 国有企业合规管理体系建设案例分析

附录一　国有企业合规管理相关规定

附录二　合规管理文件示例

第一章　国有企业合规管理体系概述

国有企业合规管理体系建设是国家治理体系和治理能力现代化的重要内容，是加强国有企业合规管理、提升国有企业依法治企能力、实现国有企业高质量发展的必然要求。推进国有企业合规管理体系建设，应当深入贯彻习近平法治思想，紧紧围绕新时代党和国家的中心工作，落实全面依法治国战略部署，充分发挥法治规范、引领、保障国有企业健康发展的重要功能作用，适应国有企业合规管理的发展趋势，全面提升国有企业的合规管理能力。

第一节

国有企业合规管理的概念释义

一、合规的定义

“合规”是英文“compliance”的翻译，意为遵守、服从。《元照英美法词典》将合规译为“服从、遵守、顺从”等意思。“规”的含义是多重的，并不仅限于法律法规，同时包括公司合规和伦理体系。按照美国律师协会（ABA）合规指南起草人之一保罗·E.麦格雷尔（Paul E. McGreal）的表述，公司合规和伦理体系应当同时符合法律和内部伦理标准。一方面，公司必须创造内部合规文化，教育和动员劳动者严格遵循法律规则和伦理规范；另一方面，公司通过风险评估和监督机制来防范和处置违规。

由于国内语境下所称合规主要是指企业合规，且本书讨论对象主要为国有企业，因而本书“规”的范围是参照中华人民共和国国务院国有资产监督管理委员会（以下简称国务院国资委）和中华人民共和国国家发展和改革委员会（以下简称国家发改委）的定义来规制的。

本书所称“国有企业”是指国有独资企业及国有控股企业，国有控股企业包括国有资本占企业资本总额50%以上的企业，以及虽不足50%，但国有资产投资者实质上拥有控制权的企业。根据《中央企业合规管理办法》(以下简称《央企合规办法》)第三条的规定,本书所称“合规”是指企业经营管理行为和员工履职行为符合国家法律法规、监管规定、行业准则和国际条约、规则,以及公司章程、相关规章制度等要求。国家发改委等七部委《企业境外经营合规管理指引》(以下简称《境外合规指引》)将合规规范定义为法律法规、国际条约、监管规定、行业准则、商业惯例、道德规范和企业依法制定的章程及规章制度等。由此可见,国有企业应当遵守的合规规范包括外部合规规范与内部合规规范(见图1－1)。

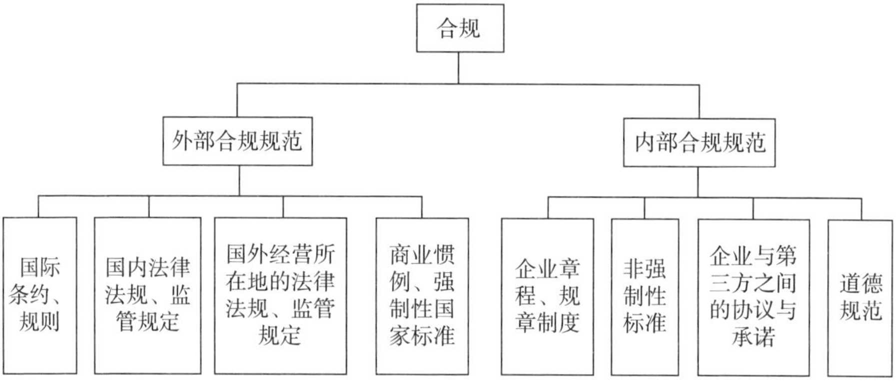

图1－1　合规规范结构

二、合规管理与管理体系

合规管理被认为是与业务管理、财务管理并驾齐驱的企业管理三大支柱之一。合规管理源于美国银行业,20世纪30年代金融危机下的大萧条使美国监管者深刻认识到防范重大风险、确保金融系统稳定的重要性,因而加强了对银行业的合规监管,随后发展到各领域。我国国有企业的合规管理起步较晚,但从一开始就关注全面合规管理体系的建设。我国《央企合规办法》、《央企合规指引》、《境外合规指引》以及有关企业合规管理的国家标准《合规管理体系　要求及使用指南》(GB/T 35770—2022)(以下简称《合规要求及指南》)等都强调和引导国有企业进行合规管理,建立全面合规管理体系。

根据《央企合规办法》第三条的规定,"合规管理"是指企业以有效防控合规风险为目的,以提升依法合规经营管理水平为导向,以企业经营管理行为和员工履职行为为对象,开展的包括建立合规制度、完善运行机制、培育合规文化、强化监督问责等有组织、有计划的管理活动。简言之,合规管理旨在告诉企业在具体的操作过程中怎么合理地做,合规地做,合法地做。

合规管理体系则是一个框架,该框架是基本结构、方针、过程和程序的有机结合,其目的是实现预期的合规结果,并发挥作用以预防、发现和响应不合规。2022 年 10 月 12 日正式发布的《合规要求及指南》界定了合规管理体系的构成要件,如图 1 – 2 所示。

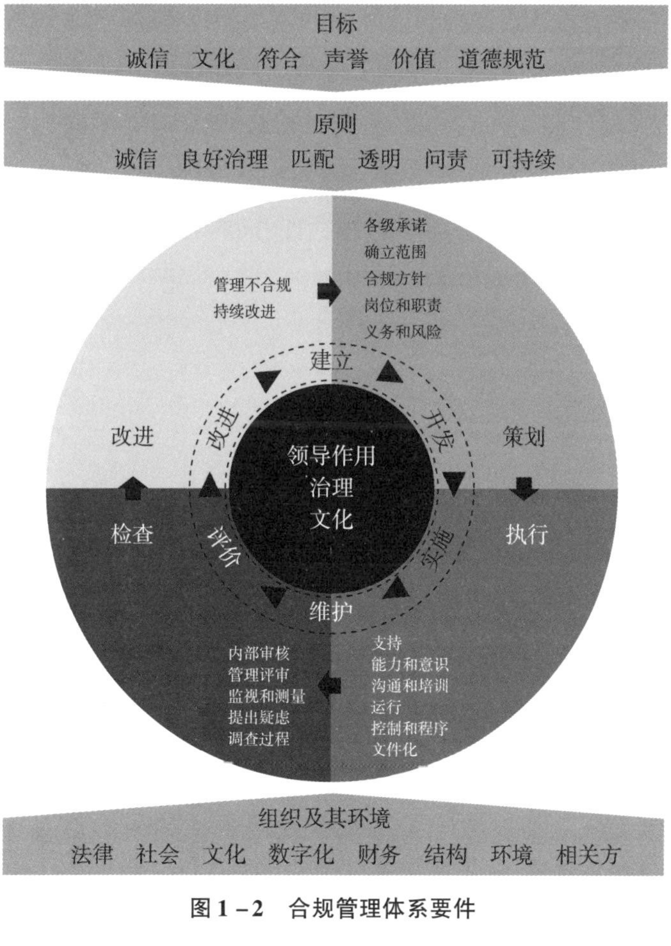

图 1 – 2 合规管理体系要件

合规管理体系建设对于推进国有企业合规管理具有十分重要的意义。在合规管理体系不完备的情况下，国有企业的合规管理职能分散于财务、法务、纪检和内控等部门，造成合规管理的职能划分不清晰，存在职能真空和重复的问题。同时，企业问责追责制度不健全，在事后对违规行为进行处理时浮于表面，无法从根本上解决问题。而合规管理体系的建设将帮助企业全面审查和梳理内部规章制度，完善合规管理相关的考核奖惩与监督检查机制，使之合法合规。

概括而言，国有企业按照我国有关风险管理、内控体系、内部审计体系、法律风险管理、纪检监察等方面法律法规的要求，建立各自的组织、制度和管理体系。通过整合各相关部门的体系和资源，推动合规管理与法律风险防范、监察、审计、内控、风险管理等工作相统筹、相衔接，推动企业整体管理水平和管理能力的提高。通过依法合规、诚实经营等合规理念和价值观的宣传、合规培训、检查监督、管理评估、考核评价、违规调查和问责等，提高各部门与员工守法合规的自觉性，同时帮助企业提升管理能力和管理效率，节约管理成本。

第二节

国有企业合规管理在我国的发展

一、国有企业合规管理与法治中国建设

党的十八届四中全会为法治中国建设指明了方向。习近平总书记指出，法律是治国之重器，法治是国家治理体系和治理能力的重要依托。①《法治中国建设规划(2020—2025 年)》围绕建设中国特色社会主义法治体系和社会主义法治国家，提出了法治中国建设的总体目标，即实现法律规范科学完备统一(法律规范体系)，执法司法公正高效权威(法治实施体系)，权力运行受到有效制约监督(法治监督体系)，人民合法权益得到充分尊重保障，法治信仰普遍确立(法治实施体系)，法治国家、法治政府、法治社会全面建成。

全面依法治国是国家治理的一场深刻革命，关系党执政兴国，关系人民幸福安康，关系党和国家长治久安。党的二十大报告将"坚持全面依法治国，推进法治中国建设"作为专章阐释，明确提出"全面推进国家各方面

① 中共中央党史和文献研究院、中央学习贯彻习近平新时代中国特色社会主义思想主题教育领导小组办公室编:《习近平新时代中国特色社会主义思想专题摘编》，党建读物出版社、中央文献出版社 2023 年版，第 275 页。

工作法治化”，对新时代全面依法治国作出部署。法治中国建设的创新发展，要求在基本原则上，创新中国特色社会主义法治理论与实践；在法律规范体系上，创造性做好地方立法工作，创新社会治理法律制度建设，实现立法和改革决策相衔接；在法治实施体系上，创新执法方式，创新事中、事后监管，创新普法工作；在法治保障体系上，创新涉外法治人才培养模式；在党对法治中国建设的集中统一领导下，构建具有中国特色、实践特色、时代特色的理论体系和话语体系，创新时代中国特色社会主义法治体系。

依法治企是全面依法治国的微观基础，是依法治国不可或缺的重要内容。国有企业是中国特色社会主义的重要物质基础和政治基础，是我们党执政兴国的重要支柱和依靠力量，是党和国家治理体系的重要组成部分，也是法治中国建设的重要参与主体。国有企业合规管理是依法治企的必然要求和重要抓手。党的十八大以来，国有企业在依法治企、推进合规管理方面进行了许多有益的探索，取得了一定成效。但还存在法治意识淡薄、合规管理体系不健全、法律人才储备不足等问题，特别是与新时代国有企业高质量发展的要求相比还存在诸多问题。国有企业要坚持以习近平法治思想为指导，坚定不移深化依法治企各项工作，持续提升依法治企水平，切实发挥法治的保障作用，为实现国有企业高质量发展提供强有力的法治保障。

第一，要将全面依法治企、建设法治国有企业纳入发展规划，加强法治建设顶层设计。坚决贯彻落实习近平法治思想，围绕国务院国资委关于“治理完善、经营合规、管理规范、守法诚信”的法治要求，结合企业发展现状进一步明确重点任务和组织保障，引领全面依法治企各项工作真正落到实处、取得实效。

第二，要充分发挥法治在推进企业治理体系和治理能力现代化中的重要作用。坚持依法合规治企的方略，有效保障公司治理体系的系统性、规范性、协调性。进一步增强“法律至上、权责对等、遵守程序、公平公正、诚实守信、依法维权”等现代企业法治理念。充分运用法治原理和法治机制完善公司内部治理，提升治理法治化水平，在激发企业活力的同时规范企业发展。

第三，要将落实依法治企要求贯穿国有企业发展全过程。把落实法治要求贯穿经营管理各方面，确保法治建设落地生根。坚持法治建设与党建工作紧密结合，不断提高党员领导干部法治素养，严格违纪违法责任追究。坚持法治建设与深化改革紧密结合，确保改革稳妥推进、风险受控。坚持法治建设与业务拓展、市场营销、风险防范等工作紧密结合，做到事事守法合规。主动适应法治化要求，持续提升防范法律合规风险。

第四，要加强协同联动，着力打造法治建设系统工程。企业合规管理层要加强法治建设顶层设计和组织领导，发挥好总揽全局、牵引各方的作用。各职能部门要按照公司统一部署，加强对部门法治建设工作的推动落实。法律部门要做好法治建设组织推进、综合协调、督办检查工作，制定完善相关管理制度，在参与重大事项、防范重大风险、维护重大权益中发挥法律专业保障作用。

第五，要切实发挥企业领导干部在法治建设中的关键作用。各级领导干部要切实提高政治站位，牢固树立法治观念，增强规矩意识，自觉运用法治思维做好谋划发展、深化改革等工作。要将推进法治建设、落实守法合规要求转化为具体行动。建立有效的制度机制，完善法律素质考评机制，在企业牢固树立正确的选人用人导向。

国务院国资委将2022年规划为“国有企业合规管理强化年”，部署相关工作并强调了国有企业合规管理与法治中国建设的紧密联系。要求国有企业必须把强化合规管理放到贯彻习近平法治思想的高度来认识，放到落实全面依法治国战略的全局来部署，放到保障企业高质量发展的层面来推动，力争通过一年时间推动企业合规管理工作再上新台阶。将国有企业合规改革与法治中国建设结合起来，应从以下四个方面的重点工作入手：

第一，促进多种所有制共同发展，坚持和完善社会主义基本经济制度，坚持“两个毫不动摇”（毫不动摇巩固和发展公有制经济，毫不动摇鼓励、支持、引导非公有制经济发展）。强化领导合规意识，严格依法依规决策，切实发挥“关键少数”作用；建立健全工作机制，加快突破重点难点，不断筑牢“三道防线”。

第二，支持和引导资本规范健康发展。继续按照稳定大局、统筹协调、分类施策、精准拆弹的基本方针，做好经济金融领域风险处置工作，防范化解重大风险。压实地方属地责任、部门监管责任和企业主体责任，加强风险预警、防控机制和能力建设，设立金融稳定保障基金，运用市场化、法治化方式化解风险隐患，牢牢守住不发生系统性风险的底线。组织开展债务风险的专项排查，确保负债率总体稳定。

第三，依法平等保护企业产权、自主经营权和企业家合法权益，营造各类所有制企业竞相发展的良好环境。通过大力创新，加快创新成果转化，获得细分市场竞争优势来提高自身企业竞争力。

第四，完成国有企业改革三年行动任务，加快国有经济布局优化和结构调整，加强国有资产监管，促进国有企业聚焦主责主业、剥离低效、无效资产，提升产业链供应链支撑和带动能力。要开展违规收费专项整治行动，建立协同治理和联合惩戒机制，坚决查处乱收费、乱罚款、乱摊派。要加大拖欠中小企业账款清理力度，规范商业承兑汇票使用。

二、中央及各地国有企业合规管理制度沿革

相较于发达国家的企业合规管理，我国企业的合规管理起步相对较晚，较为系统的合规管理也发轫于金融行业，原中国银监会、原中国保监会、中国证监会先后于2006年颁布了《商业银行合规风险管理指引》、2007

年颁布了《保险公司合规管理指引》(已失效)、2008 年公布了《证券公司合规管理试行规定》(已失效)。自此,银行、保险、券商等金融机构开始积极探索有效防控风险的合规管理机制,从而保障了金融行业的稳健发展。党的十八大以来,中央高度重视国有企业的合规管理,先后出台了一系列规范文件,有力推动了国有企业合规管理建设。

2014 年 11 月,国务院国资委召开中央企业法制工作会议,要求全面推进法治央企建设,扎实推进法制工作新的五年规划,进一步提升合规管理能力和依法治企能力。同年 12 月,国务院国资委发布了《关于推动落实中央企业法制工作新五年规划有关事项的通知》(国资发法规〔2014〕193 号)(以下简称《新五年规划》),明确要求大力加强企业合规管理体系建设,加快构建依法治企管理体系。

2015 年 12 月,国务院国资委发布了《关于全面推进法治央企建设的意见》(以下简称《推进法治央企建设意见》),提出建立由总法律顾问领导,法律事务机构作为牵头部门,相关部门共同参与、齐抓共管的合规管理工作体系,研究制定统一有效、全面覆盖、内容明确的合规制度准则,加强合规教育培训,努力形成全员合规的良性机制,探索建立法律、合规、风险、内控一体化管理平台。

2016 年 4 月,国务院国资委印发《关于在部分中央企业开展合规管理体系建设试点工作的通知》(国资厅发法规〔2016〕23 号)(以下简称《合规试点通知》),启动了央企的合规管理体系建设的试点工作,确定中国石油、中国移动、中国中铁、招商局集团和东方电气 5 家中央企业为试点企业,探索开展合规管理体系建设,对试点国有企业的合规管理能力提出了新要求。

2017 年,国家标准化管理委员会正式颁布《合规管理体系　指南》(GB/T 35770—2017)国家标准,有力推进了包括国有企业在内的全行业各类企业的合规管理。

2018年11月，国务院国资委加大合规管理的推进力度，出台了《央企合规指引》，明确了中央企业董事会、监事会、经理层的合规管理职责，并要求中央企业设立合规委员会，与企业法治建设领导小组或风险控制委员会等合署，承担合规管理的组织领导和统筹协调工作，定期召开会议，研究决定合规管理重大事项或提出意见建议，指导、监督和评价合规管理工作。同年12月，国家发改委等七部委联合发布了《境外合规指引》，主要内容包括：总则，合规管理要求，合规管理架构，合规管理制度，合规管理运行机制，合规风险识别、评估与处置，合规评审与改进，合规文化建设八部分。上述两个文件为国有企业更好的开展境内外经营业务、建立合规管理体系和制度，提供了指导意见。基于此，2018年被业界称为“中国企业合规元年”。

2021年10月，国务院国资委印发了《关于进一步深化法治央企建设的意见》（国资发法规〔2021〕80号）（以下简称《深化法治央企建设意见》），紧紧围绕国有企业改革三年行动和中央企业“十四五”发展规划，着力健全领导责任体系、依法治理体系、规章制度体系、合规管理体系、工作组织体系，持续提升法治工作引领支撑能力、风险管控能力、涉外保障能力、主动维权能力和数字化管理能力，不断深化治理完善、经营合规、管理规范、守法诚信的法治央企建设。

2022年4月1日，国务院国资委发布《中央企业合规管理办法（公开征求意见稿）》。2022年8月23日，国务院国资委正式公布《央企合规办法》，自2022年10月1日起正式施行。与此前印发的《央企合规指引》相比，该办法更加突出刚性约束，内容更全、要求更高、措施更实。具体而言，一是明确合规管理相关主体职责；二是建立健全合规管理制度体系；三是全面规范合规管理流程；四是积极培育合规文化；五是加快推进合规信息化建设。

2022年10月12日，国家标准《合规要求及指南》（GB/T 35770—

2022）正式发布，实施后全部代替国家标准《合规管理体系指南》（GB/T 35770—2017）。

2023 年 8 月 1 日，《中央企业法律纠纷案件管理办法》正式施行，国务院国资委将强法治、防风险作为重点任务，在指导中央企业有效防范法律风险的同时，切实加强案件管理，维护国有资产安全。

2023 年 12 月 29 日，十四届全国人大常委会第七次会议表决通过新修订的《中华人民共和国公司法》。[①] 本次公司法修订坚持问题导向，总结实践经验和理论成果，为便利公司投融资、优化治理机制提供更为丰富的制度选择，规范公司的组织和行为，强化各方主体责任，切实维护公司、股东、职工和债权人的合法权益，主要有七大亮点：（1）完善公司资本制度，规定有限责任公司股东出资期限不得超过五年；（2）优化公司治理，允许公司只设董事会，不设监事会，公司只设董事会的，应当在董事会中设置审计委员会行使监事会职权；（3）加强股东权利保护，强化股东知情权。扩大股东查阅材料的范围，允许有限责任公司股东查阅会计凭证，股份有限公司符合条件的股东查阅会计账簿和会计凭证，允许股东查阅、复制全资子公司相关材料；（4）强化控股股东、实际控制人和董事、监事、高级管理人员（以下简称"董监高"）的责任，完善忠实和勤勉义务的具体内容，强化董事、监事、高级管理人员维护公司资本充实的责任；（5）完善公司设立、退出制度，新设公司登记一章，明确公司设立登记、变更登记、注销登记的事项和程序；（6）完善国家出资公司相关规定，设国家出资公司组织机构的特别规定专章，将适用范围由国有独资有限责任公司，扩大到国有独资、国有资本控股的有限责任公司、股份有限公司，同时增加国家出资公司应当依法建立健全内部监督管理和风险控制制度的规定；（7）完善公司债券相关规定，根据《关于国务院机构改革方案的决定》将国家发展改革委企业债券审核职责划入中国证监会的要求，删去国务院授权的部门对公开发行

① 如无特别说明，《公司法》均指自 2024 年 7 月 1 日起施行的《中华人民共和国公司法》。

债券注册的规定。

对于国有企业而言，本次公司法修订的重要意义之一在于将合规管理从部门规章层面提升至法律层面。[①] 同时，国有企业法人治理结构及董监高的履职职责也需要根据《公司法》的调整而进一步完善。

党的二十大也为合规管理指明了方向。在党的二十大报告中，习近平总书记指出："大会的主题是：高举中国特色社会主义伟大旗帜，全面贯彻新时代中国特色社会主义思想，弘扬伟大建党精神，自信自强、守正创新，踔厉奋发、勇毅前行，为全面建设社会主义现代化国家、全面推进中华民族伟大复兴而团结奋斗。"这表明了合规管理要在党的领导下开展，中央企业党委发挥把方向、管大局、促落实的领导作用。党的二十大报告还提出"全面推进国家各方面工作法治化"，法治化包括了科学立法、严格执法、公正司法、全民守法。企业作为社会主体的一部分，其合规管理工作的开展也应遵循法治理论的指导。

《央企合规办法》第一条、第四十条开宗明义，该办法是"为深入贯彻习近平法治思想，落实全面依法治国战略部署，深化法治央企建设，推动中央企业加强合规管理，切实防控风险，有力保障深化改革与高质量发展"而制定，与党的二十大报告中体现的法治化趋势、高质量发展趋势相吻合。

在国务院国资委发布的法律规范及指导意见的基础上，北京、上海、云南、湖北、天津、山西、江西、黑龙江、江苏、河北等多个省市的地方国资委目前均颁布了适用于本省市所属国有企业的合规管理指引或办法，推动本省市所属国有企业全面加强合规管理，加快提升依法合规经营管理水平。总体来说，国有企业近年来直面各种困难与挑战，坚持立足实际，勇于创新，扎实推进企业合规管理建设，在探索过程中不断提升企业依法合规经营管理水平。

---

① 《公司法》第一百七十七条："国家出资公司应当依法建立健全内部监督管理和风险控制制度，加强内部合规管理。"

三、国有企业合规建设的实践与探索

建设中国特色社会主义法治体系，是习近平法治思想的核心要义之一。习近平总书记强调，走什么样的法治道路、建设什么样的法治体系，是由一个国家的基本国情决定的。[①] 近年来，国有企业始终坚持合规体系建设的正确方向，探索了一条立足中国国情、扎根中国文化、解决中国问题的国有企业合规管理建设道路。

（一）坚持党的领导

习近平总书记指出，党的领导是中国特色社会主义法治之魂。[②] 党的十八大以来，国有企业各级党委（党组）高度重视法治工作，始终把法治建设摆在重要位置。党委（党组）作为国有企业合规的法治建设顶层领导机构，职能不断丰富，引领力不断加强。各国有企业党委坚持对法治建设重点工作亲自研究、亲自部署，审定发布重要顶层设计文件，定期听取法治建设进展情况报告，为法治建设提供了重要遵循。正是在各级党组织的坚强领导下，国有企业法治建设才保证了方向不变、轨道不偏。站在“十四五”的新起点上，国有企业应当继续把党的领导坚定不移贯彻在法治建设各方面、全过程，有力发挥党委（党组）把方向、管大局、促落实重要作用，推动国有企业合规管理建设再上新台阶。

例如，中国核工业集团有限公司党组专门成立了法治中核建设工作领

---

① 中共中央党史和文献研究院、中央学习贯彻习近平新时代中国特色社会主义思想主题教育领导小组办公室编：《习近平新时代中国特色社会主义思想专题摘编》，党建读物出版社、中央文献出版社2023年版，第280～281页。

② 中共中央党史和文献研究院、中央学习贯彻习近平新时代中国特色社会主义思想主题教育领导小组办公室编：《习近平新时代中国特色社会主义思想专题摘编》，党建读物出版社、中央文献出版社2023年版，第281页。

导小组，党组书记亲任组长，党组副书记和总法律顾问分任副组长，作为中核集团历史上第一个高规格成立的法治建设顶层领导机构。

（二）全力防范化解重大法律合规风险

为落实国务院国资委工作要求，国有企业全力防范化解重大法律合规风险，助推各项经营业务依法合规进行。着力在“围绕中心”上下功夫，坚持中心工作开展到哪里、法律工作就跟进到哪里。法务部门参与各重大项目和调整改革任务，为重大项目成功落地和改革平稳进行提供了有力保障。

国有企业采取系列措施确保“经济合同、规章制度、重要决策”法律审核落到实处，抓实重大合同管理，明确“涉及三重一大事项合同必须经总法律顾问审核”，规定“重大合同必须采取合同评审等风险防控措施”，实现了程序规范与风险防控的有机统一。抓牢重要决策法律审核，建立重要决策法律审核清单制并在成员单位全面推广，实现了法律审核的刚性约束和流程保障。编制国有企业重要领域法律审核指引，引导基层单位更好完成法律审核。通过案件处置，风险关口前移、重大案件集中化解、类案经验总结、内部案件协调等措施关注国有企业内部管理薄弱环节以及重大风险隐患，为保护国有资产安全、维护改革发展良好秩序作出了积极贡献。

例如，中国船舶集团有限公司实施境外业务法律风险定期排查机制，保障企业安全“走出去”。组织开展重大案件“压存控增”专项行动，近两年来实现案件金额压降 70 余亿元，避免和挽回经济损失累计 50 余亿元，有力保障国有资产安全，守牢企业对外经营“最后一道防线”。

又如，中化学交通建设集团有限公司组织开展全公司范围内的合规风险排查和违法违规问题情况统计。排查范围涵盖公司所属职能部室及各单位项目部，涉及全领域各业务板块，既包含经营活动本身是否合规，又排查实施过程合法合规性，力争彻底解决企业历史遗留的、长期积累的、情况复杂的各类问题。

（三）健全合规管理体系

国有企业依法健全合规管理体系，统筹发展、安全、合规的关系，坚持制度流程化、流程制度化。按照国务院国资委印发的企业合规管理相关指引和要求，编制体系性文件。国有企业合规管理体系文件深入贯彻落实习近平法治思想，既全面覆盖，又突出重点，兼顾体系性和实用性。主要包括《合规手册》《合规管理办法》《合规管理体系运行规则》《合规风险库》等一系列支持性文件，较好地构建了“以合规手册为核心、以合规管理制度和运行规则为保障、以合规风险清单为基础、以专项合规指引为延展”的合规管理体系。制定了合规风险防控、合规审查、合规报告等一系列合规管理工作机制，并积极宣传合规理念，培育合规文化，为合规管理体系优化升级奠定坚实基础。积极发挥法治优势，对内构建内控、法务、风险常态化协同机制，对外推进与纪检监察、巡视、审计重点领域协作配合，“一检查、二评估、三指导、四整改”的一体化监督长效机制有效运行，有效增强了监督检查的针对性、精准度，切实筑牢制度的“防火墙”，强化监督的“紧箍咒”。

例如，中国核工业集团有限公司建立了以合规管理规定为核心，相关配套制度、专项指引为基础，合规管理手册为补充的“1 + N”合规管理制度体系。

又如，中国航天科技集团有限公司构建了以公司《章程》为根本，由公司战略、业务运营、管理支持、内部监督、党的建设五大板块、19 个模块、94 个子类组成的三级规章制度管理框架，并结合集团公司实际，完成了法律、财务、人力资源、公司治理等重点领域的合规管理指南（指引），指导相关业务领域规范业务流程，强化风险控制，提升管理水平。

第三节

新时代的国有企业合规管理体系建设

依法治企是强企之基、兴企之本、健企之道,是企业持续健康发展的不竭动力。合规管理作为当今世界公认的一流企业行之有效的管理方法,对于推动企业实现治理体系和治理能力现代化具有不可替代的作用。习近平总书记指出,国有企业特别是中央管理企业,在关系国家安全和国民经济命脉的主要行业和关键领域占据支配地位,是国民经济的重要支柱,在我们党执政和我国社会主义国家政权的经济基础中也是起支柱作用的。[①]在新时代,国有企业要以重大的历史使命感和责任感,着力推动合规管理体系建设,为国有企业高质量发展构筑坚强的根基。

一、加强国有企业合规管理体系建设的必要性

国有企业是全国经济发展的“主动脉”,是国民经济的支柱,在全国经济社会发展中发挥重要支撑、引领和带动作用。合规作为国有企业自觉履

① 董大海、张克:《深入认识做强做优做大国有企业的重要性》,载国务院国有资产监督管理委员会官网:http://www.sasac.gov.cn/n2588025/n2588134/c7765334/content.html? eqid = e91caf3a0002f1e1000000066437b23c,2023 年 11 月 14 日访问。

行义务的管理方式,已经成为国有企业可持续发展的基石。

其一,加强合规管理体系建设是防范合规风险的必然要求。在国有企业经营过程中,经常会面临各种各样的合规风险,这些风险是指国有企业及其员工因为不合规行为,引发法律责任、受到相关处罚、造成经济损失、声誉损失以及其他负面影响的可能性。面对日益增多的风险挑战,部分国有企业尚未完善合规管理体系建设,尚未落实合规管理体系运行的要求,合规管理能力还不能匹配国有企业高质量发展的要求。

其二,加强合规管理体系建设是主动适应新监管体系的题中之义。随着监管体制改革的深入推进,各地方国资委纷纷出台加强国有企业监管工作的意见,明确指出要在深化国有企业改革加快转型发展中,将监管重点放在进一步完善企业法人治理结构、加强企业财务监督管理、完善企业内部控制体系、落实国有资产经营责任、完善国资监管机构监督、强化国有企业风险防控等方面。强化责任落实和追究,对国有企业经营管理的合规性提出了更高要求。强化合规管理体系建设是国有企业主动适应监管体系,防范和化解重大风险,保持高质量发展的必然要求。

其三,加强合规管理体系建设是国有企业赢得国际市场竞争的必由之路。党的十九大报告提出,要培育具有全球竞争力的世界一流企业。应当看到,世界一流企业不仅要在技术创新、产品研发、营销服务等方面具有一流的硬实力,还要在组织管理、合规制度、文化塑造等方面具有一流的软实力。而企业的合规管理能力建设是世界一流企业增强软实力的重要内容。通过建立一流的合规管理体系,积极主动开展有效的合规管理,建立科学有效的合规管理体系,已成为国有企业有效应对国际市场环境和监管政策的深刻变化、赢得国际市场竞争的必然选择,也是推动国有企业实现高质量发展的长远治本之道。

二、国有企业合规管理体系建设面临的挑战

近年来在国务院国资委的大力推动下，我国国有企业合规管理体系建设步伐加快，成效明显，但依然面临诸多的挑战，主要表现在以下几个方面：

第一，对合规管理的重视程度不够。部分国有企业只重视业务拓展、经营目标与任务考核，合规意识淡薄。决策层不重视合规工作的开展，风险管理存在重事后管理、轻事前防范的不足。相关人员从事合规管理工作缺乏独立性和有效性，难以实现对风险源头和过程的控制，严重阻碍了国有企业合规工作的发展。

第二，分工合作不明，合规管理权责不清。部分国有企业合规机构设置混乱，职能交叉混同，尚未完善现代企业制度，存在集业务拓展、合规管理及裁决者于一体的情况。党委会、股东会、董事会等各治理主体权责边界不清晰，未明确合规管理部门及主要负责人，未明确各业务部门和职能部门的合规管理职责和协同配合义务。

第三，盲目借鉴其他国有企业做法，未围绕重点工作开展。部分国有企业合规管理套路化、程式化，未结合实际情况重点关注可能存在合规管理缺失、遗漏或薄弱的环节，未全面、客观反映合规管理存在的问题或充分揭示合规风险。

第四，未建立健全合规审查机制和管理评估机制。部分国有企业合规审查机制建设滞后，未能确保将合规审查作为规章制度制定、重大事项决策、重要合同签订、重大项目运营等经营管理行为的必经程序，不能及时高效地落实合规要求。同时部分国有企业合规管理评估机制不健全，对合规管理有效性分析不够，对重大或反复出现的合规风险和违规问题未能深入查找根源，过程管控有待强化，也未能做到持续改进提升。

第五，管理保障机制有待完善。部分国有企业尚未将合规经营管理情况纳入对各部门和所属企业负责人的年度综合考核，缺少细化评价指标。合规管理队伍的专业水平和素质能力有待提升，需要持续加强业务培训，建立制度化、常态化培训机制，确保员工理解、遵循企业合规目标和要求。

综上，国有企业仍面临对合规管理的重视程度不够、权责不清、未围绕重点工作开展、未建立健全合规审查机制和管理评估机制、管理保障机制有待完善等挑战，应当在合规管理过程中结合国有企业实践情况，有针对性地解决以上问题，切实提高合规管理水平。

三、新时代国有企业合规管理体系建设的目标

党的十八大以来，习近平总书记从坚持和发展中国特色社会主义全局和战略高度定位法治、布局法治、厉行法治，将全面依法治国纳入"四个全面"战略布局，科学系统地阐述了新时代建设社会主义法治国家一系列根本性、方向性、战略性问题，开创了社会主义法治国家建设新局面，形成了习近平法治思想。

习近平法治思想是法治中国建设的根本遵循，也是新时代推进国有企业合规管理体系建设的根本指南。面对新时代国有企业合规管理建设面临的诸多新问题、新挑战，国有企业合规管理体系建设应当深入贯彻习近平法治思想，紧紧围绕新时代党和国家的中心工作，充分发挥法治规范、引领、保障的功能作用，落实全面依法治国战略部署，落实国务院国资委《央企合规办法》等相关文件要求，扎实推进合规管理体系建设，着力构建组织完备、全面覆盖、责任明确、客观独立、运行高效的中国特色社会主义国有企业合规管理体系，全面加强合规管理，加快提升国有企业的依法合规经营管理水平，着力打造法治国企，有力保障国有企业持续健康发展。

第二章　国有企业合规管理制度的建设

国有企业合规管理制度是国有企业合规管理体系的基石，是国有企业合规管理的制度保障。推进国有企业合规管理制度建设，必须明确国有企业合规管理制度建设的指导思想、基本原则、重点要求和主要内容等。

第一节

国有企业合规管理制度建设的指导思想和基本原则

当前,我国经济从高速增长向高质量增长加速转变,外部环境发生诸多变化,国有企业发展也面临更多合规风险挑战。国有企业因未能进行有效合规管理而遭受监管处罚或遭受经济损失的案例屡见不鲜。

要促进国有资产保值增值,推动国有资本做强做优做大,国有企业必须建立健全有效的合规管理制度,明确合规管理的指导思想和基本原则,把握合规管理的发展方向,不断提升依法合规经营管理水平。

一、国有企业合规管理制度建设的指导思想

国有企业是我国国民经济的重要支柱,是落实全面依法治国战略的重要主体,近年来,国有企业深入推进法治建设,依法经营管理水平不断提升,依法治企能力明显增强,为改革发展提供了重要的支撑保障。新形势下,全面建设法治国企,不仅是贯彻落实全面依法治国战略的重要内容,是进一步深化国有企业改革的必然要求,也是提升企业核心竞争力,做强做优做大国有企业的迫切需要。

2021年国务院国资委印发的《深化法治央企建设意见》明确提出，要坚持以习近平新时代中国特色社会主义思想为指导，认真落实习近平法治思想，按照中央全面依法治国工作会议部署，立足新发展阶段，贯彻新发展理念，构建新发展格局，紧紧围绕国有企业改革三年行动和中央企业“十四五”发展规划，着力健全领导责任体系、依法治理体系、规章制度体系、合规管理体系、工作组织体系，持续提升法治工作引领支撑能力、风险管控能力、涉外保障能力、主动维权能力和数字化管理能力，不断深化治理完善、经营合规、管理规范、守法诚信的法治国有企业建设，为加快建设世界一流企业筑牢坚实法治基础。

二、国有企业合规管理制度建设的基本原则

国有企业合规管理制度建设的基本原则对于着力打造法治国有企业建设具有重要意义，根据《央企合规办法》，国有企业合规管理制度的建设应当遵循以下基本原则，不断推进合规管理体系的体系化、制度化、规范化和标准化，扎实推进各国有企业法治建设向世界一流迈进。

（一）坚持党的领导

坚持党的领导原则，是指充分发挥企业党委（党组）领导作用，落实全面依法治国战略部署有关要求，把党的领导贯穿合规管理全过程。由党委（党组）发挥把方向、管大局、促落实的领导作用，推动合规要求在本企业得到严格遵循和落实，不断提升依法合规经营管理水平。国有企业应当严格遵守党内法规制度，企业党建工作机构在党委（党组）领导下，按照有关规定履行相应职责，推动相关党内法规制度有效贯彻落实。

（二）坚持全面覆盖、突出重点

坚持全面覆盖、突出重点原则，是指将合规要求嵌入经营管理各领域各环节，贯穿决策、执行、监督全过程，落实到各部门、各单位和全体员工，实现多方联动、上下贯通，同时突出依法治理、依法合规经营、依法规范管理重点领域法治建设。该原则要求，将合规要求覆盖生产经营管理各领域各环节、各部门、各级子企业和分支机构、全体员工，贯穿决策、执行、监督全流程。

（三）坚持权责清晰

坚持权责清晰原则，是指按照"管业务必须管合规"要求，明确业务及职能部门、合规管理部门和监督部门职责，严格落实员工合规责任，对违规行为严肃问责。要切实加强对法治国有企业建设的组织领导，明确企业党委（党组）、董事会、经理层、主要负责人、合规委员会、首席合规官、业务部门、合规管理牵头部门、监督部门在推进法治建设中的责任。

（四）坚持务实高效

坚持务实高效原则，是指建立健全符合企业实际的合规管理体系，突出对重点领域、关键环节和重要人员的管理，充分利用大数据等信息化手段，切实提高管理效能。要求各国有企业因地制宜、因企制宜，制定符合监管要求的合规管理制度，建立与企业实际相适应的工作机制，并根据发展需要持续改进完善，不断提升人员队伍专业化水平，确保合规管理发挥实效。

《央企合规办法》正式稿确定的合规管理原则相较于修订意见稿和《央企合规指引》有较大变化。（见图 2－1）

《中央企业合规管理指引》	《中央企业合规管理办法（公开征求意见稿）》	《中央企业合规管理办法》
全面覆盖	全面覆盖	坚持党的领导
强化责任	客观公正	坚持全面覆盖
协同联动	专业有效	坚持权责清晰
客观独立	实时精准	坚持务实高效

图 2－1　合规管理原则的变化

上述合规管理原则的调整和变化体现出《央企合规办法》在推进合规管理工作过程中应当贯彻落实的基本原则，除全面覆盖的基本原则外，更加强调坚持党的领导，坚持权责清晰，坚持务实高效。

第二节

国有企业合规管理制度建设的要求

法律的生命力在于实施。随着《推进法治央企建设意见》《深化法治央企建设意见》《央企合规指引》《央企合规办法》等文件及地方国有资产监督管理委员会相关文件的出台，如何将外部文件转化为企业内部合规管理制度并得到实质性的执行，逐渐成为摆在各中央企业和地方国有企业面前的现实问题。根据有关企业合规管理的国家标准、办法和指引，国有企业合规管理制度的建设，应当加强对于重点领域、重点环节、重点人员的合规管理，以点带面，在坚持统筹兼顾的同时突出重点，以推动国有企业全面加强合规管理，保障国有企业持续健康发展。

一、明确本企业合规重点领域

国有企业广泛分布在关系到国家安全和国民经济命脉的各个主要行业和关键领域，是国民经济的重要支柱。根据《央企合规办法》第十八条的规定，中央企业应当针对反垄断、反商业贿赂、生态环保、安全生产、劳动用工、税务管理、数据保护等重点领域，以及合规风险较高的业务，制定合规管理具体制度或者专项指南。

第一，反垄断领域。坚守诚信经营底线，建立健全自律诚信体系，遵守公平竞争原则，执行有关反垄断、反不正当竞争方面法律法规、监管规定及商业规则，自觉维护市场秩序。

第二，反商业贿赂领域。严格执行反商业贿赂方面法律法规、监管规定及商业规则，日常反商业贿赂合规工作应常抓不懈，在内控制度、伙伴管理、重点人员、重点岗位管理方面应当建章立制，避免商业贿赂的不利影响。

第三，生态环保领域。严格执行国家环境保护法律法规，完善企业生态环保制度，加强监督检查，及时发现并整改违规问题。

第四，安全生产领域。严格执行国家安全生产法律法规，完善企业生产规范和安全制度，加强监督检查，加强对发包商、供应商、承包商等实施相同的安全合规要求，及时发现并整改违规问题。

第五，劳动用工领域。严格遵守劳动法律法规，健全完善劳动合同管理制度，规范劳动合同签订、履行、变更和解除，切实维护劳动者合法权益。

第六，税务管理领域。健全完善财务内部控制体系，严格执行财务事项操作和审批流程，严守财经纪律，强化依法纳税意识，严格遵守税收法律政策。

第七，数据保护领域。强化数据信息安全防护体系有效性与可执行性，采取全面可行的保护措施，防止重大商业信息与内幕信息泄露，防止数据被篡改、被删除，尊重业务伙伴和客户的隐私信息，依法合规规范采集、传输、处理、保存和使用个人信息。

此外，以下领域对于国有企业而言也属于合规风险较高的领域，应当予以注意，必要时应结合企业实际制定专门制度或合规指引。

第一，市场交易领域。完善交易管理制度，严格履行决策批准程序，建立健全自律诚信体系，突出反商业贿赂、反垄断、反不正当竞争，规范资产交易、招投标等活动。

第二,产品质量领域。完善质量体系,加强过程控制,严把各环节质量关,提供优质产品和服务。

第三,知识产权领域。及时申请注册知识产权成果,规范实施许可和转让,加强对商业秘密和商标的保护,依法规范使用他人知识产权,防止侵权行为。

第四,商业伙伴领域。对重要商业伙伴开展合规调查,通过签订合规协议、要求作出合规承诺等方式促进商业伙伴行为合规。

基于各国有企业所处的行业、领域、企业规模等因素有所不同,各企业的合规管理制度涉及的重点领域也有所不同。例如,建设工程领域的国有企业应当对于招投标领域、环境保护领域、劳动用工安全等领域设立专门的合规管理制度,而科技领域的国有企业则应当侧重于完善设立知识产权等领域的专项合规管理制度。

国有企业在确定本企业应当对哪些重点领域进行专项合规管理时,应当考虑以下因素:

第一,国有企业应当根据自身实际情况,明确在开展合规管理工作的过程中,有哪些因素会对合规管理工作产生重大影响。一般来说,国有企业首先应当明确本企业主要的业务和具体的业务流程,汇总企业曾经遭受的行政处罚,涉及的民事诉讼和刑事诉讼,以及考虑本企业所面临的日常监管及执法环境、同行业已有的风险事件、行业惯例、社会道德标准、经济发展状况等因素。同时,企业应当根据外部环境的变化,对本企业的重点领域进行调整,尤其是在新出台法律法规或监管文件,或上述文件进行了重大修改的情况下,企业应当根据外部法治环境的变化及时更新或补充本企业相关的内部制度。

第二,国有企业除了应检视自身的合规情况外,还应当考虑关联方的合规要求,包括与国有企业有业务关系的客户、供应商等公司,国有企业的上级或下级企业或其他集团公司,也包括监管部门、执法部门、行业协会等对企业有监管职责的机构或组织对于国有企业的合规要求。国有企业应当通过了解上述企业对于商业伙伴或关联方的合规制度，尤其是资质、履约能力、企业治理水平、反腐败和反垄断控制等方面的要求，从而确定本企业应当将哪些工作列为合规管理工作重点。

第三，在结合上述因素确定了重点领域的范围后，国有企业应当具体识别其应履行哪些合规义务，从法律法规、相关监管文件、行政处罚、法院判决、与关联方签署的协议、本集团相关内部制度等多个方面梳理合规风险和合规义务，并据此制定相应的合规管理制度，为具体开展合规管理工作提供依据。

二、明确本企业合规管理重点环节

根据《央企合规指引》第十四条的要求，中央企业要加强对以下重点环节的合规管理：

第一是制度制定环节。强化对规章制度、改革方案等重要文件的合规审查，确保符合法律法规、监管规定等要求。

第二是经营决策环节。严格落实“三重一大”决策制度，细化各层级决策事项和权限，加强对决策事项的合规论证把关，保障决策依法合规。

第三是生产运营环节。严格执行合规制度，加强对重点流程的监督检查，确保生产经营过程中照章办事、按章操作。除上述重点环节外，企业应当根据自身的情况和实际的需求，确定是否还有其他需要重点予以关注的环节，并实施相应的管理制度，确保合规管理工作的顺利开展。

三、明确本企业合规管理重点人员

根据《央企合规指引》第二十五条的规定，国有企业为建立专业有效的合规管理制度，需要建立专业化、高素质的合规管理队伍，根据企业的业务规模、合规风险水平等因素配备专业的合规管理人员，持续加强业务培训，不断提升合规管理队伍的能力水平。对于海外经营重要地区和重点项目，也应当设立合规管理机构或配备专职人员，切实防范合规风险。在此基础上，《央企合规指引》第十五条进一步明确，需要加强对于合规管理人员、重要风险岗位人员、海外人员和其他需要重点关注的人员四类人员的管理。

第一，合规管理人员。合规管理人员应当承担合规管理职责，要促进管理人员切实提高合规意识，带头依法依规开展经营管理活动，认真履行承担的合规管理职责。同时，对合规管理人员，应当加强合规考核评价，细化评价指标，并将结果作为员工考核、干部任用、评先选优等工作的重要依据。

第二，重要风险岗位人员。国有企业应当根据合规风险评估情况明确界定重要风险岗位，有针对性加大培训力度，提高重要风险岗位人员的风险识别和风险防范意识，使重要风险岗位人员熟悉并严格遵守业务涉及的各项规定，加强监督检查和违规行为追责。

第三，海外人员。国有企业应将合规培训作为海外人员任职、上岗的必备条件，确保其充分了解并遵守中国和所在国的法律法规等相关规定，熟悉本岗位所涉及的法律风险，提高其风险防范意识。

第四，其他人员。除上述重点人员以外，国有企业应当根据自身的情况和实际的需求，确定是否还有其他需要重点予以关注的人员，并确定相应的制度进行重点管理，确保合规管理工作的顺利开展。

第三节

国有企业合规管理制度建设的内容

国有企业合规制度建设是国有企业合规管理的制度保障。《央企合规办法》第三章对于制度建设内容进行了明确规定，要求中央企业制定合规管理基本制度，明确合规管理总体目标、机构职责、运行机制、考核评价、监督问责等内容。

《央企合规办法》适用于国务院国资委根据国务院授权履行出资人职责的中央企业，同时，该文件作为合规管理相关的重要指导性文件，对于其他国有企业也具备相应的指导价值。

一、合规管理基本制度

根据《央企合规办法》第十七条的规定，合规管理基本制度应当包括合规管理总体目标、机构职责、运行机制、考核评价、监督问责等内容。

(一)合规管理总体目标

根据《央企合规办法》第三条的规定，合规，是指企业经营管理行为和员工履职行为符合国家法律法规、监管规定、行业准则和国际条约、规则，以及公司章程、相关规章制度等要求。合规风险，是指企业及其员工在经营管理过程中因违规行为引发法律责任、造成经济或者声誉损失以及其他负面影响的可能性。

因此，合规管理的总体目标，就是以企业经营管理行为和员工履职行为为对象，开展包括建立合规制度、完善运行机制、培育合规文化、强化监督问责等有组织、有计划的管理活动，从而有效防控合规风险，提升依法合规经营管理水平，深化法治国有企业建设，推动国有企业加强合规管理，切实防控风险，有力保障深化改革与高质量发展。

（二）合规管理机构职责

《央企合规办法》第二章明确规定了中央企业党委（党组）、董事会、经理层、企业主要负责人（第一责任人）、合规委员会、首席合规官、业务及职能部门、合规管理部门、纪检监察机构和审计、巡视巡察、监督追责等部门的合规责任。

第一，董事会发挥定战略、作决策、防风险作用，主要履行以下职责：审议批准合规管理基本制度、体系建设方案和年度报告等，研究决定合规管理重大事项，推动完善合规管理体系并对其有效性进行评价，决定合规管理部门设置及职责。

第二，经理层发挥谋经营、抓落实、强管理作用，主要履行以下职责：拟定合规管理体系建设方案，经董事会批准后组织实施，拟定合规管理基本制度，批准年度计划等，组织制定合规管理具体制度，组织应对重大合规风险事件，指导监督各部门和所属单位合规管理工作。

第三，业务及职能部门承担合规管理主体责任，应当在合规管理牵头部门的指导下，负责本部门合规风险识别、评估、处置等工作，包括建立健全本部门业务合规管理制度和流程，开展合规风险识别评估，编制风险清单和应对预案，定期梳理重点岗位合规风险，将合规要求纳入岗位职责，负责本部门经营管理行为的合规审查，及时报告合规风险，组织或者配合开展应对处置，组织或者配合开展违规问题调查和整改等。同时，中央企业应当在业务及职能部门设置合规管理员，由业务骨干担任，接受合规管理部门业务指导和培训。

第四，合规管理部门牵头负责本企业合规管理工作，应当组织和指导业务部门完成合规管理工作，包括组织起草合规管理基本制度、具体制度、年度计划和工作报告等，负责规章制度、经济合同、重大决策合规审查，组织开展合规风险识别、预警和应对处置，根据董事会授权开展合规管理体系有效性评价，受理职责范围内的违规举报，提出分类处置意见，组织或者参与对违规行为的调查，组织或者协助业务及职能部门开展合规培训，受理合规咨询，推进合规管理信息化建设。同时，中央企业应当配备与经营规模、业务范围、风险水平相适应的专职合规管理人员，加强业务培训，提升专业化水平。

第五，纪检监察机构和审计、巡视巡察、监督追责等部门依据有关规定，在职权范围内履行职责，对企业经营管理行为进行监督，对违规行为提出整改意见；会同合规管理牵头部门、相关业务部门对合规管理工作开展全面检查或专项检查；对企业和相关部门整改落实情况进行监督检查；在职责范围内对违规事件进行调查，并按照规定结合违规事实、造成损失等追究相关部门和人员责任。

（三）合规管理运行机制

根据《央企合规办法》第四章的规定，在具体操作层面，企业的合规管理应当包括以下运行机制：

第一，企业应当建立合规风险识别评估预警机制，全面梳理经营管理活动中的合规风险，建立并定期更新合规风险数据库，对风险发生的可能性、影响程度、潜在后果等进行分析，对典型性、普遍性或者可能产生严重后果的风险及时预警。

第二,企业应当将合规审查作为必经程序嵌入经营管理流程,重大决策事项的合规审查意见应当由首席合规官签字,对决策事项的合规性提出明确意见。业务及职能部门、合规管理部门依据职责权限完善审查标准、流程、重点等,定期对审查情况开展后评估。

第三,企业发生合规风险,相关业务及职能部门应当及时采取应对措施,并按照规定向合规管理部门报告。中央企业因违规行为引发重大法律纠纷案件、重大行政处罚、刑事案件,或者被国际组织制裁等重大合规风险事件,造成或者可能造成企业重大资产损失或者严重不良影响的,应当由首席合规官牵头,合规管理部门统筹协调,相关部门协同配合,及时采取措施妥善应对。中央企业发生重大合规风险事件,应当按照相关规定及时向国务院国资委报告。

第四,企业应当建立违规问题整改机制,通过健全规章制度、优化业务流程等,堵塞管理漏洞,提升依法合规经营管理水平。

第五,企业应当设立违规举报平台,公布举报电话、邮箱或者信箱,相关部门按照职责权限受理违规举报,并就举报问题进行调查和处理,对造成资产损失或者严重不良后果的,移交责任追究部门;对涉嫌违纪违法的,按照规定移交纪检监察等相关部门或者机构。中央企业应当对举报人的身份和举报事项严格保密,对举报属实的举报人可以给予适当奖励。任何单位和个人不得以任何形式对举报人进行打击报复。

第六,企业应当完善违规行为追责问责机制,明确责任范围,细化问责标准,针对问题和线索及时开展调查,按照有关规定严肃追究违规人员责任。中央企业应当建立所属单位经营管理和员工履职违规行为记录制度,将违规行为性质、发生次数、危害程度等作为考核评价、职级评定等工作的重要依据。

第七,企业应当结合实际建立健全合规管理与法务管理、内部控制、风险管理等协同运作机制，加强统筹协调，避免交叉重复，提高管理效能。

第八，企业应当定期开展合规管理体系有效性评价，针对重点业务合规管理情况适时开展专项评价，强化评价结果运用。

第九，企业应当将合规管理作为法治建设重要内容，纳入对所属单位的考核评价。

（四）考核评价及监督问责制度

第一，建立合规管理评价机制。合规管理部门定期对合规管理体系运行情况进行全面评价，针对重点业务合规情况可以适时开展专项评价，对合规风险和违规问题组织整改。

第二，将合规管理情况作为法治建设重要内容，纳入对各部门和子企业负责人的年度综合考核，细化评价指标。强化考核结果运用，将合规职责履行情况作为员工考核、干部任用、评优评先等工作的重要依据。

第三，建立个人违规行为记录制度，根据行为性质、发生次数、危害程度等，将其作为个人年度考评、评优评先的依据。

第四，完善违规行为追责问责机制，进一步明确违规责任范围，细化惩处标准。针对反映的问题和线索，及时开展调查，按照有关规定严肃追究违规人员责任。对于符合企业尽职合规免责事项清单内情形的行为，可以按照相关规定免于责任追究。

第五，完善合规报告制度。发生合规风险事件，合规管理部门和相关部门应当第一时间向首席合规官报告，重大合规风险事件应当及时向有关部门报告。

第六，建立制度化、常态化的合规培训机制，制订年度合规培训计划，加大对企业员工的培训力度，将合规管理作为领导干部初任、重点合规风险岗位人员业务培训、新员工入职必修内容，进一步提升干部职工合规意识。

二、重点领域专项合规管理制度

中央企业应当在合规管理基本制度的基础上,针对合规风险较高的业务领域制定合规管理具体制度或者专项指南,强化重点领域合规风险防范。《央企合规办法》第十八条规定了中央企业应针对重点领域制定专项合规管理制度,并列举了反垄断、反商业贿赂、生态环保、安全生产、劳动用工、税务管理、数据保护等重点领域。

本书第六章将根据《央企合规办法》的相关规定,结合编者实务经验,选取劳动用工合规管理、知识产权合规管理、环境保护合规管理、招投标制度合规管理、税务合规管理、网络安全与数据合规管理、反商业贿赂合规管理、并购合规管理、反垄断合规管理等重点领域,对上述重点领域涉及的合规义务、合规风险及合规风险管理措施等内容进行了专项讲解,本部分只概述相关合规领域的基础内容。

(一)劳动用工合规管理

劳动用工合规管理,主要涉及制定、修改或者决定有关劳动报酬、工作时间、休息休假、劳动安全卫生、保险福利、职工培训、劳动纪律以及劳动定额管理等直接涉及劳动者切身利益的规章制度或者重大事项时的决策合规程序,以及劳动合同的签署、履行、解除等环节应当注意的特殊合规要求。

(二)知识产权合规管理

知识产权合规管理,主要涉及对知识产权未进行全面检索、未及时提交申请文件、合作研发未明确各方权利义务、专有技术保护方式选择错误、离职员工带走公司技术等知识产权领域特殊风险的提示和解决方案，并对知识产权合规风险的防范提供较为全面的实操指引。

（三）环境保护合规管理

环境保护合规管理，是指企业针对环保领域的合规风险，为防范因违反环保相关法律法规而遭受行政处罚或刑事追究所建立起来的专门性合规管理体系。对于处于建设期、运营期、退役期等不同阶段的项目，相关行政法律和刑事法律具有不同的强制性要求。企业应结合所处行业、地域、污染物排放情况等，根据相关的环保法律、法规、规章、标准中对企业环保义务的要求，识别企业存在的环保合规风险，并对相应风险进行控制。

（四）招投标制度合规管理

招投标制度是为合理分配招标、投标双方的权利、义务和责任建立的管理制度，加强招投标合规管理制度的建设，能够充分发挥竞争机制作用，避免关联交易、行贿受贿和其他不正当行为。

（五）税务合规管理

企业财务税收合规管理，是指企业应健全完善财务内部控制体系，严格执行财务事项操作和审批流程，严守财经纪律，强化依法纳税意识，严格遵守税收法律政策，避免因财务税收方面的风险损害公司及其管理人员的利益。企业财务税收合规管理主要涉及业务合同和账务账簿的真实性、增值税发票开具的合规性问题、财务系统的选择等特殊问题。

（六）网络安全与数据合规管理

网络安全与数据合规管理，要求国有企业全面加强数据安全合规管理，规范监管企业数据处理活动，保障企业数据安全。网络安全与数据合规管理要求明确国有企业各组织和部门对于数据安全和网络安全的管理职责，明确数据采集、传输、储存、使用、销毁环节的管理措施，以及个人信息保护等特殊要求。

（七）反商业贿赂合规管理

反商业贿赂合规管理，是指通过设立对商业贿赂行为的管理部门和管控机制，遏制该种不正当的行为，以维护正常竞争秩序，并保证企业不必承担相应的行政或刑事责任。反商业贿赂合规管理要求企业设立相应的反商业贿赂机制，包括商业贿赂举报、报告和调查机制、财务和非财务控制机制等，企业还应进行定期培训，明确商业贿赂行为的典型方式和处置方法。

（八）并购合规管理

企业兼并与收购，是指以货币、非货币性资产或无偿划转等方式取得其他企业全部或部分股权、资产，以获得实际控制权的行为。为防范国有资产流失，相较于普通民营企业，国有企业的收购流程、股权对外转让流程均有其特殊规定，除需要内部董事会、股东会审批之外，在经上级股东会审批时，通常还需要法律意见书、审计评估报告、可行性研究报告、职工大会决议等文件，并可能需在产权交易所挂牌转让。国有企业在实施兼并与收购时，应当注意相关法律法规和集团内部要求，确保符合相应合规要求。

（九）反垄断合规管理

反垄断合规管理，是指建立反垄断合规管理制度，提高对垄断行为的认识，防范反垄断合规风险，保护市场公平竞争，提高经济运行效率，维护消费者利益和社会公共利益。垄断行为主要包括滥用市场支配地位、垄断价格、掠夺性定价、强制交易、搭售和附加不合理交易条件、横向和纵向的垄断协议等。企业在合规经营过程中，应避免实施以上垄断行为，并根据业务状况、规模大小、行业特性等开展反垄断合规管理专项工作。

第三章 国有企业合规管理组织架构的搭建

搭建科学完备的合规管理组织架构是加强国有企业合规管理体系建设的基础性工程。2018年11月2日，国务院国资委出台的《央企合规指引》中对中央企业合规管理组织及其合规管理职责作出了明确规定。2021年10月17日，国务院国资委发布的《深化法治央企建设意见》明确提出要着力健全工作组织体系。2022年8月23日，国务院国资委公布的《央企合规办法》第二章专门对党委（党组）、董事会、经理层、第一责任人、合规委员会、首席合规官、业务及职能部门、合规管理部门以及纪检监察机构和审计、巡视巡察、监督追责等部门的组织和职责作出了明确规定。上述相关系列文件是国有企业合规管理组织搭建的根本依据。

《央企合规办法》的发布，意味着对央企合规管理的要求从原则性的“建议指引”上升为更具约束力的规范管理文件，为中央企业合规管理提供更与时俱进的系统指导，传递对中央企业合规管理工作的最新要求，强化了国务院国资委对中央企业合规管理的底线要求，为各地加强国企合规管理工作提供了政策指南，对国企进一步开展合规管理强化工作具有重要的借鉴意义。

第一节

搭建国有企业合规组织架构的必要性

合规管理组织架构是国有企业开展合规管理的“骨骼”，是有效开展合规管理的基础和保障。每个国有企业的管理者都要充分认识到合规组织架构对构建合规管理体系、提升合规管理能力和水平的重要性和必要性，着力搭建科学完善的合规组织架构。

一、规避合规风险的重要保障

随着“一带一路”倡议的实施以及国家不断重视企业合规管理工作以及《央企合规办法》的发布，监管部门会不断加大对违规行为的问责追究力度，国有企业未来可能会面临越来越多的合规风险。《央企合规办法》中强调：中央企业应当建立合规风险识别评估预警机制，全面梳理经营管理活动中的合规风险，建立并定期更新合规风险数据库，对风险发生的可能性、影响程度、潜在后果等进行分析，对典型性、普遍性或者可能产生严重后果的风险及时预警。

2020 年 3 月 26 日，国务院国资委颁布《关于做好 2020 年中央企业违规经营投资责任追究工作体系建设有关事项的通知》（国资厅发监责

〔2020〕10 号），其中强调要严肃查处违规经营投资问题，切实增强国资监管法规制度和企业内部管理规定的刚性约束。2023 年 4 月 17 日，国务院国资委发布《关于做好 2023 年中央企业违规经营投资责任追究工作的通知》，突出强调要“持续深化中央企业违规经营投资责任追究工作，突出提升责任追究震慑性、监督协同系统性、制度机制完备性、工作手段有效性”。

但从组织架构的顶层设计来看，仍然有相当部分国有企业未能搭建国有企业合规组织架构，未建立合规管理委员会对企业的合规管理工作进行治理，同时在实际管理中也未设立合规管理部门开展合规统筹工作，合规管理的职能分散于各个部门中，极易造成合规管理职能界限不清，部门间配合不流畅，组织机构设立重复和负责职能真空并存。尤其是部分国有企业下设的分公司或分支机构，由于资源和人员认知的局限性导致对合规管理的理解存在偏差，合规管理组织建设层层衰减现象严重，合规管理的执行力得不到有效保障，因此建立健全合规管理组织体系势在必行。

二、国有企业合规体系建设的重要内容

2023 年 2 月 25 日，国务院国资委发布《关于做好 2023 年中央企业内部控制体系建设与监督工作有关事项的通知》，要求央企加强企业党组织对内控管理工作的领导，着力解决领导责任不清晰、履职方式不明确、责任落实不到位等问题，建立健全领导有力、权责清晰、运转有效的内控管理体制机制，加快构建与世界一流企业相适应的中央企业内控体系。

国有企业合规体系建设的重要内容之一，是协调合规管理职能和资源配置、强化合规职责及其组织领导，来搭建完善合理的合规管理架构。只有在企业的部门、角色、职能、定位等方面均满足合规工作要求，部门间汇

报路径与协作机制顺畅的前提下,企业的合规管理工作才能顺利开展。

一方面,建立起完善合理的合规管理组织架构是国有企业开展合规管理工作的前提。合规管理工作的顺利开展离不开自上而下贯穿全企业的组织架构。国有企业的全部组织和成员均承担着一定的合规职责。国有企业只有构建起科学合理的组织架构,才可以更好地明确各个层级、部门的管理职责和汇报路径,保证企业合规管理体系的高效运行。

另一方面,完善合理的合规管理组织架构是国有企业合规管理工作顺利开展的必要保障。合规管理作为国有企业重要的内控机制,必然需要各个部门的协同配合。只有建立完善合理的合规管理组织架构,才能使各个部门在合规管理中充分发挥自身部门的优势,有序开展合规管理的各项工作。

三、国有企业建立长效合规机制的内在需要

国有企业合规管理体系的建设并非一蹴而就,而是需要在一段时间内对已有的合规管理、运行体系进行巩固和完善,包括风险识别评估预警机制、合规审查、合规风险应对、问题整改、合规举报、合规报告、追责问责、考核评价等。国有企业合规管理体系的建设离不开合规理念的树立、合规管理组织架构的搭建、合规职责的明确,以此来保障国有企业合规管理工作的稳步推进,使得国有企业在未来的经营中稳健运行。

第二节

国有企业合规组织的设立与职责

《央企合规指引》第二章规定了八个层级的企业合规组织并确定了其合规管理职责，即董事会，监事会，经理层，合规委员会，合规管理负责人，合规管理部门，业务部门，以及监察、审计、法律、内控、风险管理、安全生产、质量环保等相关部门。

《央企合规办法》中将合规组织更新为党委（党组）、董事会、经理层、第一责任人、合规委员会、首席合规官、业务部门及职能部门、合规管理部门、监督部门，为合规组织的搭建提供了明确的政策依据。

《央企合规办法》第四章也提出了“合规、法律、内控、风控”一体化建设的要求：中央企业应当结合实际建立健全合规管理与法务管理、内部控制、风险管理等协同运作机制，加强统筹协调，避免交叉重复，提高管理效能。

由于法律管理、风控、内控及合规管理工作需要遵守的外部法律规范、监管要求存在重合性，不同管理工作内容存在交叉，边界不清，实际执行落地环节也存在交集与重合部分，导致企业管理资源分散和重复，在一定程度上加大了企业管理成本和业务执行负担。

合规组织的搭建作为合规体系建设的重要一环，国有企业应当按照相关规定及企业自身的实际情况，建立务实高效、多层级的企业合规组织，并确定其相应的合规管理职责。积极探索现有“合规、法律、内控、风控”管理体系协同联动的一体化管理体系建设，以建立、健全以风险管控为导向，风险管理体系为框架，合规管理监督为重点，内控业务流程为抓手的法律、风险、内控及合规一体化管理体系（见图3－1）。

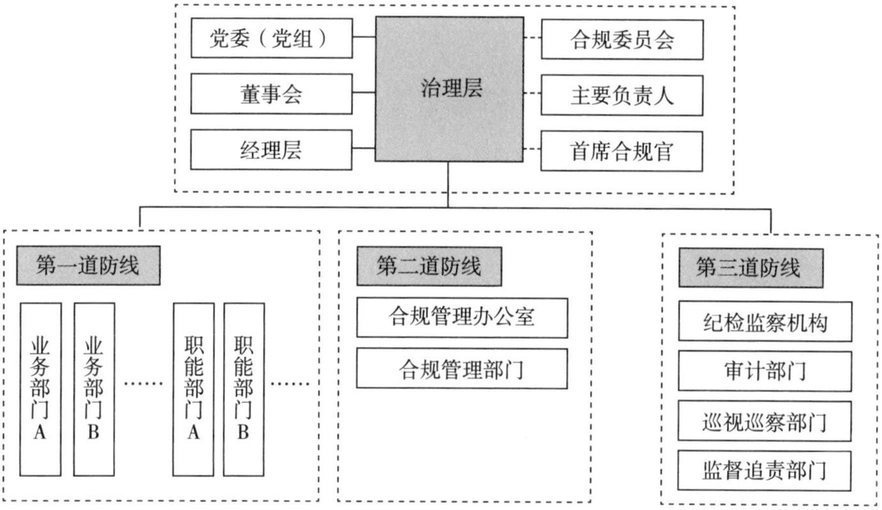

图3－1 国有企业合规组织架构

一、国有企业治理层

（一）党委会

2010年6月，中共中央办公厅、国务院办公厅发布的《关于进一步推进国有企业贯彻落实“三重一大”决策制度的意见》（以下简称《“三重一大”落实意见》）中提出，按照中央关于凡属重大决策、重要人事任免、重大项目安排和大额度资金运作（以下简称“三重一大”）事项必须由领导班子集体作出决定。董事会、未设董事会的经理班子研究“三重一大”事项时，应事先与党委（党组）沟通，听取党委（党组）的意见。进入董事会、未设董事会的经理班子的党委（党组）成员，应当贯彻党组织的意见或决定。企业党组织要团结带领全体党员和广大职工群众，推动决策的实施，并对实施中发现的与党和国家方针政策、法律法规不符或脱离实际的情况及时提出意见，如得不到纠正，应当向上级反映。

习近平总书记在2016年全国国有企业党的建设工作会议上明确指出："坚持党对国有企业的领导是重大政治原则，必须一以贯之，建立现代企业制度是国有企业改革的方向，也必须一以贯之。"①习近平总书记提出的这些要求，明确指出了新时代国有企业必须坚持党的领导原则，并科学地指明了国有企业坚持党的领导、建立现代企业制度，发挥党组织的领导核心政治核心作用的政治方向。

2019年12月，中共中央发布的《中国共产党国有企业基层组织工作条例（试行）》中明确"国有企业重大经营管理事项必须经党委研究讨论后，再由董事会或者经理层作出决定。"生动体现了如何贯彻落实"两个一以贯之"，进一步通过制度安排将党组织的领导核心和政治核心作用有效落地，保障了党组织对企业重大决策的知情权、参与权和影响力，从而将国有企业党的领导与公司治理有机融合。

2023年2月，国务院国资委发布的《关于做好2023年中央企业内部控制体系建设与监督工作有关事项的通知》要求将党的领导融入公司治理的运行机制，加强党委（党组）对内控管理工作的全面领导，企业内控与风险管理工作，以及存在的重大内控缺陷和风险隐患等情况，要定期向党委（党组）报告并抄送企业纪检监察机构。

2023年《央企合规办法》第五条、第七条、第二十九条中也明确了将"坚持党的领导"作为第一大工作原则，党委（党组）发挥把方向、管大局、

① 连铁源：《坚持党对国有企业的领导这个重大政治原则》，载中国共产党新闻网：http://theory.people.com.cn/GB/n1/2021/1015/c40531-32254274.html?ivk_sa=1023197a，2023年11月14日访问。

促落实的领导作用,推动合规要求在本企业得到严格遵循和落实,不断提升依法合规经营管理水平。中央企业应当严格遵守党内法规制度,企业党建工作机构在党委(党组)领导下,按照有关规定履行相应职责,推动相关党内法规制度有效贯彻落实。

国有企业党委发挥领导作用,把方向、管大局、促落实,依照规定讨论和决定企业重大事项。主要职责是:

1. 加强企业党的政治建设,坚持和落实中国特色社会主义根本制度、基本制度、重要制度,教育引导全体党员始终在政治立场、政治方向、政治原则、政治道路上同以习近平同志为核心的党中央保持高度一致。

2. 深入学习和贯彻习近平新时代中国特色社会主义思想,学习宣传党的理论,贯彻执行党的路线方针政策,监督、保证党中央重大决策部署和上级党组织决议在本企业贯彻落实。

3. 研究讨论企业重大经营管理事项,支持股东(大)会、董事会、监事会和经理层依法行使职权。

4. 加强对企业选人用人的领导和把关,抓好企业领导班子建设和干部队伍、人才队伍建设。

5. 履行企业党风廉政建设主体责任,领导、支持内设纪检组织履行监督执纪问责职责,严明政治纪律和政治规矩,推动全面从严治党向基层延伸。

6. 加强基层党组织建设和党员队伍建设,团结带领职工群众积极投身企业改革发展。

7. 领导企业思想政治工作、精神文明建设、统一战线工作,领导企业工会、共青团、妇女组织等群团组织。

国有企业党支部(党总支)以及内设机构中设立的党委围绕生产经营开展工作,发挥战斗堡垒作用。主要职责是:

1. 学习宣传和贯彻落实党的理论和路线方针政策,宣传和执行党中央、上级党组织和本组织的决议，团结带领职工群众完成本单位各项任务。

2. 按照规定参与本单位重大问题的决策，支持本单位负责人开展工作。

3. 做好党员教育、管理、监督、服务和发展党员工作，严格党的组织生活，组织党员创先争优，充分发挥党员先锋模范作用。

4. 密切联系职工群众，推动解决职工群众合理诉求，认真做好思想政治工作。领导本单位工会、共青团、妇女组织等群团组织，支持它们依照各自章程独立负责地开展工作。

5. 监督党员、干部和企业其他工作人员严格遵守国家法律法规、企业财经人事制度，维护国家、集体和群众的利益。

6. 实事求是对党的建设、党的工作提出意见建议，及时向上级党组织报告重要情况。按照规定向党员、群众通报党的工作情况。

上述规定对国有企业党委的研讨事项范围有了相对清晰的界定，但也提到党委要结合实际制定研讨的事项清单，并要厘清与其他治理主体（董事会、监事会、经理层等）的权责。因此，在制定出符合企业实际的事项清单前，我们还是需要对其他治理主体的权责进行一定的分析，从而明确国有企业党委研究讨论重大经营管理事项的具体范围及决策步骤。

例如，中国核工业集团有限公司党组专门成立了法治中核建设工作领导小组，明确“成员单位涉及三重一大事项合同必须经总法律顾问审核”，规定“成员单位重大合同必须采取合同评审等风险防控措施”。

（二）董事会

董事会是企业经营决策机构，也是企业合规管理的决策机构，应当充分发挥定战略、作决策、防风险的职能。

在董事会的建设方面，《公司法》进行了一系列优化调整。包括：

1. 取消董事会人员上限，调整职工董事的设置。[1]《公司法》取消了之前有限责任公司董事人数上限，并规定职工人数为三百人以上的有限责任公司，如未设置职工代表监事，则需要设置职工代表董事。此外，《公司法》规定国有独资公司的董事会成员中应当过半数为外部董事，且应当有职工董事。[2] 本规定实际上将国企改革三年行动中“外部董事占多数”的政策上升至法律层面，明确要求加强国有独资公司董事会建设。

2. 明确规定可以设立审计委员会。[3]《公司法》首次以法律形式明确规定审计委员会适用于有限责任公司。实践中，关于董事会下设立审计委员会的治理方式，国有企业已经展开了探索。正如《中央企业董事会工作规则（试行）》明确规定，中央企业董事会应当设立战略与投资委员会、薪酬与考核委员会、审计与风险委员会。对于中央企业子公司而言，董事会原则上应当设置审计委员会。

3. 取消“执行董事”的概念，统一称为“董事”。[4]《公司法》中取消了“执行董事”的说法，并规定法定代表人由代表公司执行公司事务的董事或经理担任，也就是说，任何一名被指定代表公司执行公司事务的董事都可以担任法定代表人。这是法定代表人制度的重要变化。

---

① 《公司法》第六十八条第一款：“有限责任公司董事会成员为三人以上，其成员中可以有公司职工代表。职工人数三百人以上的有限责任公司，除依法设监事会并有公司职工代表的外，其董事会成员中应当有公司职工代表。董事会中的职工代表由公司职工通过职工代表大会、职工大会或者其他形式民主选举产生。”

② 《公司法》第一百七十三条第二款：“国有独资公司的董事会成员中，应当过半数为外部董事，并应当有公司职工代表。”

③ 《公司法》第六十九条：“有限责任公司可以按照公司章程的规定在董事会中设置由董事组成的审计委员会，行使本法规定的监事会的职权，不设监事会或者监事。公司董事会成员中的职工代表可以成为审计委员会成员。”

第一百二十一条第一款：“股份有限公司可以按照公司章程的规定在董事会中设置由董事组成的审计委员会，行使本法规定的监事会的职权，不设监事会或者监事。”

④ 《公司法》第七十五条：“规模较小或者股东人数较少的有限责任公司，可以不设董事会，设一名董事，行使本法规定的董事会的职权。该董事可以兼任公司经理。

第一百二十八条：“规模较小或者股东人数较少的股份有限公司，可以不设董事会，设一名董事，行使本法规定的董事会的职权。该董事可以兼任公司经理。”

从《公司法》一系列的调整可以看出，董事会在公司治理中的话语权不断增强，同时董事会也将会承担更多的法定义务。

在董事会的合规职责方面，《央企合规指引》和《央企合规办法》均对董事会的合规职责进行了规定，其中《央企合规办法》第八条规定如下：

1. 审议批准合规管理基本制度、体系建设方案和年度报告等；

2. 研究决定合规管理重大事项；

3. 推动完善合规管理体系并对其有效性进行评价；

4. 决定合规管理部门设置及职责。

除上述合规职责外，根据《公司法》第五十一条第一款规定，有限责任公司成立后，董事会应当对股东的出资情况进行核查。即增加了董事会催缴出资的责任。

关于董事会如何履行合规管理职责，《"三重一大"落实意见》中明确规定董事会应当以会议的形式对职责权限内的"三重一大"事项作出集体决策。2021 年 9 月，国务院国资委印发的《中央企业董事会工作规则（试行）》提出了"董事会是企业的经营决策主体，定战略、作决策、防风险，依照法定程序和公司章程行使对企业重大问题的决策权"。同样在企业合规管理体系中，董事会作为决策机构也应发挥定战略、作决策、防风险的作用。

此外，根据国务院国资委《关于做好 2023 年中央企业内部控制体系建设与监督工作有关事项的通知》的要求，中央企业应当落实董事会对内控体系的监管责任，定期听取和审议内控职能部门工作情况报告。认真做好年度重大风险评估工作，结合所处行业特点和企业经营实际，深入分析年度可能面临宏观政策、市场环境及大宗商品价格等风险形势变化，加强对稳产保供、提质增效及国际化经营等风险研判，建立重大风险防控责任台账，明确责任单位、防控目标及应对措施，编制形成年度重大风险评估报告，并报经董事会或类似决策机构审议通过。

(三)监事会

在监事会的设立方面,我国《公司法》(2018 年修正)[①]详细规定了监事会的职责权限以及议事规则。但是,在企业治理实践中,监事会的作用经常被忽视和边缘化,不少企业的监事会没有发挥真正的监督作用。

此次修订通过的《公司法》中引进了单层制公司治理架构,即监事会已经不再是强制设置机构,企业可以在章程中自行选择单层制(股东会、董事会)、双层制(股东会、董事会、监事会)或者是混合制(股东会、董事会、监事会、审计委员会)的治理结构。

尽管《央企合规办法(征求意见稿)》及《央企合规办法》都将合规组织中的"监事会"部分删除,监事会也不再是强制设置机构,但这并不意味着监事会退出了历史舞台。企业在治理架构中选择设立监事会的,监事会仍应履行相应的合规职责。

如何按照《公司法》以及公司章程的相关要求规范企业治理机制,以及切实保障企业监事会行使其合规管理职责,仍需要在实践中不断探索完善。

(四)经理层

关于经理层的合规职责,《央企合规办法》相较于《央企合规指引》规定的更加完善和细致,经理层应切实履行谋经营、抓落实、强管理职能。《央企合规办法》第九条规定经理层的合规职责包括以下几项:

1. 拟订合规管理体系建设方案,经董事会批准后组织实施。

2. 拟订合规管理基本制度,批准年度计划等,组织制定合规管理具体制度。

3. 组织应对重大合规风险事件。

---

① 此处《公司法》指 2018 年 10 月 26 日修正的《中华人民共和国公司法》。

4. 指导监督各部门和所属单位合规管理工作。

除《央企合规办法》规定的合规职责之外，《“三重一大”落实意见》也提到：“国有企业党委（党组）、董事会、未设董事会的经理班子等决策机构要依据各自的职责、权限和议事规则，集体讨论决定‘三重一大’事项，防止个人或少数人专断。”明确总经理作为实施《“三重一大”落实意见》的主要责任人之一。

（五）合规委员会

根据《央企合规指引》和《央企合规办法》的规定，中央企业设立合规委员会，可以与法治建设领导机构等合署办公，统筹协调合规管理工作，定期召开会议，研究解决重点难点问题。同时《深化法治央企建设意见》中提到，要持续完善合规管理工作机制，健全企业主要负责人领导、总法律顾问牵头、法务管理机构归口、相关部门协同联动的合规管理体系。发挥法务管理机构统筹协调、组织推动、督促落实作用，加强合规制度建设，开展合规审查与考核，保障体系有效运行。强化业务部门、经营单位和项目一线主体责任，通过设置兼职合规管理员、将合规要求嵌入岗位职责和业务流程、抓好重点领域合规管理等措施，有效防范、及时处置合规风险。

目前，部分国有企业的做法是将合规委员会作为董事会下设的专业委员会，向董事会负责。合规委员会成员一般为三人、五人、七人，主任一般由董事长（党委书记）担任，成员由班子成员（或董事）担任，没有董事会的二级及以下分子企业的合规委员会一般由班子成员组成。对合规管理的一般性、无法提级到合规委员会讨论的日常协调工作，国务院国资委也给予企业充分的自主权利，企业可以设置合规小组、合规领导小组办公室，负责日常工作中的沟通协调。

例如，哈尔滨电机厂有限责任公司制定的《哈尔滨电机厂有限责任公司合规管理办法》第九条规定：“公司合规委员会是公司合规管理的议事机构,向董事会负责,履行以下职责……”第十条规定:“合规委员会组成人数为5人或7人,公司董事长担任主任,其他委员从党委副书记、总经理、副总经理、总法律顾问、纪委书记中选任,由董事会任命。合规委员会与内部控制及风险管理委员会合署办公。”

(六)企业主要负责人

企业主要负责人作为推进法治建设的第一责任人,应当切实履行依法合规经营重要组织者、推动者和实践者职责,积极推动合规管理各项工作。中央企业应当将合规审查作为必经程序嵌入经营管理流程,重大决策事项的合规审查意见应当由首席合规官签字,对决策事项的合规性提出明确意见。

国务院国资委2017年印发的《中央企业主要负责人履行推进法治建设第一责任人职责规定》已经给予了明确,其中第二条规定,“本规定所称的中央企业主要负责人是指国务院国资委履行出资人职责的企业党委(党组)书记、董事长、总经理(总裁、院长、局长、主任)。”

通常中央企业、地方国有企业董事长(兼任党委书记)为一人,总经理为一人,三个岗位由一人兼任或者由三人分别担任的情况已不多见,意味着董事长兼党委书记、总经理二者都是推进企业法治建设的第一责任人。

(七)首席合规官

首席合规官由总法律顾问担任,对企业主要负责人负责,领导合规管理部门组织开展相关工作,指导所属单位加强合规管理。

国务院国资委相关领导提出:“将首席合规官作为关键人物,全面参与重大决策,确保管理职责到位”“以首席合规官制度为核心,切实保障有效履职”。国务院国资委法规局有关同志在系统解读《央企合规办法》时也提到:“中央企业应当在企业规章制度中明确首席合规官的岗位职责”。

“首席合规官”作为国有企业有效防范经营风险的关键性岗位，除了应当依照《央企合规办法》第十二条要求明确自身定位，依照第二十一条要求履行“重大决策事项合规审查”职责外，一般还应包括但不限于履行以下职责：

1. 协调企业党建工作机构在党委（党组）领导下落实相关党内法规制度，促进把党的领导贯穿企业合规管理全过程。

2. 领导合规管理牵头部门制定企业合规管理体系建设方案，推进合规管理体系建设。

3. 向党委（党组）、董事会、经理层、企业主要负责人汇报合规管理重大事项。

4. 主持企业合规风险识别、评估工作，编制风险识别清单、岗位职责清单、流程管控清单，确保风险防范到位。

5. 牵头企业案件管理工作，研究解决重点、难点问题，领导法务管理部门完善工作机制，努力排查其中可能隐含的合规风险，实现“以案促管”。

6. 组织开展合规培训、合规宣传等合规文化建设，培育具有企业特色的合规文化。

7. 指导业务部门、职能部门及子/分企业开展合规管理工作，对合规管理职责落实情况提出意见和建议。

8. 法律法规、公司章程等规定的其他合规管理职责。

鉴于首席合规官较高的任职要求，目前国有企业通行做法是由班子成员、副总经理任总法律顾问兼首席合规官。例如，中国五矿集团有限公司党组成员、副总经理兼任总法律顾问及首席合规官，确保首席合规官权责一致。中国有研科技集团有限公司由副总经理出任总法律顾问兼首席合规官。

二、国有企业合规管理的“三道防线”

2021 年 12 月 3 日，国务院国资委召开了中央企业“合规管理强化年”工作部署会，会议要求，中央企业必须把强化合规放到贯彻习近平法治思想的高度来认识，放到落实全面依法治国战略的全局来部署，放到保障企业高质量发展的层面来推动，力争通过一年时间推动企业合规管理工作再上新台阶。会议要求，要强化领导合规意识，严格依法依规决策，切实发挥“关键少数”作用；建立健全工作机制，加快突破重点难点，不断筑牢“三道防线”；着力抓好境外合规，突出重点领域管理，全面保障国际化经营；严肃开展监督问责，健全“以案促管”长效机制，形成合规管理工作闭环；加大资源投入力度，建立合规管理在线监管系统，进一步夯实工作基础。

“三道防线”是根据企业各条线不同的职责分工和角色定位，搭建由法律部门作为合规管理部门的三位一体多层次合规管理组织架构体系。

特别需要指出的是，根据《公司法》的相关规定，无论有限责任公司还是股份有限公司，在不设置监事会或监事的情况下，由审计委员会来行使监事会的职权。对于国家出资企业，《公司法》同样规定国有独资公司在董事会中设置由董事组成的审计委员会行使监事会职权的，不设监事会或监事。这一系列的规定意味着审计委员会的重要性再度提升。但《公司法》尚未对审计委员会的合规职责作出明确规定，待《公司法》司法解释及相关配套制度出台后，本书编者将根据最新规定对审计委员会的合规职责进行进一步解读。

（一）第一道防线：各业务部门及职能部门

企业各部门及其分支机构，包括企业横向职能管理部门（如规划、运营管理、财务、人事、内控、审计、行政等）、业务部门（包括研发、生产、采购、销售、物流、质量、环安卫等）以及各分公司、项目组、营业部等。企业各部门及其分支机构负责本领域的日常合规管理工作，这是履行合规管理的"第一道防线"，对企业合规负首要责任。《央企合规办法》强调：中央企业发生合规风险，相关业务及职能部门应当及时采取应对措施，并按照规定向合规管理部门报告。中央企业因违规行为引发重大法律纠纷案件，重大行政处罚，刑事案件，或者被国际组织制裁等重大合规风险事件，造成或者可能造成企业重大资产损失或者严重不良影响的，应当由首席合规官牵头，合规管理部门统筹协调，相关部门协同配合，及时采取措施妥善应对。中央企业发生重大合规风险事件，应当按照相关规定及时向国务院国资委报告。

1. 相关业务部门及职能部门的范围

国务院国资委《中央企业全面风险管理指引》第六条将一般企业划分为战略、规划、产品研发、投融资、市场运营、财务、内部审计、法律事务、人力资源、采购、加工制造、销售、物流、质量、安全生产、环境保护等各部门。

企业从职能和管理对象上来看，企业包括业务部门和职能管理部门，具体划分见表3-1：

表3-1　合规风险分析与评价框架

业务部门	技术和产品研发、市场运营、采购、加工制造、销售、物流等部门
职能管理部门	战略、规划、投融资、财务、风控、内控、内部审计、法律事务、人力资源、质量、环安卫等部门

2. 业务部门及职能部门管理职责

关于合规管理，人们通常认为合规管理仅仅只是合规管理部门的职责，其他的部门主要负责配合和支持合规管理部门的工作，属于被合规的地位。这种观念与实践发展不符，需要及时调整。

业务部门及其分支机构负责本领域的日常合规管理工作。同时，战略、规划、投融资、财务、人力资源等职能部门与业务部门一样,也处于合规风险的第一道防线,是合规管理职责的主体和首要承担者,需要承担与业务部门一样的合规管理职责。

《央企合规办法》中对业务部门及职能部门的合规管理职责作出了明确界定,主要包括:

(1)建立健全本部门业务合规管理制度和流程,开展合规风险识别评估,编制风险清单和应对预案。

(2)定期梳理重点岗位合规风险,将合规要求纳入岗位职责。

(3)负责本部门经营管理行为的合规审查。

(4)及时报告合规风险,组织或者配合开展应对处置。

(5)组织或者配合开展违规问题调查和整改。

中央企业应当在业务及职能部门设置合规管理员,由业务骨干担任,接受合规管理部门业务指导和培训。

例如,湖北宏泰集团有限公司制定《宏泰集团合规管理员管理办法》,在集团总部各部门设置合规管理员,合规管理员须具备熟练掌握业务流程、法律法规的专业能力,原则上要求具备两年以上工作经验的部门副职兼任,二级公司参照集团执行。经过持续推动,已经形成"总部合规管理岗 + 总部合规管理员 + 二级公司合规管理岗 + 二级公司合规管理员"的合规管理队伍体系,为落实全面合规管理提供了强有力的队伍保障。湖北宏泰集团有限公司在各业务领域重点环节设立合规管理员 16 名,聚焦风险防控,编制职责手册,确保合规审查等职责依规履行。

(二)第二道防线:合规管理部门

合规管理部门是防范合规风险的"第二道防线",也是合规管理体系建设的责任单位。国务院国资委《央企合规指引》和《央企合规办法》均对其合规管理职责进行了规定。

《央企合规指引》的规定夯实了我国中央企业合规管理部门作为管理性部门的地位和职责，即组织、协调和监督合规管理工作，为其他部门提供合规支持，指导下属单位合规管理等。

《央企合规办法》将合规管理部门的合规管理职责进行了进一步细化，第十四条规定合规管理部门的合规管理职责包括以下几项：

1. 组织起草合规管理基本制度、具体制度、年度计划和工作报告等。

2. 负责规章制度、经济合同、重大决策合规审查。

3. 组织开展合规风险识别、预警和应对处置，根据董事会授权开展合规管理体系有效性评价。

4. 受理职责范围内的违规举报，提出分类处置意见，组织或者参与对违规行为的调查。

5. 组织或者协助业务及职能部门开展合规培训，受理合规咨询，推进合规管理信息化建设。

中央企业应当配备与经营规模、业务范围、风险水平相适应的专职合规管理人员，加强业务培训，提升专业化水平。同时，建立违规问题整改机制，通过健全规章制度、优化业务流程等，堵塞管理漏洞，提升依法合规经营管理水平。

（三）第三道防线：纪检监察机构和审计、巡视巡察、监督追责等部门

纪检监察机构和审计、巡视巡察、监督追责等内审部门在职权范围内履行“第三道防线”职责，这也是企业合规的最后一道防线。

《央企合规办法》规定中央企业纪检监察机构和审计、巡视巡察、监督追责等部门依据有关规定，在职权范围内对合规要求落实情况进行监督，对违规行为进行调查，按照规定开展责任追究。

除《央企合规办法》规定的合规职责外，其他相关法律法规中对内审部门和纪检监察部门的合规职责也进行了相应的规定。2023 年 2 月，国

务院国资委发布《关于做好2023年中央企业内部控制体系建设与监督工作有关事项的通知》,要求充分发挥内控职能部门统筹推动、组织协调、监督落实的作用,有效开展完善制度、强化执行、监督评价、整改落实等内控管理工作,切实提升内控体系规范化、法治化、专业化水平。

1. 审计部门

(1)内部审计监督职能

国有企业内部审计监督职能主要体现在两个方面:一方面,对领导层的监督;另一方面,对企业各部门的监督。目前,国有企业内部审计监督主要包括对财务收支、经济责任、经济效益等方面的监督。对审计对象的财务收支与其他经济活动进行监督,以此为依据判断会计资料的正确性与真实性,衡量内部财务收支的合法性与效益性;判断审计对象经济责任的履行情况,是否存在违法乱纪、贪污腐败等行为,如存在则追究其经济责任;促进被审计单位遵守财经纪律,创新管理模式,提升经济效益。

当前随着企业规模扩张、业务更加多样,生产经营系统更加错综复杂,需要不断完善审计监督机制,对各项活动的责任承担者按照规定的目标、制度、预算等要求,查看其是否认真履行职责,揭露违法乱纪、损失浪费、贪污腐败等行为,强化企业经营管理。

(2)内部审计评价职能

现阶段,内部审计评价职能在国有企业发展中的地位逐渐提升。其中,经济评价是指通过开展审计,对被审计单位的预算、方案可行性,经济活动是否与既定目标相符合,经济效益高低,内控制度健全性等进行评价,并针对不足之处提出意见与建议,以此提高企业管理水平,推动企业更好发展。

在评价体系方面,内部审计评价可分为制度建设、执行情况、制度保障三项内容。在制度建设方面,主要针对制度的健全性以及方针规章等是否与相关政策要求相符合;在执行情况方面,对企业中各部门的内控过程与结果的科学性进行评价；在制度保障方面，对监管部门职能履行情况进行衡量。通过上述评价，可从整体上体现出内控体系的有效性，并针对内控薄弱环节，为管理层提出科学有效的措施，推动内控制度更加完善。

(3)内部审计建议职能

新时代赋予国有企业内部审计新使命，《审计署关于内部审计工作的规定》(以下简称《内部审计规定》)中，内部审计在职责范围上增加了内部控制和风险管理，工作内容也不仅限于监督与评价，而是将提供建议的服务职能提到了更重要的位置。

2. 纪检监察部门

国有企业纪检监察部门参与合规管理是《中华人民共和国监察法》(以下简称《监察法》)和《中国共产党章程》(以下简称《党章》)赋予的职责。《监察法》将包括国有企业管理人员在内的所有行使公权力的公职人员纳入监察对象，破解了过去监察范围过窄的突出问题，确保了监督无盲区，哪里有公权力，哪里就有监督。监察体制改革后，国有企业监察对象主要包括两大群体：一是国有独资企业、国有控股企业(含国有独资金融企业和国有控股金融企业)及其分支机构的领导班子成员。二是对国有资产负有经营管理责任的国有企业中层和基层管理人员。

《央企合规办法》第四条规定："国资委负责指导、监督中央企业合规管理工作，对合规管理体系建设情况及其有效性进行考核评价，依据相关规定对违规行为开展责任追究。"因此，这样的设置既符合国务院国资委2023年"合规管理强化年"深化合规管理的工作要求，又有益于落实体系运行，厘清国务院国资委与央企的合规权责关系，增强了国资监管体系下合规管理体系的可操作性。

由此可以看出，监察体制改革主要发生三大变化：一是监察对象大幅增加，由原一级企业领导班子成员扩展至各级领导干部以及中层、基层管理人员，同时参股企业有关人员也纳入其中；二是监察职责拓展延伸，监察机关除了对国有企业监察对象职务违法和职务犯罪进行调查处置外，还要开展廉政教育，对其依法履职、秉公用权、廉洁从政从业以及道德操守情况进行监督检查；三是由国务院直接负责央企的监督、考核。

根据《监察法》第十一条和第十二条的规定，监察委员会依照该法和有关法律规定履行监督、调查、处置职责。各级监察委员会可以向本级中国共产党机关、国家机关、法律法规授权或者委托管理公共事务的组织和单位以及所管辖的行政区域、国有企业等派驻或者派出监察机构、监察专员。《央企合规指引》明确要求，监察等部门在职权范围内履行合规管理职责。同时，根据《党章》规定，党的基层组织的基本任务是监督党员干部和其他任何工作人员严格遵守国家法律法规，严格遵守国家的财政经济法规和人事制度，不得侵占国家、集体和群众的利益。企业纪委在同级党委领导下对企业“党员干部和其他任何工作人员”进行监督符合党内监督专责机关的定位。

第四章　国有企业合规管理运行机制

完善有效的国有企业合规管理体系除了需要一个根据适用范围、效力层级等分级分类的合规管理制度体系以及一个科学、有效和独立的合规管理组织架构以外，还需要有一个完备的国有企业合规管理机制。通常情况下，国有企业合规管理机制建设是国有企业合规管理体系建设的核心之一，合规管理机制的有效运行贯穿国有企业合规管理的始终。2022年10月1日，《央企合规办法》正式施行，虽然《央企合规办法》系针对中央企业而印发，但同时规定“地方国有资产监督管理机构参照本办法，指导所出资企业加强合规管理工作”，这标志着国资委对国有企业合规管理的要求进一步提升，国有企业合规管理体系建设进入攻坚期。

立足于《央企合规办法》和《央企合规指引》，结合多个地方国资委颁布的文件及国有企业实践，编者认为，一个完备的国有企业合规管理机制主要包含两大部分：一是合规管理运行机制；二是合规管理保障机制。合规管理运行机制一般包含合规风险识别预警与应对机制、合规审查机制、合规管理评估及违规问责机制三大部分，囊括了合规管理运行前、运行中、运行后三个阶段。在本章中，编者将对国有企业合规管理运行机制进行详尽阐述。

第一节

合规风险识别预警与应对机制

合规风险识别预警与应对机制主要包含合规风险识别、合规风险分析和评价、合规风险应对、合规风险预警监测四部分。合规风险识别全面梳理经营管理活动中的合规风险,建立并定期更新合规风险数据库,对风险发生的可能性、影响程度、潜在后果等进行分析,对于较为严重的风险及时发布预警;合规风险应对机制主要是指对发现的合规风险制定预案,及时有效地加以处置,最大限度化解风险,降低损失。(见图4-1)

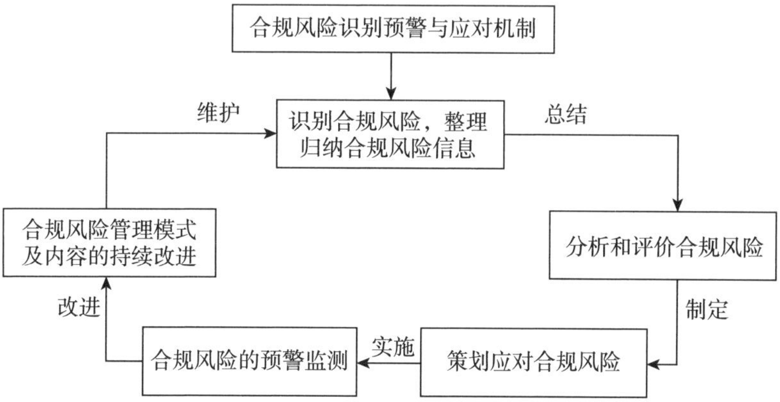

图4-1 合规风险识别预警与应对机制

一、合规风险识别

合规风险识别是发现、收集、确认、描述合规风险以及整理和储存合规风险信息的过程,包括对风险根源、风险成因、风险事件及潜在后果的识别。合规风险识别是合规风险管理的首要步骤、前提和基础。合规风险是违规行为导致的不确定性对于合规目标的影响,而给合规目标所带来的不确定性是因为针对一个组织的合规义务没有得到遵守,从而发生了违规或者不合规的现象。识别合规风险的目的是让组织在合规风险实实在在发生之前,先人一步识别出风险,并为风险评价及风险管理工作打好基础。

企业需要对适用的各项合规规范进行收集和整理,根据合规规范对企业经营管理的各个领域进行合规风险排查,甄别、收集、确认和描述合规风险点,根据涉及的合规规范与合规风险发生的业务领域进行分类和整理,制作矩阵合规风险清单,并上传和储存到企业合规管理信息系统。风险是指影响企业或部门目标的不确定性,在识别合规风险的时候要以企业合规目标为出发点。风险识别至少每年进行一次(关注监管环境、业务环境等方面的变化),其目标是确定并记录企业组织机构内影响企业目标达成的风险。对于风险识别,通常是从企业内已知的风险出发,即企业风控部已有的风险清单是企业风险识别的基础。此外,内部审计报告也是识别风险很好的着手点。通过建立系统性的风险识别、风险评估和风险报告机制,能够很好地预防违规行为,防范合规风险。

合规风险识别,需要关注行业监管部门的监管重点及发布的违规案例,同类企业、本企业过去识别和发生的合规问题及违规案例,内部审计发现的合规风险事件,业务部门发现的合规风险问题,员工举报的违规情况等。这些都是发现和识别合规风险的重要来源。识别合规风险,还要注意合规义务的维护。因为现实中,合规要求和合规承诺不是一成不变的,需要时刻关注并将新的合规要求和承诺纳入合规义务清单文件中。为了获得合规义务来源变化信息,国有企业可采取以下措施:与监管部门会面;与法律顾问交流;跟踪监管部门的网站动态;参加行业论坛和研讨会;订阅相关信息服务;确保自己是专业组织的会员;确保自己在相关监管机构的收件人列表中。

合规风险识别的方法包括但不限于基于证据的方法(如检查表法以及对历史数据的评审)、系统性的团队方法(如一个专家团队遵循系统化的过程,通过一套结构化的提示和问题来识别风险)、归纳推理技术(如危险与可操作性分析方法)等。另外,国有企业还可以利用各种支持性的技术来提高风险识别的准确性和完整性,包括头脑风暴法等。综合起来,合规风险的识别方法可以分为两大类:全面合规风险识别和专项合规风险识别。

(一)全面合规风险识别方法

1. 外部识别法

(1)对合作伙伴的尽职调查和回访

一方面,国有企业在与商业伙伴合作前,应该对商业伙伴开展全面的尽职调查,对商业伙伴的行业特点、资金情况、违法违规情况等进行充分的了解,综合判断与该商业伙伴合作的法律风险,避免自身因牵涉商业伙伴的违法行为,而承担法律责任。另一方面,国有企业也可以在与商业伙伴合作后开展合作回访,通过合作伙伴的信息反馈,了解到此次合作过程中各环节可能存在法律风险,尤其是识别企业员工在此次合作中是否存在串通投标、商业贿赂等法律风险。

(2)监督举报机制

国有企业可以建立举报机制,鼓励举报人通过信函、电话、电子邮件、网络留言等形式对企业可能存在的合规风险进行举报;企业可以增设举报奖励,以提高举报人的积极性。同时在举报机制建立后,企业还要配套建立相应的调查机制,及时对举报的合规风险进行调查、分析并采取风险化解和处置措施。

2. 内部识别法

(1)识别访谈法

识别访谈法,是指通过访谈员和受访人面对面地交谈来了解受访人的心理和行为的心理学基本研究方法。在合规风险识别中,是指通过对可能存在法律风险的对象进行访谈,了解其潜在的观点和认知,确定其是否真的存在法律风险的一种识别方法。进行识别访谈法的主要步骤如下:

①筛选访谈对象:即找出可能存在合规风险的重要部门或者重点岗位。在采用访谈法时,我们不建议企业对所有部门、所有员工都进行访谈,这样不但费时费力,访谈效果也会大打折扣。建议企业可以结合既往的合规处置经验,通过调查之前容易出现合规风险的关键岗位、部门,来确定访谈对象。

②制作访谈提纲:因不同行业和岗位的特点不一,可能产生的法律风险也不尽相同,比如销售部门容易出现商业贿赂的合规风险、财务部门容易出现税务的合规风险、生产部门容易出现产品质量的风险,要根据不同的访谈对象制作不同的访谈提纲,访谈提纲应以该岗位高发的合规风险为核心,尽可能完整、准确。

③做好访谈记录:如果有条件的,尽量要录音录像,访谈的目的是识别风险和预防风险,但是一旦风险预防失败,就需要确认责任承担主体,届时访谈记录就可以作为判断责任主体的相关证据。除录音录像外,还建

议国有企业在访谈结束后制作访谈笔录，并要求访谈对象在笔录上签字确认。

④进行访谈分析：最后要根据访谈情况，结合合规风险的管理内容，进行全面的系统化分析，判断访谈对象是否存在合规风险。如果存在，应该立即启动调查程序，并及时做好应对措施。当次访谈没有识别出合规风险，也应当继续追踪，定期进行访谈，如果情况发生变化，应立即启动调查程序。

(2)问卷调查法

在合规风险识别中，问卷调查法是指对企业可能存在的法律风险，通过制作一系列的问题进行度量，从而搜集可靠资料并进行研判的一种方法。问卷调查方法标准化程度高，效率高且匿名性强，能在短时间内获取大量资料，相较于访谈法更适合在企业内部大范围内进行。

要确定调查问卷的范围，企业可以针对全体员工设计调查问卷，以识别常规的合规风险，也可以针对部分岗位、个别部门制作专门的调查问卷，以识别一些特殊的法律风险。例如，银行业可以针对资金安全问题，对全体员工开展问卷调查。

合规风险调查问卷要具备以下基本内容：①确认被调查人的身份、岗位和职责；②让员工列明自身的合规义务、列明自己所在的岗位和企业可能存在的合规风险等；③可以让员工就企业的合规体系建设提供建议。

(3)案例分析法

在合规风险识别中，案例分析法是指企业根据自身以往的合规风险案例或者其他企业相同或类似的合规风险案例，通过研究分析、总结，以提升企业合规风险识别和预防能力的方法。①案例的挑选。国有企业可以挑选企业先前发生的合规风险案例，如果企业是初创企业或者先前没有发生过类似的合规风险案例，可以参考其他企业或相同行业、业务领域等的案例。②案例的分析。在选定适宜的案例后,要对案例进行系统的汇总和分析,结合案件的争议焦点和核心合规风险,分析在该案件中企业作出的有效措施以及未来仍需改进和补充的部分。③通过提炼案例中与本企业相同或类似的合规风险内容及合规风险应对措施,不断更新、健全本企业的合规风险管理体系。最后是对员工的培训。对案例分析得出的结论,不仅可以用于企业合规风险的识别和预防,同时案例分析也可以作为未来员工合规风险培训的重要内容,使员工了解和规避其违规行为可能带来的不利后果,从而降低因企业员工违规行为导致合规风险的发生概率。

(4)合规义务识别法

合规义务的识别是指识别企业所应遵守的法律、法规、国家政策、道德规范等义务。合规义务的识别是合规风险评价的基础,企业应当将其合规义务与其行为、产品、服务和运营等各方面的行为进行比对,以识别企业相应的合规风险。

需要澄清的是,企业的合规义务可能涉及方方面面,并且需要随着相关法规和政策的变化而时刻更新,在这种情况下,要求所有岗位的普通员工都对合规风险及时进行识别和防控,显然是不现实也是不经济的。因此,需要专业的法务人员或律师对这些合规义务进行先行梳理,整理适用于公司内部的合规义务清单,再根据下文详述的通过岗位业务的职责评估风险的方法,确认各岗位人员应当着重学习和遵守的合规义务,并不时进行更新和培训,以降低企业的合规成本,提升企业合规管理的效率。

进行企业合规义务的梳理并制定企业内部的合规义务清单,通常需要由外部律师牵头,以法律服务的形式进行,并进行定期的评估与更新。

(二)专项合规风险识别方法

岗位权力识别法,是指通过识别不同岗位上不同的权力内容,再通过权力内容来定位合规风险的一种方法。岗位权力识别法是一种基于岗位的识别方法,即围绕岗位的职责内容、工作特点、人数规模等信息来判断其存在合规风险的可能性。

(1)列出岗位清单。采用权力识别法之前要先把不同部门的岗位数量、岗位职责、业务目标和合规目标进行汇总和归纳,制作各类岗位清单。

(2)对于不同岗位,企业赋予了不同的业务执行权力,权力的不正当使用将会成为引致合规风险的主要风险源。根据企业"八项权力模型"理论,企业组织运行过程中主要存在"八项权力",即审核权、市场客服与销售权、人事权、采购权、放行权、计量权、财务资金权、拥有关键信息权。

第一项权力是审核权。识别是否有审核权,如决策权、审批权、监督权等具有审核性质的核准工作,或者本人作为其更高分管领导,能够直接影响和改变权力的行使,如本人是公司上级集团的部门、公司领导。

第二项权力是市场客服与销售权。识别是否有市场客服与销售权,如向客户介绍产品、服务功能、销售政策、价格优惠条件、销售合同签订、售后服务、维修、保养、置换等客服、销售性质的业务活动以及围绕客户在决策、采购、放行、计量、财务资金和与这些活动密切相关的关键商务信息所实施的活动,或者本人作为其分管范围,能够直接影响和改变这些活动的行使,如市场客服与销售直线分管领导、公司上级集团的部门、公司领导。

第三项权力是人事权。识别是否有人事实权,如雇佣、招聘、任免、考核、人员奖励与处罚、职称评定、岗位选拔等人事活动,或本人作为其分管范围,能够直接影响和改变权力的行使,如人事直线分管领导。

第四项权力是采购权。识别是否有采购实权,如确定供应商、分包商、租赁商合格名册、确定采购方式、采购策划、确定采购文件、确定投标人、确定价格和中标人、分包商、租赁商选择、签合同、合同变更等与采购有关的业务活动，或本人作为其分管范围，能够直接影响和改变权力的行使，如采购分管领导。

第五项权力是放行权。识别是否有物料设备进出放行实权，如质量检测、安全管理、仓储管理、品控管理、物料设备使用管理、技术审核、专业评审、专业认证、文明施工管理、进出门管理等进出、放行、许可、专业技术复核性质的业务，或本人作为其分管范围，能够直接影响和改变权力的行使，如质量、技术、安全直线分管领导。

第六项权力是计量权。识别是否有工作量、物资计量实权，如货物计数、采购结算、开具验收单、物料领用、消耗计量、工作量计量、分包量计量、容积测量、计时计件等计数计量业务，或本人作为其分管范围，能够直接影响和改变权力的行使，如物资、设备直线分管领导。

第七项权力是财务资金权。识别是否有财务实权，如收款、付款、费用开支、费用报销、后勤账务管理、津贴福利管理等经手钱财业务，或本人作为其分管范围，能够直接影响和改变权力的行使，如财务、资金分管领导。

第八项权力是拥有关键信息权。拥有关键信息往往由人员在履行前面七项中一项，或者一项以上的时候产生的拥有关键信息权力。识别本人是否拥有、知晓、掌握、创造关键商业信息，如公司内部商业秘密、工作策略、工作战略、重要人事安排、重要工作部署、采购分包其他投标人、标底、预算等信息。

以上八个方面权力，即“八项权力模型”，是企业生产经营过程中最容易导致不合规风险发生的权力，识别了以上八个方面权利在岗位职责中分布，就可以将合规高风险识别出来，进一步采取合规风险管理措施，有效管理合规风险。

国有企业可以结合自己的行业特点和合规需求，选择不同的识别方法,例如,金融行业可以针对关键岗位采用访谈法,互联网行业可以通过网络的形式开展问卷调查法,医疗行业可以采取权力识别法。此外上述几种识别方法并不是非此即彼的,国有企业可以同时采取多种识别方法,这样往往会事半功倍。例如,在采用访谈法时,可以通过调查问卷法筛选访谈对象;也可以在使用权力识别法之后,针对个别权力的行使,采用调查问卷法或者访谈法找出具体的合规风险。

为保证国有企业合规风险识别的客观性、全面性和系统性,在运用上述识别方法时,可同时从多个角度对合规风险进行分析梳理,确定合规风险等级,并根据合规风险等级采取对应的风险化解、应对措施。最终通过多种合规风险识别方法的适用,建立健全合规风险识别清单。

(三)合规风险识别清单

合规风险识别清单是最基础的一张清单,通过各个业务部门和管理部门逐项梳理自己的工作内容,结合各项必须遵循的法律法规和政策文件,确定工作中的合规风险点,把这些风险点按照风险程度和发生概率排列出来,形成风险识别清单。

梳理方法:从岗位或者部门主责两个方面入手。通过对员工的岗位职责和部门主责的业务内容范围,对照企业制度中确定的职责说明,梳理出对应的履职事项,对履职事项开展相关的合规风险识别、分析、评估,在对风险发生的可能性、影响程度、潜在后果等进行分析的基础上,进行合规风险分级,制定风险识别清单。(见表4-1)

表 4-1　合规风险识别清单（示例）

序号	业务		合规风险点	发生风险的可能性	风险后果	防控措施	责任部门	涉及岗位	合规依据	
	类别	事项							外部规范	内部规范
1.1	法律管理	重大决策事项	重大决策事项提交有权机构审议前未经法律合规审核	小	方案存在违反有关监管规定的情况，或法律风险防控措施不完备，可能引发法律责任	制作《合规审核表》，由承办部门/管理部门/合规部门/首席合规官根据管理要求填写合规审核意见	法律合规部	法律合规主管、法律合规专员	《中央企业合规管理办法》《关于进一步推进国有企业贯彻落实“三重一大”决策制度的意见》	《××集团有限公司合规管理办法》《××集团有限公司三重一大决策事项管理办法》
1.2	投资管理	公司风险治理	企业法人治理结构不完善。新设或并购企业未设定合理的、与股权比例相适应的董事会席位、表决机制；对股东提名董监事的权利及人数约定不明等	中	新设或并购企业决策及监管风险	审核新设或并购企业是否设立于股权比例相适应的董事会席位、表决机制；对股东提名董监事的权利及人数是否有约定	法律合规部	法律合规主管、法律合规专员	《国务院办公厅关于进一步完善国有企业法人治理结构的指导意见》	《××集团有限公司股权投资管理办法》

续表

序号	业务		合规风险点	发生风险的可能性	风险后果	防控措施	责任部门	涉及岗位	合规依据	
	类别	事项							外部规范	内部规范
1.3	合同及印章管理	合同管理风险	合同管理业务自身固有的潜在风险主要包括合同应审未审、应签未签、先履行后签署，无视法律合规审核意见签署合同、合同履行过程中发生变更但未签署补充协议致使发生纠纷合同档案管理不规范等	中	未及时有效防范规范交易行为，降低合同风险，造成合同纠纷风险隐患，合同档案管理不善，为处置纠纷造成困难	合同审批表、技术合同审批表、采购合同审批表等	法律合规部	法律合规主管、法律合规专员	《中华人民共和国民法典》	《××集团合同管理办法》

以“三重一大”事项合规管理风险为例，在公司日常经营过程中应归类于法律管理业务领域，根据《央企合规办法》《“三重一大”落实意见》以及企业内部相应管理制度等文件要求，在决策规则和程序中应加入法律合规审核环节，如果违反相关规定和要求，未对“三重一大”决策事项进行合规审核，则可能导致企业及相关人员承担较为严重的法律责任。近年来随着中央企业制度愈加完善、管理愈加规范，该风险发生的概率较低，但一旦发生其引发后果的严重性是不容忽视的，因此必须对该风险施加必要的控制活动。

二、合规风险的分析和评价

如果说合规风险的识别是由点到面的过程，那么合规风险的评价又是一个由面到点的过程。合规管理的工作内容之一，就是将可能发生且一旦发生则会给组织带来严重后果的风险进行量化，从而为组织量化风险管理（包括但不限于人、财、物资源分配）打好基础。

合规风险分析和评价，需要基于合规风险清单，对企业各合规风险做充分的调查研究，掌握大量、准确的数据和资料，并在此基础上对每一项合规风险进行评估。完成合规风险分析和评价，须按合规风险系数等级对合规风险进行整理、排序，对重大合规风险进行专项研究和分析，厘清合规管理缺陷。

国有企业在进行合规风险分析与评价时可按表4－2的形式。

表 4 – 2　合规风险分析与评价框架

序号	业务基本信息			合规信息			
	业务事项	二级事项	责任部门	是否为合规风险点	合规要求（需要达到的合规要求）	禁止性合规要求（禁止做的合规要求）	合规底线清单
1					1. 法律法规 2. 监管规定 3. 国际规则 4. 公司承诺 5. 道德规范	1. 法律法规 2. 监管规定 3. 国际规则 4. 公司承诺 5. 道德规范	
2					1. 法律法规 2. 监管规定 3. 国际规则 4. 公司承诺 5. 道德规范	1. 法律法规 2. 监管规定 3. 国际规则 4. 公司承诺 5. 道德规范	

三、合规风险应对

合规风险应对是根据合规风险分析与评价结果，确定风险应对措施和解决方案，制定风险应对措施清单并落实执行。

风险应对措施包括但不限于：制订和执行整改及防控目标和计划；制定、修改和完善企业内部合规规范；与存在重大合规风险的部门管理层商谈，明确合规风险应对措施和职责，纳入绩效考核指标；对相关业务模式、业务流程进行整改和完善；开展专项合规培训与合规活动；严格问责，对违规行为进行违规调查和处置；等等。

对重大合规风险，须对应对措施的启动、执行及效果进行持续跟踪与监督，直至合规风险消除。如果风险应对措施执行不力或者效果不佳，需要及时预警与核查，提出合规风险应对改进建议，加大合规应对力度。

合规风险应对所涉方面非常广。例如，针对公司治理方面的合规风险应对可以从以下几个方面展开：

第一，首要解决“三会一层”及控股股东利益平衡的问题。

公司治理合规首要的应建立在前述主体利益相对均衡的基础上。若公司一切大小事务均由大股东说了算，则很难做到真正的公司治理合规，或基于外部监管压力，只能做到部分合规。从大股东角度来看，除非有更大的利益动机，大股东也不会“自我革命”让渡利益。因此，如果能从保障大股东的基本和长远利益出发，公司治理合规更容易推进。比如，可以先从规避大股东利益以外的董事、监事尤其是个别高级管理人员、中基层员工的违规角度，从保障公司经营管理安全的角度，从保障公司及其董监高、控股股东和实控人避免因违规受到行政监管、刑事调查及刑事处罚的角度，去考虑设置合理的规则、规章及流程。

第二，从解决公司内控领域重点合规问题入手。

内控合规应该深入企业内部，对公司重点风险领域和环节进行梳理、提炼，建立切实有效的管控措施。在取得公司控制权一方的支持下，结合公司所处行业的重点问题进行合规调查、评估及体系建立。

北京大学陈瑞华教授认为，一家公司合规的问题一定应该是普遍系统性的重点问题，一般不会超过 3 类，如果某公司号称有 5 类以上合规问题，通常就是“假的”合规问题。例如，医药企业可对医药代表商业贿赂、不正当竞争行为进行规制；建工房地产企业可对市场开发人员的违反招投标规定、商业贿赂、侵占资金，对违反国家对房企“三道红线”融资要求等行为进行规制；互联网科技企业可对公司个人信息保护和数据合规、网络安全等进行审查和规制；跨国公司可对出口管制、经济制裁、反腐败等跨境合规行为进行规制；外贸企业可对出口退税、虚开发票、偷逃骗税行为进行规制；生产制造型企业可对劳动用工及安全环保行为进行重点规制；文化创意、出版发行类企业可对知识产权侵权及不正当竞争行为进行规制;等等。只有把握问题导向,结合公司业务特点和监管要求,从痛点问题入手,才能使公司治理合规落到实处。可以考虑将上述重点领域的突出问题纳入公司员工手册、规章制度、高管劳动合同,总经理办公会、董事会、监事会及股东(大)会议事规则,以及公司章程等予以规制,在审批流程及审批人员以及合规审计岗位设置上予以考虑和安排。

第三,关注行政监管、刑事司法政策变化,对公司治理合规进行动态把握,不断升级合规体系以适应监管需要。

我国经济社会虽然进入了高质量发展阶段,但中美两国在全面对抗中有合作的局面仍将长期存在,国家系统安全观的强化,防范和化解系统性风险各项政策密集出台,人口老龄化及少子化现象加剧等变化,促使我国经济社会细胞——公司需要尽快转变过去依靠人口红利粗放的企业发展方式,寻求依靠科技和制度创新、提升管理治理水平来促进企业高质量发展。此外,行政合规监管有望会越来越精准迅速、执法力度会越来越强,对公司治理能力的要求会越来越高,这应该是一个企业外部监管的必然趋势。因此,及时关注并动态适应行政主管部门对公司业务及行业的监管要求,建立与执法部门常态化有效的沟通机制,通过行政和解、探索"首诉免罚"制度,将在严监管情况下,对企业正常经营管理的冲击和影响降到最低,为企业长远发展保驾护航。

第四,解决"公司治理合规是常法业务或内部法务事务"的认识误区问题。

对比美国和欧盟的合规标准来看,我国的常法业务的服务水平远远达不到合规体系要求的服务事务深度和体系化。常法业务通常无法与公司业务深度融合,也使得常法业务对企业常常是"隔靴搔痒",以常法思维做合规业务,只会使公司合规误入歧途。还有一种倾向表现在,公司治理合规公司内部法务自己做就行,无须借助外力。

确实,公司称职的法务人员对公司业务更熟悉,这也是开展合规业务的优势,但是,由于合规业务是系统性业务,牵涉利益复杂,作为内部职能部门之一的法务(且相比业务部门来讲往往不够强势),即便有大股东支持,利益固化的局面也很难通过内部力量打破,并且,从专业能力来看,公司法务往往也捉襟见肘,力不从心。相比之下,经过多年专业训练和多角度视野的外部律师团队具有更明显的优势。

四、合规风险预警监测

合规风险预警监测是运用风险监测方法,对监测领域的合规状态及合规风险的形成进行动态监督和测试,提供风险预警,并对合规风险的防控的改进提供基础信息依据。

合规风险的监测领域,在横向方面可以是某一管理领域(如公司治理、劳动管理、网络安全管理),或者某一业务领域(如采购、营销、产品开发、物流);在纵向方面可以是某一外部合规规范(如适用的法律、行业监管规则等)的遵守,或者企业某一内部规章制度(如管理制度、业务流程)的执行等。

实施合规风险监测,需要确定监测领域和监测重点,制订监测计划(如监测频率、监测期限等),设计监测指标,组成监测小组并明确职责分工,制作监测报告。

通常将合规风险监测级别划分为正常、关注、特别关注、风险预警与风险形成五个级别,并用不同颜色标示(通常将预警级别标示为橙色,将风险形成标示为红色)。如果形成合规风险(尤其是重大合规风险),则需要及时进行风险识别、分析和评价,并采取风险应对措施。

合规风险监测的具体方法有很多,目前大部分企业采用的是建立企业风险合规库(包括但不限于合规风险库、风险管理专家库、风险案例分析库等)持续更新监测的方法。

(一)合规风险库

合规风险库的主要内容包括合规政策法规和合规义务,合规风险库是为公司运行提供行为合规的依据。中国的法律法规、规章制度的范围广泛,规制了方方面面的行为。这就需要外部律师或内部法务将某一合规领域的相关行为规范找到,在此界限之外的法律规章不属于该领域合规管理关注的范畴,避免无端扩大国有企业合规管理的范围和难度。

合规政策法规库主要包括公司正常运行需要遵守的外部依据和内部依据。外部依据包括法律、法规、规章及规范性文件、监管规定、党内法规、相关标准、国际条约、规则,以及行业普遍遵守的职业道德和行为准则,内部依据包括公司的章程和规章制度、规范、承诺。需要注意的是,承诺主要指公司对外自主作出的承诺,包括关于社会责任承诺和上市公司的承诺(若涉及)。

随着时间的推移,监管机构关注内容变化、国家政策变化,法律、法规、规章及规范性文件、监管规定、监管政策等可能废止或更新,因此,合规政策法规库并非搭建后即一劳永逸,公司应保持定期更新,以便掌握最新的企业行为合规依据。

(二)风险管理专家库

风险管理专家库是从外部向公司合规风险管理提供支持的有力形式。合规风险管理的广泛的领域、复杂的内容、多样的风险形式、务实的管理要求、科学的管理方法、严格的管理责任,对合规风险管理工作提出很高的要求,必须根据合规风险的性质和管理要求,选取相关专业的专家进行支持,才能确保风险管理工作的质量。因此,在专家库建设中要注重选聘各方面的专家学者，做到广覆盖。同时，要选聘多名相同专业的专家，方便评估工作随机抽取，或者供管理责任主体予以选择。风险管理专家库建设一般需要具有以下几个方面的专家：

首先是必须具有法律方面的专家学者。因为需要对风险合规管理的合法合规性进行审查，所以专家库必须选聘政府法制部门业务骨干和高校、各级党校的法学教授及司法部门的律师、公证员，为管理工作提供法律方面的支持和保障。

其次是必须具有专业技术人员。风险管理工作中往往涉及许多专业技术方面的问题，必须由相关专业技术人员来解决。在风险管理专家库中，应当选聘包括但不限于一定数量的经济师、会计师、审计师、统计师、分析师、注册税务师等等方面的专家，为风险管理工作提供专业技术支持。

最后是根据风险管理工作的需要聘请其他方面的专家学者。

建立合规管理专家库，一般根据风险管理工作需要，从相关符合条件的专家中选聘并发放聘书，聘期根据工作需要确定，一般以二年到三年为宜。

（三）风险案例分析库

风险案例分析库是本企业或同行业企业已经遇到的并且之后可能还会遇到的合规风险的集合。建立合规风险库就是通过经验总结为国有企业确定在该领域合规管理的对象。

合规风险主要是指通过对比合规义务后产生的影响合规目标的不确定性。例如，上市公司可能遇到的合规风险就包括上市公司股东、重点人员（主要包括上市公司董事、监事、高级管理人员、关键岗位人员；股东向上市公司推荐的董事、监事等）及其他与上市公司有所接触的人员因不合规行为引发法律责任、受到相关处罚、造成经济或声誉损失以及其他负面影响的可能性。

以公司合规义务库和收集的司法判例及监管案例为基础,梳理本企业或同行业企业已存在、可能存在或其他常见的合规风险案例,对案例进行分析并对其中涉及的合规风险进行分类,建立公司风险案例分析库。为准确掌握公司已存在、可能存在的合规风险,也可聘请外部律师对公司相关事项进行尽职调查、案例梳理,明确风险点,进一步扩充公司风险案例分析库。

此外,在我国,司法判例及监管案例(违规案例)虽不具备法律效力,但对公司合规管理具有重要参考意义。尤其是法律、法规、规章及规范性文件未明确禁止的事项或存有歧义的事项,收集了解司法判例及监管案例,有利于公司了解监管逻辑与监管红线。因此,在搭建公司风险案例分析时,建议将相关义务性条款关联的司法判例及监管案例同时纳入,并与相关义务建立对应关系。

本企业或同行业企业每一次不合规带来的启示,都会成为风险案例分析库的素材。为确保全面、及时控制风险,应对风险案例分析库进行动态监测并更新、记录。通过每次更新、记录,公司可以动态地、快速地掌握其合规风险管理的重点,并为此建立相应的管控制度。

第二节

合规审查机制

《央企合规办法》第二十一条明确：中央企业应当将合规审查作为必经程序嵌入经营管理流程。合规审查机制是合规管理体系落地的重要抓手，通过制度性安排，将合规审查机制嵌入企业重大决策、规章制度、重大合同等重要经营管理活动，保证合规理念、合规风险防控得到有效落实。企业合规审查的过程是围绕企业存在的合规风险展开的，因此从机制解释的角度理解是指企业以有效防范、识别、应对可能发生的合规风险为目的，建立一整套涵盖企业全流程、全人员的企业合规审查机制。

企业合规对于国内企业而言，更多像是一种舶来品，最初主要是外企，尤其是跨国企业存在合规需求。对外企而言，由于业务跨越不同国家、不同法域，客观上存在了解所在地国家法律的现实需求，在企业进入新市场时，需要调研所在地的政策法规及营商环境，识别可能存在的法律风险，保障经营的稳定。随后，针对资本市场领域，证监会等监管部门通过首发上市规则、窗口指导意见等文件，对拟上市公司和上市后主体的规范经营也提出了具体要求，涵盖三会运行、关联交易、重大债权债务、劳动用工、环保等方方面面，在这一背景下，基于满足上市要求的现实考虑，不少拟上市和已上市公司，也会关注企业日常经营中的合规审查问题。随着我国经济和社会的迅速发展，很多国企也开始意识到了合规的重要性，并且已经将合规审查机制嵌入重要经营管理活动纳入企业的发展计划之中。

对于国企层面的合规审查机制建设而言，目前总体呈现出“知易行难”的特点。“知易”体现在，其一，在实践方面，国企合规可以借鉴来自外企和资本市场领域关于企业合规的丰富素材和实践经验。其二，在具体规范方面，国企合规可直接参考国家层面的相关指引文件和国家标准，如《央企合规办法》、《合规要求及指南》（GB/T 35770—2022）等，及地方国资委出台的合规管理文件，如《上海市国资委监管企业合规管理系列指南》《北京市管企业合规管理指引（试行）》《省出资企业合规管理指引（试行）》（湖北省）等。“行难”则体现在，尽管规范性文件是易得的，但是，国有企业合规审查机制在实践中如何规范运行具有一定难度。

一、合规审查机制设立的新要求

《央企合规办法》中对于国有企业合规审查机制的设立，在新形势下提出了新要求。

第一，明确领导责任。《央企合规办法》第七条至第十条，强调国有企业合规建设要明确党组织、董事会及管理层领导的管理职责。党委（党组）要充分发挥“把方向、管大局、促落实”的领导职能。董事会要充分发挥“定战略、作决策、防风险”的职能。经理层充分发挥“谋经营、抓落实、强管理”的职能。这些主要负责人是推动央企法治建设的第一责任人，要积极主动推动各项合规管理工作。

第二，明确具体岗位职责。《央企合规办法》第十条至第十五条，明确合规委员会、首席合规官等具体岗位的职责，形成业务及职能部门、合规管理部门和监督部门共同推进合规管理的“三道防线”。第一道防线是中央企业业务及职能部门，承担合规管理主体责任。第二道防线是中央企业合规管理部门，牵头负责本企业合规管理工作。第三道防线是中央企业纪检监察机构和审计、巡视巡察、监督追责等部门依据有关规定，在职权范围内对合规要求落实情况进行监督，对违规行为进行调查，按照规定开展责任追究。《央企合规办法》也要求合规与监察、审计、法律、内控、风险管理等相关部门形成协同联动机制，强调企业所有员工参与合规管理建设。

第三，强调全面制度建设和重点领域专项指引并举。《央企合规办法》第十六条至第十九条规定，国有企业应当要根据自身情况，制定相应的合规管理基本制度、具体制度或专项指南，建立分级分类的合规管理制度体系。其中第十八条明确国企合规在进行合规管理时，应当将反垄断、反商业贿赂、生态环保、安全生产、劳动用工、税务管理、数据保护等领域，以及合规风险较高的业务作为合规重点。这意味着国企合规要实现全面制度建设和重点领域专项指引并举。

二、新要求下的新举措——“重点岗位合规职责清单”和“合规流程管控清单”

（一）重点岗位合规职责清单

立足于《央企合规办法》的新要求，因为企业中每个岗位都有清晰的岗位职责，对照这些岗位职责，将每个职责中的合规审核、合规管理、合规动作都反映出来，即能凸显并汇总为重点岗位合规职责清单。

梳理重点岗位合规职责清单，即全面检索重点岗位需要遵守的和不能违反的合规义务，并将需要遵守的合规义务编制为“正面清单”，不能违反的合规义务编制为“负面清单”。合规义务既包括公开的法律法规强制性标准制度，也包括政策性法律法规和国际性文件，还包括上级主管单位的监管文件。

以法律合规部合规主管为例，该岗位的合规工作职责主要包括：拟定合规管理制度;起草并审核法律文件;对公司重大决策、规章制度、重要合同进行合规审查;建立合规审查事项清单;明确合规审查依据、制定审查规则、复核规则;对合规风险进行识别、评价,撰写年度合规报告;受理合规举报、组织开展合规调查;组织开展合规培训、签订合规承诺。(见表4-3)

表4-3 重点岗位合规职责清单(示例)

序号	部门	岗位	合规职责	部门责任人	备注
1	法律合规部	合规主管	1. 拟定合规管理制度; 2. 起草并审核法律文件; 3. 对公司重大决策、规章制度、重要合同进行合规审查; 4. 建立合规审查事项清单; 5. 明确合规审查依据、制定审查规则、复核规则; 6. 对合规风险进行识别、评价,撰写年度合规报告; 7. 受理合规举报、组织开展合规调查; 8. 组织开展合规培训、签订合规承诺	法律合规部主任	
2					
3					
4					

(二)合规流程管控清单

在所有企业的业务流程和管理流程中,通过识别合规风险,都要设置关键风控点,并增加合规审查环节,每个流程管控环节依次确认,形成合规流程管控清单。

以股权投资为例,在投资部做好前期合规调查、论证、审查等工作,起草重大决策事项合规审查报告书的基础上,由项目专员发起、项目主管审核、投资部经理确认,并由相关职能部门、法律合规部、首席合规官分别进行财税风险审查、合法合规性审查并签字,按"三重一大"要求分别提交党委会、总经理办公会、董事会(如有)审议。股权投资内部审批全流程合规管控措施由法律合规部进行确认。(见表4-4)

表 4-4　合规流程管控清单（示例）

<table>
<tr><th rowspan="2">序号</th><th rowspan="2">业务领域</th><th rowspan="2">业务事项</th><th colspan="2">发起部门合规管控</th><th colspan="4">会签审核部门合规管控</th><th colspan="4">决策机构合规管控</th><th colspan="2">落实部门/岗位合规管控</th></tr>
<tr><th>发起部门</th><th>发起部门合规管控措施</th><th>会签审核部门一（责任岗）</th><th>会签审核部门二（责任岗）</th><th>会签审核部门三（责任岗）</th><th>会签审核部门合规管控措施</th><th>决策机构一</th><th>决策机构二</th><th>决策机构三</th><th>牵头落实部门（责任岗）</th><th>落实岗位</th><th>落实部门/岗位合规管控措施</th></tr>
<tr><td rowspan="3">1</td><td rowspan="3">投资并购</td><td rowspan="3">股权投资</td><td>投资部－项目专员</td><td>做好前期合规调查、论证、审查等工作，起草重大决策事项合规审查报告书</td><td rowspan="3">财务部－经理</td><td rowspan="3">法律合规部－经理</td><td rowspan="3">首席合规官</td><td rowspan="3">审核投资合同及审查相关法律风险、财务风险、税务风险……进一步完善重大决策事项合规审查报告书内容</td><td rowspan="3">党委会</td><td rowspan="3">总经理办公会</td><td rowspan="3">董事会</td><td rowspan="3">法律合规部</td><td rowspan="3">法律合规部－经理</td><td rowspan="3">规范相关合同的签订和履行，根据重大决策事项合规审查意见书的有关内容切实有效防控股权投资行为中的合规风险</td></tr>
<tr><td>投资部－项目主管</td><td>审核</td></tr>
<tr><td>投资部－经理</td><td>签署重大决策事项合规审查报告书部门意见</td></tr>
</table>

第三节

合规管理评估及违规问责机制

合规管理是动态和持续的管理过程,绝非一蹴而就。国有企业在发展,合规管理的外部环境和内部环境不断发生变化,要求企业周而复始地、持续地进行合规管理。国有企业通过持续的合规管理,循环往复,使合规管理的各个环节形成有效的闭环,并不断改进和提高合规管理水平,有效防控和应对合规风险,确保国有企业安全、稳定、持续经营。而合规管理的持续改进过程中,尤为重要的就是建立起科学有效的评估及违规问责机制,具体方法包括但不限于企业风险合规库的同步动态更新、合规风险工作的考核与评价、设立合规管理专岗专责、合规管理工作报告等。

一、合规管理工作的考核与评价

公司及各子公司可设立合规管理工作考核评价制度,把合规管理情况纳入各部门和所属企业负责人的年度综合考核,细化评价指标。对各业务部门和员工合规职责履行情况进行评价,并将结果作为员工考核、干部任用、评先选优等工作的重要依据。

从实务情况来看,合规管理工作的考核重点可以包括前置研究事项清单、董事会应建尽建、董事会配齐建强、董事会落实职权以及经理层授权等一系列治理层面的内容，对于具体的考核细分板块，可以针对违规经营责任体系建立、党建考核、管理提升等提出考核指标要求。

二、设立合规管理专岗专责

公司可建立专业化、高素质的合规管理队伍。在合规管理机构设置专职合规岗位，在各业务部门设置合规专员岗位。公司可根据业务规模、合规风险水平等因素配备专职合规管理人员，持续加强业务培训，提升队伍能力水平。规模较小的部门，可以不设立专门的合规管理机构，由相关部门履行合规管理职责，同时明确相关负责人和联系人员。海外经营重要地区、重点项目应明确合规管理机构或配备专职合规工作人员，切实防范合规风险。风险合规专职岗位应制定年度合规培训计划，并与本公司人事部门或其他相关部门建立协作机制，逐步将合规培训列入员工年度培训计划；并通过组织合规培训、签订合规承诺书、制作传播合规宣传媒介等方式，增强全体员工合规意识，树立依法合规、守法诚信的价值观，筑牢合规经营的思想基础。

三、合规管理工作报告

工作报告的内容包括但不限于：

（1）本年度的合规管理工作开展情况，包括：合规管理组织体系建设及职责履行情况，合规管理制度体系建设情况，合规风险管控机制建设及运行情况，违规行为的调查及处理情况，合规管理保障机制建设及运行情况等。

(2)下一年度合规管理工作方案等。

综上所述,设计合规管理运行机制的关键在于落实合规管理制度和业务合规指引的要求,将合规风险的发现、预防、控制等责任落实到相关负责人,并建立起合规管理运行前、运行中、运行后考评多层级的合规风险防范机制。

第五章　国有企业合规文化与信息化建设

《央企合规办法》以专章（第五章和第六章）的形式规定了合规文化与信息化建设，突出了合规文化建设与信息化建设在中央企业合规管理体系建设中的重要性，也明确了中央企业合规文化建设和信息化建设的具体要求。

第一节

合规文化建设

《央企合规办法》借鉴了《合规管理体系　要求及使用指南》(ISO 37301：2021)对于企业合规文化建设的要求,并以专章的形式对合规文化作出了规定,强调领导人作用,并提出从学习、培训、宣传、践行四个方面开展合规文化建设工作的思路和要求。

一、合规文化理念

合规文化是组织成员在长期发展过程中形成、传承、积淀的依法合规、遵章守纪的思想观念、价值标准、道德模范和行为方式的集合。合规与成本控制、风险管控、资本回报、品牌形象等企业经营核心要素相辅相成。良性的合规文化可以防范合规风险,遏制不合规行为的发生,是完善企业管理体系、将合规风险消除在萌芽状态的重要一环。

(一)合规文化建设是企业文化建设的重要组成部分

合规文化是企业文化的重要组成部分,是指导员工行为的思想基础,并依靠先进的管理手段实现有效的组织形式,确保各项活动合乎内外部规定的行为准则,最大限度地防范经营风险,提高综合竞争能力。良性的合规文化是合规风险防范的基础和保证。

(二)合规文化建设有利于推动企业依法合规经营

随着经济环境的改变,立法也在逐步完善,法律法规修订节奏也在加快,一些滞后的企业规章制度逐渐不能适应企业发展的新需求。开展企业合规文化建设、设立风险防范操作规范,则可以促进企业快速建立和完善系统的规章制度体系,实现企业的依法合规经营,这是合规文化这只"看不见的手"在企业长期的合法、稳健发展过程中起到的指引作用。

(三)合规文化建设有利于企业提升企业形象

社会责任是企业为其决策和活动对社会和环境的影响而承担的责任。这些行为包括:致力于可持续发展,包括健康和社会福利;考虑利益相关方的期望;遵守适用的法律,并符合国际行为规范;融入整个企业并在其生产经营中得到践行等。合规文化建设是强化企业社会责任管理体系的主要体现,旨在使企业对决策和活动的社会和环境影响进行全面、系统和有效的管理,最大限度地促进有益影响,防止和尽可能减少不良影响,为管理社会责任风险和机遇提供框架,并持续改进社会责任绩效。

(四)合规文化建设有利于企业营造良好的文化氛围

通过合规文化建设,企业可以在内部营造良好的文化氛围,促使企业抛弃唯利是图的价值观念,敢于承担起社会责任,向社会传递诚实守信的经营理念,进而提升和巩固企业的社会形象,维护企业声誉。

二、合规文化建设的内容

在《央企合规办法》的指引下，中央企业合规文化建设应从以下四个方面入手。

(一)以党的领导带动央企合规意识的整体强化

《央企合规办法》第二十九条规定："中央企业应当将合规管理纳入党委(党组)法治专题学习，推动企业领导人员强化合规意识，带头依法依规开展经营管理活动。"

在合规管理上尤其是合规文化建设方面要充分发挥党组织的领导作用和党员的模范带头作用，定期召开合规管理的法治专题学习党委会或党组会；企业各级党组织应提高对合规意识建立的重视程度，"内化于心外化于行"，在合规管理上加强党的领导，充分发挥党员的先进性示范作用。中央企业合规文化建设要坚定依靠"党的建设"这个抓手，将合规管理学习内化成为党组织学习体系的一部分，从而得以顺利深刻透彻地开展企业合规文化建设。

(二)建立常态化合规培训机制

《央企合规办法》第三十条规定："中央企业应当建立常态化合规培训机制，制定年度培训计划，将合规管理作为管理人员、重点岗位人员和新入职人员培训必修内容。"

合规文化建设的核心是常态化合规培训机制的建立和施行。中央企业应将合规培训作为企业全员培训的重要模块纳入企业培训体系中，并要保证其从时间、频次、组织、人员等方面实现常态化。企业战略部门应将合规战略也纳入企业愿景中；人力资源部门应将合规培训的计划列入企业整体培训计划中；合规部门应发挥在合规培训中的专业支持作用，调配好人员和专业内容，配合人力资源部门开展合规培训；对于重点业务部门，更是需要进行有针对性的合规培训，应结合本岗位实际需求向人资部门和合规部门申请合规培训的支持，必要时可以要求外部专业支持；新员工入职，应保证对其进行学时充足、内容翔实的基础合规培训。尤其是对企业管理人员，更是要加强其合规培训，使其将合规工作意识和习惯贯彻到日常的工作中，并指导员工在合规规范下开展工作，监督和及时发现不合规的行为并进行治理。

（三）合规氛围的营造

《央企合规办法》第三十二条规定："中央企业应当引导全体员工自觉践行合规理念，遵守合规要求，接受合规培训，对自身行为合规性负责，培育具有企业特色的合规文化。"

对于前述工作进行持续性常态化开展并定期进行检查，保证落实的效果，人人做到不主动触碰合规红线，并对不合规的行为的信号及时反映，推动企业合规文化建设深入人心。

三、合规文化建设举措

对于合规文化建设，《央企合规办法》明确提出要"培育具有企业特色的合规文化"，即企业合规文化作为企业文化的一部分，开展建设工作时一定要立足企业实际，与传承的优秀企业文化相融合，让员工更易认同、接受，进而付诸行动。一般而言，合规文化建设可以采取以下六项举措。

（一）落实落细，树立全员合规的经营理念

人是合规文化培育的关键。企业应让全体员工学习《合规手册》，签署《合规承诺书》，使合规的观念和意识渗透到全体员工的血液中，渗透到每个岗位、每个业务操作环节中，促使所有员工在开展日常经营中能够遵循法律、规范和标准。

努力培养员工的合规意识，在企业上下推行“合规人人有责”“主动合规”“合规创造价值”等合规理念，倡导诚实、守信、正直、良善的道德价值标准和企业文化，让合规成为一种习惯、一种信念，做到人人合规、事事合规、时时合规、处处合规。

（二）加强合规文化的宣传与推介

在合规文化的宣传过程中，将合规作为企业经营理念和社会责任的重要内容，并将合规文化传递至一线。

例如，招商局集团有限公司，为提升合规宣传广度和效果，利用新媒体创新合规宣传形式，制作和推广合规文化宣传系列片，每年一季。先后制作了动画片《合规使得万年船》、“穿越篇”“考试篇”“情景篇”等宣传片、“合规护航 2018 大闯关”游戏，在集团内外广泛传播，普及合规知识，宣传合规文化，收获良好反响。

（三）健全合规组织体系，充分发挥合规管理的防线作用

企业需要充分认识到设立企业合规部门的重要性，要高度重视独立的、强有力的合规部门建设。合规人员应具有较强的专业素质和个人素质，要选派具有高度敬业精神、有责任、有担当且具有相应技术资格的人员充实到合规管理队伍中，打造一支高素质的合规管理队伍。

建立健全合规管理组织体系，明确合规管理负责人和牵头部门，专兼

职合规人员结合，实现“纵向到底，横向到边”覆盖，渗透到组织每个角落。合规管理组织机制必须实行一把手负责制，层层落实责任制，明确合规部门在本企业的枢纽地位，统筹好合规部门和业务部门及其他职能部门的关系。

例如，中国铁路工程集团有限公司建立合规综合、合规专项、合规参与管理部门组成的“三位一体”的合规部门管理模式。合规综合管理部门负责以规章制度综合管理为抓手，建立、推动并持续完善合规管理体系；合规专项管理部门负责合规审核、合规检查、违规查处、合规评价、合规考核等专项管理工作；合规参与管理部门负责各自业务相关的合规管理工作。

具体而言，法律合规部是合规综合管理部门；合规专项管理部门包括董事会、战略规划、干部、劳资社保、财务、审计、安全生产、纪检监察、党委组织、党委巡视等部门；各业务部门为合规参与部门，根据部门职责参与合规管理。

（四）开展丰富多彩的文化活动和日常合规培训

企业应通过组织持续有效的合规风险培训和教育项目，将业务开展和发展中所适用的法律法规准则、合规政策等要求及其精神实质内化在业务政策、行为手册和操作程序中。按照全员合规原则，开展针对合规管理人员和其他人员的教育和培训。

例如，中国移动通信集团有限公司通过多层次、多维度、多领域的合规培训，推动形成领导带头、全员参与的合规文化体系，营造崇尚合规、践行合规、捍卫合规的文化氛围。由管理层首先向全集团作出合规承诺和表态，企业领导班子集体签署合规倡议，提出“严守法纪、尊崇规则、践行承诺、尚德修身”的合规精神和理念，强调了做依法合规的自觉尊崇者、模范践行者和坚定捍卫者的责任和使命。

合规文化、合规意识的培养要从员工身边点滴小事抓起，防微杜渐。

充分发挥党团、妇联、工会、社团组织与一线员工密切联系的优势，进行道德诚信宣讲，使全体员工知法、守法、合规。让道德诚信，礼义廉耻深入每个员工的心中。通过多层次、立体式、常态化的合规培训，逐步形成合规文化氛围，确保相关合规要求得以贯彻落实。

（五）加强合规经营的监督检查

从持续发展角度看，合规经营必须实现内部控制和外部监管的有效结合。一方面，加强信息披露，增强透明度，利用社会力量来监督经营管理行为；另一方面，加强现场检查和非现场监督，进一步推进自律建设。

以最高人民检察院公布的第三批指导案例中王某某泄露内幕信息、金某某内幕交易案为例，企业在监督检查过程中要强化事先审查，企业应注重信息保密、信息披露相关的合规制度建设，严防虚假陈述、内幕交易的情况发生。必要时，也可以启动第三方监督评估机制，监督引导下属企业进行专项整改。

在履行检查和自律监管职能时，各部门要明确职责分工，密切配合，形成监督合力。由审计监察部门负责牵头组织对违规违纪问题和线索的核查、处理；业务部门负责对经营人员操作风险核查和专项治理，本部门负责各项业务整改措施的落实；人事部门负责检查重要岗位人员交流、访谈等。要有针对性对关键业务、关键环节和关键部门等关键少数进行重点整治和治理。

（六）带动第三方合规文化建设

除国有企业自身外，带动合作伙伴即第三方的合规文化建设也是大势所趋。第三方的合规成熟度、合规意识和合规文化良莠不齐，提高第三方的合规意识在一定程度上可预防由第三方引发的合规风险。

国有企业可以将第三方纳入合规培训计划，帮助其完善合规文化，也可将自己的合规理念、合规文化传递给第三方，与第三方形成休戚与共的命运共同体，共同营造合作共赢的营商环境。尤其在高风险的商业领域，这种合规文化拓展外延的机制已经成为一种趋势。拓展机制的具体措施包括认同本企业合规文化、将本企业合规文化内涵转化为交易合同条款以及共建商业文化联盟等。

综上所述，国有企业可以通过树立全员合规的经营理念、加强合规文化的宣传与推介、开展丰富多彩的文化活动和日常合规培训等多种方式建设合规管理文化，关键是要实现规章制度与人的意识和行为高度契合，让合规成为全员的自发意识。

第二节

信息化建设

《法治中国建设规划(2020—2025年)》首次提出要加强科技和信息化保障。主要内容包括:充分运用大数据、云计算、人工智能等现代科技手段,全面建设"智慧法治",推进法治中国建设的数据化、网络化、智能化;优化整合法治领域各类信息、数据、网络平台,推进全国法治信息化工程建设;加快公共法律服务实体平台、热线平台、网络平台有机融合,建设覆盖全业务、全时空的公共法律服务网络。

运用信息技术推进合规体系建设实现合规管理数字化,借助信息化、数字化为企业合规管理有效赋能,让"数字化合规"为企业增强核心竞争力,提升企业风险防范能力也就成为一道科学命题。而全面风险管理的系统化落地不仅是系统流程化开发,还涉及制度、组织、流程、智能算法等全方位建设,应建立在整体系统建设规划基础上。

一、合规信息化建设必要性

习近平总书记指出:"数字技术正以新理念、新业态、新模式全面融入人类经济、政治、文化、社会、生态文明建设各领域和全过程,给人类生产生活带来广泛而深刻的影响。”[①]近年来，数字技术创新和迭代速度明显加快，在提高社会生产力、优化资源配置的同时，也带来一些新问题新挑战，迫切需要对数字化发展进行治理，营造良好数字生态。

（一）顺应监管政策要求

《央企合规办法》增加了关于信息化建设的相关要求，在“基本原则”中强调了“突出对重点领域、关键环节和重要人员的管理，充分利用大数据等信息化手段，切实提高管理效能”，将原先在征求意见稿第二十四条中出现的“信息化”内容升级为单独的一章（第七章）。该办法明确要求，企业要加强合规管理信息化建设，运用信息化的手段，将合规要求和防控措施全面嵌入业务流程，将合规管理信息系统与财务、投资、采购等其他信息系统互联互通，并利用大数据、云计算等技术对重点领域、关键节点开展实时动态的监测，实现合规风险即时预警、快速处置。

国务院国资委等监管部门紧跟数字化转型趋势，陆续出台了一系列推动企业开展信息化建设的规范性文件。2020 年 8 月国务院国资委印发《关于加快推进国有企业数字化转型工作的通知》，就推动国有企业数字化转型作出全面部署，系统明确国有企业数字化转型的基础、方向、重点和举措，开启了国有企业数字化转型的新篇章。2022 年 6 月，国务院印发了《关于加强数字政府建设的指导意见》（国发〔2022〕14 号），明确要求构建协同高效的政府数字化履职能力体系、全方位安全保障体系、制度规则体系、开放共享的数据资源体系、智能集约的平台支撑体系。

（二）有利于促进合规管理工作有效落地

随着中央企业数字化转型不断深入，各企业对数字化理解不断加深，企业“业务数据化、数据业务化”理念正在向全业务领域延伸，业务流程、

---

① 《人民日报》2021 年 9 月 27 日，第 1 版。

管理数据、经营决策正逐步实现线上化。而合规管理作为现代企业管理的重要组成部分,落脚于信息化建设对促进合规管理有效落地,与业务工作深度融合,避免出现“纸面合规”,有着天然助力,同时也利于打造法务、内控、合规、风控四位一体的全面风险管控体系。

在合规管理信息化建设过程中,企业需要建立“合规义务库”、“合规风险库”、工作流程表单等海量电子数据库,并将其嵌入经营决策流程和企业管理关键节点。随着我国立法不断完善,法律法规体系日益完善且法律法规随着国内国际环境不断变化,数据库也需要及时更新和完善,电子数据库相较于传统纸质文件在合规管理中的优势显而易见,这有利于解决企业“合规难”“难合规”“纸面合规”的现状,还可以大大提升合规管理有效性和可落地性。

例如,中国南方航空集团有限公司自主研发上线合规管理系统,实现合规管理数字化、智能化转型。将结构化手册内容精准推送至公司各管理、生产系统,实现合规要求嵌入岗位职责和业务流程,及时提示重要风险和业务规范。推进合规管理系统与手册、办公自动化(OA)、风险内控、自愿报告(I-CARE)及法定自查等系统对接,对经营运行依法合规情况进行在线监控和风险分析,实现信息集成与共享。积极推进合规业务中台建设,将制度手册、电子用印、智能合规审查等业务流与业务能力进行标准化建设,向各管理系统和生产系统进行输出。

又如,中国南方电网有限责任公司旗下数字电网集团数字建设的数字运营管理系统,实现了规划监测、经营决策、项目管控、采购合同、内控合规等核心职能全面信息化,推动实现企业运营监测“一张图、一套表”,以数字化手段赋能企业智能化转型升级。

(三)破除不同系统间数据壁垒,有利于企业降本增效

过去若干年的信息化建设高峰中,很多企业的部门纷纷建立了基于本

部门业务的管理信息系统，这些系统之间互相独立，数据不能互通互联，部门将系统及数据视为独家资源。这些系统也成为建立在企业上的一座座“烟囱”，重复建设严重，增加了沟通成本和管理成本。

数字化转型及合规管理二者原本就是破除信息壁垒的有效手段。数字化转型的一个典型理念是企业在生产、经营、客户服务等全部业务流程实现高度自动化的数据采集，形成企业统一的数据池。各业务部门根据自身业务需求、管理需求在数据池的基础上开发各自专属应用。而企业的合规风险主要来源于业务层面，合规管理理应与业务及经营管理同样实现数字化转型，嵌入信息系统业务流程环节中，运用系统应用控制，使业务发起、流转、审批、存档全过程留痕，促进企业合规管理工作的体系化、专业化和规范化。增强控制执行的刚性，消除系统间的信息孤岛，将风险管理工作重心由“事后灭火”转变到“事前预防”。合规管理信息化建设将风险置于业务链条乃至企业整体环境中通盘考虑，易于实现风险的日常监测和预警，助力企业提升合规风险管理能力和效率，节约管理成本。

二、合规信息化建设内容

（一）合规风险识别

合规管理的重中之重是合规风险的识别与处理，其方法只有通过递进关系模式方能做到。第一阶段：在搭建合规系统前期，企业内部先要梳理出详细的合规风险清单、义务清单、领导责任清单、流程权限清单、岗位职责清单等。将这些规则和标准内置在系统中，并结合外部的法律法规，通过系统自动比对、分析、实现合规风险的自动识别，自动生成合规报告，实现问题的快速定位与追溯。第二阶段：大数据分析，结合系统内部海量的样本数据积累，后期系统以根据机器学习方式，不断训练模型和算法，实现对同类型合规风险的识别，自动分析、验证并推送对于该类问题最合理的处理预案，尽可能减少人力成本投入。对于决策层来讲，可以递进关系模式直观掌握当前全集团对于合规风险把控的力度和方向，更加精准地处理问题，查漏补缺，在公司运营发展的道路上不断补齐短板，保障企业健康发展。

（二）合规审查管理

合规审查管理首先要明确审查的内容、理由、问题点。传统的人工审查模式下，审查人难以避免地受到主观因素影响。因此，审查环节可以加入机器自动审查模式，实现自动审查与人工审查相结合。将流程统一、业务标准、管理方式等标准化内容放到自动审查环节中，降低人工审查的主观性与滞后性可能带来的风险。如果上级单位有特殊安排或临时抽检，对非标准化内容可以人工介入审查。审查、惩罚不是目的，及时发现问题、规避风险才是管理的目的。合规审查同时需要配合警示函、专项合规等内容协同管理，实现落实责任到人、问题追踪、进展管控、奖罚分明、结果分析、经验总结、风险防范的目标。

（三）合规报告管理

合规报告应详细阐述报告依据、事由、发生时间、直接负责人、处理方案等，应涵盖公司内部发生的所有合规性问题、事件、风险。关于国资委报告、临时报告、重大事件报告、行业合规趋势分析报告、合规风险报告等应在系统中分别归类。合规报告通过系统自动生成，涉及相关数据可从系统中抓取，其他内容可手动输入完善。提高系统可用性及实用性，减少业务层工作负担。

（四）合规培训管理

合规培训目的在于培育企业合规文化、宣传贯彻企业合规管理制度。

合规培训应涵盖风险识别培训、管理培训、流程培训、制度培训、业务培训、文化宣传贯彻等方面。对被培训人开放评价功能，评价培训讲师的专业化程度、表达能力、培训实效等。结合学员反馈意见，不断提高全员对于合规文化、制度的理解和学习能力。

(五)合作伙伴风险管理

商业伙伴风险管理的信息来源包括手动维护和外部获取两种方式，主要通过合规尽职调查等手段对商业伙伴的信用评级，存量、增量合作伙伴的资信风险预警、逾期信息、司法判决信息、黑名单等事项进行筛查、管理。

(六)合规考核管理

考核的主要目的在于对合规管理的执行管控。系统应建立合规考核指标库，指标涵盖合规计划执行的完整性、时效性；重要规章制度、重大合同、重要经营决策合规审查覆盖率；合规整改是否验收合格；合规报告质量是否达到标准；合规培训是否健全到位等方面。合规考核一定要本着实事求是原则，不能因为利益关系而造成考核结果失真。

(七)违规举报管理

违规举报可以分为匿名举报、实名举报。所有举报信息切实做到严格保密，严格设置举报信息权限登记，严格杜绝因疏忽或者其他因素泄露举报人信息。受理部门收到举报后及时核验举报内容，如查明属实，应按照规章制度要求给予举报人嘉奖。

例如，中粮集团有限公司推出“中粮合规举报”小程序，向社会公众提供便捷的线上举报渠道，任何人通过微信搜索“中粮合规举报”小程序，即可提交举报信息。为防止滥用举报渠道和恶意诽谤，小程序同时设计了举报信息合法性提醒和审核校验环节，对举报信息的真实性和准确性进行初步甄别提示。

三、合规信息化建设配套措施

(一)利用信息化手段实现“四位一体”风险管理体系融合

国务院国资委《深化法治央企建设意见》提出,探索构建法律、合规、内控、风险管理协同运作机制,加强统筹协调,提高管理效能。可见,深化全面风险管理、内部控制、合规管理,形成融合统一的合规管理体系,已成为新时代国有企业发展的重要工作内容之一。因此,企业要平衡协调好“法律、合规、风险、内控”之间的关系,建立“四位一体”风险管理体系。

合规信息化建设为“四位一体”风险管理体系提供了基础,企业要开展全面风险管控,首先要建立完整的、基于业务流程的数字孪生模型,实现企业数据资源全面采集、数据稳定可靠存储、统一数据标准、数据的可溯源性、数据融合共享等,逐步沉淀企业核心数据并发挥数据资产价值,从而提高企业数据应用效率与精益化管理水平。

(二)与信息化、数字化适应的组织架构

较之前三次工业革命,以数字化、网络化和智能化为特征的第四次工业革命,不仅技术形态更为复杂,应用实践难度也更高,是一个长期不断演进的过程。数字化转型中的国有企业合规管理工作要求企业为组织架构、管理模式等多维度优化调整做出准备和适配,制定一个自上而下合规信息化整体规划,建立以项目制、技能性、场景化为核心的组织模式,从而激发数字化转型团队的创造力,提升业务敏捷性。

数字化转型让企业生产更标准、分配更合理、交易更高效,交流更便捷、对象更生态,新型经济方式要求企业业务组织的极小化和管理组织的

平台化。

1. 业务组织的极小化

随着企业面向消费结构不断升级、消费需求日益多彩的市场，构建弹性、开放、灵活的组织是顺应发展趋势的必然，根据业务需要细分业务单元最小，建立极小化的组织结构，通过数字链接完成管理和决策，是提升企业竞争力的数字化范式。

2. 管理组织的平台化

万物智能、泛在互联推动了产业生态化发展，建立平台化的管理和服务组织更能促进业务的水平化开放发展。类似管理型业务合并同类项，打造中心型平台，是提升协同效率、升级管理效益的重要手段。

（三）企业数据资产的盘点和保护

《数据安全法》第二十一条规定："国家建立数据分类分级保护制度，根据数据在经济社会发展中的重要程度，以及一旦遭到篡改、破坏、泄露或者非法获取、非法利用，对国家安全、公共利益或者个人、组织合法权益造成的危害程度，对数据实行分类分级保护。"在进行数据分类分级之前，需要先进行数据资产盘点，再针对数据资产清单进行数据的分类分级工作。

1. 数据资产概念

结合《信息技术服务数据资产管理要求》（GB/T 40685—2021）及《信息技术服务治理　第5部分：数据治理规范》（GB/T 34960.5—2018）等标准，数据资产一般包括以下构成要件：（1）合法拥有、使用的数据资源；（2）可计量性或可交易性；（3）可带来直接或间接的经济效益。数据资产常见形式为以电子数据方式记录，例如，文本、图像、语音、视频、网页、数据库、传感信号等结构化或非结构化数据。

2. 盘点范围

企业开展数据资产盘点的过程中，需要结合所盘点的系统情况，明确系统中需要进行盘点的数据表单范围。原则上仅需针对各系统在业务环节起始端产生的基础表,以及终端环节产生直接应用结果的数据表单进行盘点。结合数据资产的概念确定数据资产盘点范围,即对"企业在生产、运营中形成的,由企业所有、全过程可控、合法使用,并能给企业带来价值的数据"开展盘点。企业数据资产可分为以下几种类型:

(1)基础表:系统直接产生、直接反应业务运营情况的基础数据表,是数据资产盘点的主要内容。根据数据资产概念,仅对该系统拥有的数据表进行盘点,通过数据接口调用其他系统的数据不进行盘点。

(2)代码表:系统中的代码相关数据,属于参考数据,需要进行盘点。

(3)中间过程表:中间过程表由于具有临时性、变动性大的特点,不具备数据资产的可控性特征,且大数据分析、应用价值不高,因此不进行盘点。

(4)报表、指标:属于分析数据,是系统在运营分析后产生的相关结果,具有分析、共享价值。盘点时需要根据情况进行识别,仅对业务系统和分析系统中的固定报表进行盘点,对于变化频率高、自定义的报表不进行盘点。

此外,针对系统中不同数据表的特殊情况,进行实际盘点工作时,可根据数据特征、数据应用场景、数据分析价值进行进一步识别。

综上所述,信息化建设有利于提高企业实现合规管理的自动化程度,提高合规管理的效率和质量,节约管理成本,有利于合规信息在企业内部流转,提高企业领导对合规管理工作的管控能力,促使企业合规管理权责明晰、流程清晰,便于实现合规风险的日常监测和预警,助力企业提升合规风险管理能力。

第六章 国有企业合规管理的重点领域

重点领域的合规管理，是国有企业合规管理体系建设的关键。根据《央企合规办法》，国有企业应当针对合规风险较高的业务领域制定专项合规管理指南，强化重点领域的合规风险防范。抓好重点领域的合规管理，可大大降低国有企业的合规风险。国有企业的情况各有不同，本书编者结合多年为国有企业提供法律服务的实务经验，总结了具有共性的劳动用工、知识产权、环境保护、招投标制度、税务、网络安全与数据管理、反商业贿赂、并购业务、反垄断九大领域，对实践中的高风险业务领域进行了剖析，梳理了合规风险并提出了风险防范建议。

第一节

劳动用工合规管理

规范劳动用工秩序，全面实施劳动合同制度，是维护劳动者和用人单位双方合法权益的重要手段，对促进劳动关系和谐，保持社会稳定具有重要意义。同时，深化劳动用工制度改革是全面深化国有企业改革的重要内容，是增强国有企业活力和竞争力的迫切需要。近年来，国有企业在深化改革过程中，不断完善劳动用工管理制度，确保用工管理依法合规。

一、劳动用工合规管理的相关法律规定

（一）法律

与劳动用工相关的现行法律主要有《中华人民共和国民法典》（2020年）、《中华人民共和国劳动法》（2018年修正）（以下简称《劳动法》）、《中华人民共和国劳动合同法》（2012年修正）（以下简称《劳动合同法》）、《中华人民共和国就业促进法》（2015年修正）（以下简称《就业促进法》）、《中华人民共和国劳动争议调解仲裁法》（2008年）（以下简称《劳动争议调解仲裁法》）和《中华人民共和国社会保险法》（2018年修正）（以下简称《社会保险法》）。上述法律成为调整用人单位和劳动者之间劳动关系的主要

法律规定。

（二）行政法规

国务院陆续发布了《失业保险条例》（1999年）、《劳动保障监察条例》（2004年）、《职工带薪年休假条例》（2007年）、《劳动合同法实施条例》（2008年）、《工伤保险条例》（2010年）、《女职工劳动保护特别规定》（2012年）、《人力资源市场暂行条例》（2018年）等行政法规，推动劳动合同法的贯彻实施，促进劳动关系的和谐发展。

（三）司法解释

劳动用工相关的现行司法解释主要有《最高人民法院关于审理劳动争议案件适用法律问题的解释（一）》《最高人民法院关于审理拒不支付劳动报酬刑事案件适用法律若干问题的解释》《最高人民法院关于审理劳动争议案件诉讼当事人问题的批复》。

（四）部门规章及规范性文件

人力资源和社会保障部公布的《劳务派遣暂行规定》（2014年）、《劳动人事争议仲裁办案规则》（2017年）以及《劳动人事争议仲裁组织规则》（2017年）都为解决用人单位和劳动之间的纠纷提供了指引。

国务院国资委先后发布了《中共中央、国务院关于深化国有企业改革的指导意见》（国资发研究〔2015〕112号）、《关于进一步深化中央企业劳动用工和收入分配制度改革的指导意见》（国资发分配〔2016〕102号），要求国企建立健全以合同管理为核心、以岗位管理为基础的市场化用工制度。2019年10月，国务院国资委下发了《中央企业混合所有制改革操作指引》，把“劳动、人事、分配制度改革”（以下简称“三项制度改革”）作为混改机制的核心内容。劳动用工是企业合规管理的重要领域，其中劳动用

工方面主要涉及劳动合同的签订,劳动合同的履行和劳动合同的解除和其他程序性规定。(见图6-1)

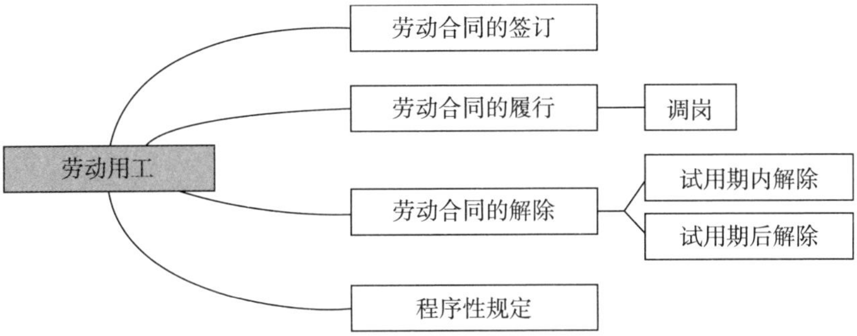

图6-1　劳动用工合规管理结构

二、劳动用工的合规风险

劳动用工的合规风险主要体现在劳动合同签订、劳动合同履行和劳动合同解除三个环节中。劳动合同签订过程中的主要风险为签订无固定合同期限合同的风险。劳动合同履行过程中的主要风险为职工调岗的风险。劳动合同的解除主要涉及试用期内解除和试用期后解除两种情况,存在因解除劳动合同发生劳动争议的风险。程序性规定的风险主要为劳动用工规章制度未进行公示的风险。

(一)签订无固定期限合同的风险

无固定期限劳动合同,是指用人单位与劳动者约定无确定终止时间的劳动合同。从定义来看,劳动合同没有一个确切的终止时间,但并不代表没有终止时间。一旦出现了法律规定的情形,无固定期限劳动合同也同样能够解除。虽然从法律上看,签订无固定期限劳动合同的员工如存在法定的过错情形,作为用人单位的国有企业仍可以依法单方辞退,但无固定期限合同客观上也有可能造成不合理的人力成本的增加，不利于改革目标的实现。因此，如何合理确定前两次固定期限合同的期限就显得尤为重要。

根据《劳动合同法》第十四条第（三）项的规定，连续订立两次固定期限劳动合同，且劳动者不存在法定特殊除外情形的，双方续订劳动合同的，用人单位应当与其签署无固定期限合同。

因此国有企业应及时审查员工与本企业间的用工情况是否满足《劳动合同法》第十四条规定的法定情形。如果满足法定情况，国有企业应及时与员工签订无固定期限劳动合同，否则自应当订立无固定期限劳动合同之日起向该员工每月支付二倍的工资。企业若因此解除双方之间的劳动合同，属于违反《劳动合同法》规定解除或者终止劳动合同的情形，应当以经济补偿标准的二倍向该员工支付赔偿金。经济补偿按劳动者在本单位工作的年限，每满一年支付一个月工资的标准向劳动者支付。六个月以上不满一年的，按一年计算；不满六个月的，向劳动者支付半个月工资的经济补偿。

（二）员工调岗的风险

一般来说，如果用人单位拟对劳动者的工作岗位作变动，应视为对劳动合同内容的变更，双方当事人需要协商一致后方可变更。企业经营过程中，为更好地促进企业发展，常常会对经营管理方式做适当调整，这也是用人单位用工自主权的重要体现。同时，用人单位用工自主权的行使也必须在相关法律和政策的框架内，符合一定条件和范围，如用人单位须对岗位或工作地点的调整作出合理说明，防止用人单位借此打击报复或变相逼迫劳动者主动离职，也即防止其权利的滥用。

岗位是劳动合同内容的重要组成部分，由于劳动合同的变更需要用人单位与劳动者协商一致，因此用人单位不能简单用行政化通知的方式处理调岗事宜，而应争取获得员工的书面签字认可。

（三）解除劳动合同的风险

对严重违反企业规章制度或不胜任岗位要求等符合法定辞退条件的员工，国有企业应依法单方解除劳动合同，进而畅通员工退出渠道。《劳动法》《劳动合同法》对用人单位辞退员工规定较严，只有达到法定的解除条件时用人单位方能单方辞退员工，否则，将承担支付双倍经济补偿等法律责任，并可能在企业甚至社会造成较大的不良影响。

同时，按照《最高人民法院关于审理劳动争议案件适用法律问题的解释（一）》第四十四条的规定，用人单位在解除劳动合同纠纷中需承担举证责任。因此，如用人单位关于辞退依据与程序的证据不完善，则败诉风险较高，如何正确适用法定解除机制，是畅通员工退出渠道的关键。

（四）违反程序性规定的风险

依据《劳动合同法》第四条的规定，用人单位在制定、修改或者决定有关劳动报酬、工作时间、休息休假、劳动安全卫生、保险福利、职工培训、劳动纪律以及劳动定额管理等直接涉及劳动者切身利益的规章制度或者重大事项时，应当经职工代表大会或者全体职工讨论，提出方案和意见，与工会或者职工代表平等协商确定，并在决定作出后进行公示或者告知劳动者。

实践中，部分国有企业未履行前述规章制度公示程序，将面临该制度不能约束劳动者的法律风险。比如，在（2016）鄂01民终6399号案件中，法院认为，为保证规章制度的内容合法合理，用人单位制定规章制度时应当遵循一定的程序，若用人单位制定的规章制度没有遵循法定程序，则对劳动者没有约束力。在（2017）津01民终5820号民事判决书中，法院认为，涉案公司未提供证据证明员工手册经过职工代表大会讨论并进行公示，依据未通过民主程序制定且未进行公示的员工手册与劳动者解除劳动合同，属违法解除。与前述法院持类似观点，但同时也有法院认为未履行该程序属于形式上的瑕疵，应当根据实质内容进行判断。在(2020)苏05民终3456号民事判决书中，法院认为，对于未经民主程序制定的规章制度只是形式上的瑕疵，关键仍要看规章制度是否符合法律、法规的内容，是否存在明显不合理的情形，是否向劳动者公示或者告知。该案中，用人单位制定的《员工手册》明确规定，对违反操作流程或安全规程以及无正当理由不服从工作分配和调动、指挥的员工，公司可作出罚款200元的处分。该规定系用人单位自主经营权的正当行使，并不违反法律法规强制性规定，亦具有合理性。

三、劳动用工合规风险的防范

正确防范劳动用工法律风险，相当于为国有企业设置了一道安全防火墙。国有企业在设置劳动用工领域的安全防火墙时应当重点关注合理确定签订劳动合同的期限、完善落实调岗程序、依法解除劳动合同、严格履行程序性规定四个方面。

（一）合理确定签订劳动合同的期限

前两次固定期限劳动合同的期限既不能过短，也不能太长。如果设置太短，比如现在很多企业实行的一年一签，则将很快到签订无固定期限合同的阶段，而这时可能还不能完全考察该员工的能力与耐力，且企业用工需求也可能出现变化；如设置太长，则将给企业带来较大的人力成本压力，如要辞退可能付出更大的经济成本。因此，国有企业需结合自身实际情况和用工特点，合理确定前两次固定期限劳动合同的期限，尽量使得最终能签署无固定期限合同的均为个人能力与职业道德均符合要求的员工。

（二）完善落实调岗程序

当用人单位需要对劳动者作调岗安排时，应当尊重原有的劳动合同，在合同约定的工作岗位、劳动报酬的范围内实施，并与劳动者进行书面协商，以免产生纠纷。如确需调整劳动者工作岗位，应同时具备以下条件：

1. 调整劳动者工作岗位是用人单位生产经营的需要。

2. 用人单位可以加强事前防范工作，在劳动合同中约定用人单位有权根据自身经营管理需要和员工的表现与能力调整员工的工作岗位。在（2016）川01民再119号民事判决书中，法院认为，双方订立的劳动合同明确约定公司有基于工作需要的单方调岗权，该约定系双方一致达成的真实意思表示，合法有效，双方均应遵守。

3. 调整工作岗位后劳动者的工资水平应与原岗位基本相当。虽然劳动者工作岗位发生变化，但薪资福利、工作地点保持不变，工作时长基本不变，该调岗行为并不会对其生活造成重大影响。

虽然劳动者工作岗位发生变化，但薪资福利、工作地点保持不变，工作时长基本不变，该调岗行为并不会对其生活造成重大影响。

4. 不具有侮辱性或惩罚性质。

结合“人力资源社会保障部、最高人民法院联合发布第一批劳动人事争议典型案例之十四：孙某与某模具公司劳动合同纠纷案——用人单位如何行使用工自主权合法调整劳动者的工作岗位和地点”的意见，应根据生产经营需要适当调整劳动者的工作岗位，对该劳动者无针对性、无歧视性和侮辱性，尊重劳动者的劳动权益。

5. 无其他违反劳动合同或劳动法律、法规的行为。

综上所述，对于用人单位来说，在生产经营或管理调整时，首先应当选择与劳动者充分协商，尽量通过变更或补充签订劳动合同方式完成调整；若未能协商一致，在基于用工自主权调整劳动者工作岗位或地点时，也要充分考虑劳动者的权益保障问题。此外，为了维护用工自主权，用人单位还应保存调岗决定合法性的证据，以免在诉讼中陷入不利地位。

（三）依法解除劳动合同

1. 依法辞退在试用期间不符合录用条件的员工

根据《劳动合同法》第三十九条的规定，员工在试用期间被证明不符合录用条件的，用人单位可以解除劳动合同。结合司法实践看，用人单位适用该条时需重点关注举证事项和试用期限。

第一，用人单位以试用期不符合录用条件为由提出与劳动者解除劳动合同，应当就劳动者具有不符合录用条件的情况予以充分举证。在（2021）苏08民终2655号民事判决书中，法院认为，（1）用人单位在劳动者入职前未明确告知其具体的录用条件；（2）未制定明确的试用期考核制度并告知劳动者；（3）对劳动者不符合录用条件未依法举证证实；（4）用人单位的举证不足以证实已将与劳动者解除劳动合同事宜通知工会，其解除程序不合法。因此，国有企业应当明确列明录用条件，包括但不限于工作实际表现、身体健康条件以及其他合理的条件，考核方式与程序应当具有可操作性，需在劳动者入职时要求员工以书面形式签字确认。

第二，根据《劳动部办公厅对〈关于如何确定试用期内不符合录用条件可以解除劳动合同的请示〉的复函》的意见，对试用期内不符合录用条件的劳动者，企业可以解除劳动合同；若超过试用期，则企业不能以试用期内不符合录用条件为由解除劳动合同。因此，国有企业如发现员工在试用期间不符合录用条件，应当在试用期届满之前通过法定程序辞退该员工，而非试用期届满之后。

2. 依法辞退不能胜任工作的员工

根据《劳动合同法》第四十条第（二）项的规定，劳动者不能胜任工作，经过培训或者调整工作岗位，仍不能胜任工作的，用人单位可以单方辞退。

对此,《劳动部办公厅关于印发〈关于《劳动法》若干条文的说明〉的通知》规定:“不能胜任工作”是指不能按要求完成劳动合同中约定的任务或者同工种,同岗位人员的工作量,用人单位不得故意提高定额标准,使劳动者无法完成。根据最高人民法院发布的第18号指导案例中兴通讯(杭州)有限责任公司诉王鹏劳动合同纠纷案的意见,劳动者在用人单位等级考核中居于末位等次,不等同于“不能胜任工作”,不符合单方解除劳动合同的法定条件,用人单位不能据此单方解除劳动合同。

按前述规定,即使员工被证明不能胜任工作,也必须再给予机会即培训或调岗,如仍不能胜任工作的,才能依法进行辞退,并支付经济补偿金。

对于国有企业而言,依法辞退不能胜任工作的员工,是实现畅通员工退出渠道的重要举措。因此,如何认定“不能胜任工作”成为依法解除劳动合同的关键,本书编者就相关法律要点总结如下:

第一,用人单位需具有明确且合理的考核标准。

因此,用人单位在绩效考核制度中,应当明确何种绩效分数或绩效等级属于“不胜任工作”。需要注意的是,该等设置应具有合理性和可操作性。同时,即使员工存在考核不合格情形,用人单位也应先采取培训、调岗等措施后视情况处理。

第二,辞退劳动者需满足实体条件。

劳动者工作能力确不能胜任本岗位工作要求,且经过用人单位给予劳动者培训或者调整相应的工作岗位,劳动者仍不能胜任工作的;不能胜任工作一般以用人单位的考核考评办法或者劳动者签署的岗位职责等形式确定具体不能胜任工作的情形,用人单位没有建立相应的考核考评办法或者未与劳动者签署岗位职责的,则需用人单位具体举证劳动者存在不能胜任工作的情形。

第三,辞退劳动者需同时满足程序条件。

在符合上述实体条件的情况下,用人单位需提前30日书面通知劳动者解除劳动合同或者额外支付劳动者一个月工资后，方可解除劳动合同。

在符合上述实体条件的情况下，用人单位需提前30日书面通知劳动者解除劳动合同或者额外支付劳动者一个月工资后，方可解除劳动合同。

第四，用人单位作为具有举证责任的主体，应做好培训、绩效考核的证据固定与保存工作，以备发生纠纷时作为证据使用。

这一类的证据包括但不限于作为绩效考核依据的客户投诉记录、部门负责人的评价等底稿资料，以及员工签字确认的培训通知、培训计划与培训费用支付凭证等。

（四）严格履行程序性规定

从防控法律风险角度，国有企业应就劳动用工管理制度的制定和修改履行征求意见、公示和告知程序，以免该制度对劳动者不产生约束力。司法实践中通常认为，未经民主程序制定的劳动用工制度不具有法律效力，不能据此约束劳动者。

在（2022）云2901民初304号民事判决书中，法院认为，用人单位未提供有效证据证实其考勤管理制度的制定、实施是否经民主程序，以违反考勤管理制度为由解除与劳动者的劳动关系，依据不足，应承担相应的法律责任。

由此可见，未按照民主程序制定的劳动用工制度不能作为用人单位解除劳动合同的依据，为防控相应的劳动法律风险，国有企业应结合自身实际严格按照法定程序制定自身的劳动用工管理制度，实现对劳动者的有效约束。

综上，国有企业在发展过程中切实推进依法合规用工管理机制建设，需从遵守法律法规的要求、改革用工制度等方面出发，具备应有的法律认知和规范意识，完善相关的合规用工管理制度，最终提高企业劳动者权益的保护程度和企业经济效益。用人单位对于招聘环节的录取通知书以及受聘人接收等相关内容，要做好规范和优化，约定试用期限，使相关通知书具备应有的法律效力，企业毁约将承担相应的法律责任，要明确自身的法律责任，对于劳动合同和相关的岗位职责、考核指标等要充分地加以明确，将企业规章制度及时进行公示，并保留证据，以此从根本上有效规避在劳动考核过程中对于劳动者的合法权益造成损害，为降低劳动风险提供必要的保障。用人单位要着重针对劳动合同法等内容进行深入的解读和切实的了解和认知，并且在实践的过程中切实有效的执行，不可滥用解除权，解除劳动合同时，应及时将文书送达员工，以此确保劳动用工要求得到充分的优化和完善，体现工作流程的有效管控，在机制、体系方面不断地优化和创新，以此确保劳动用工的过程中做到真正意义上的有法可依、有规可循，进而充分地体现企业自身的内控管理效果和人力资源优化配置效能。

第二节

知识产权合规管理

知识产权是指公民或法人依据法律的规定，对其从事智力创作或创新活动所产生的知识产品所享有的专有权利，又称为“智力成果权”，包括工业产权和著作权两部分。知识产权合规作为企业合规管理的重点领域，在当今知识经济的时代，在企业合规管理中尤其受到企业的重点关注。

一、知识产权合规管理的相关法律规定

知识产权制度随着人类文明与商品经济发展而诞生，并日益成为各国促进科学技术和社会经济发展，进行国际竞争的有力的法律制度。由于历史上的各种原因，从整体上看，中国知识产权制度的建设起步较晚，实行改革开放后，为了更快地发展社会生产力和推动社会全面进步，适应社会主义市场经济发展的需要，促进与世界经济的接轨，中国加快了知识产权保护制度建设的步伐，制定了一系列的法律法规。从 20 世纪 70 年代末至今，中国在知识产权的保护方面做了大量卓有成效的工作，建立起了比较完整的知识产权法律保护体系。

（一）法律

知识产权相关的现行法律主要有《中华人民共和国民法典》（2020年）、《中华人民共和国商标法》（2019年修正）、《中华人民共和国专利法》（2020年修正）、《中华人民共和国著作权法》（2020年修正）、《中华人民共和国反不正当竞争法》（2019年修正）等。

（二）行政法规

知识产权相关的行政法规主要有《中华人民共和国知识产权海关保护条例》（2018年修订）、《专利代理条例》（2018年修订）、《中华人民共和国商标法实施条例》（2014年修订）、《中华人民共和国著作权法实施条例》（2013年修订）、《中华人民共和国专利法实施细则》（2023年修订）等。

（三）司法解释

知识产权相关的现行司法解释主要有《最高人民法院关于审理专利纠纷案件适用法律问题的若干规定》（2020年修正）、《最高人民法院关于审理商标民事纠纷案件适用法律若干问题的解释》（2020年修正）、《最高人民法院关于审理侵害知识产权民事案件适用惩罚性赔偿的解释》、《最高人民法院关于审理著作权民事纠纷案件适用法律若干问题的解释》（2020年修正）、《最高人民法院关于知识产权民事诉讼证据的若干规定》、《最高人民法院、最高人民检察院关于办理侵犯知识产权刑事案件具体应用法律若干问题的解释》。

（四）部门规章及规范性文件

国务院有关部门先后制定了《国家知识产权局关于规范专利申请行为的若干规定》（2017年修改）、《知识产权对外转让有关工作办法（试行)》、《著作权行政处罚实施办法》、《专利权质押登记办法》等部门规章。

二、知识产权的合规风险

企业的知识产权风险与企业生产经营活动密切相关,认识知识产权合规风险,是规避知识产权合规风险的第一步。

(一)研发风险

1. 未进行全面检索的风险

对于专利申请来说,一方面,研发方向的选择和确定至关重要,如未经“地毯式”的专利检索以识别出竞争对手围绕此领域已经申请或正在申请的专利,则无法避开竞争对手已布局的技术雷区,可能造成无效性重复研发。另一方面,如经过检索发现竞争对手已布局的专利严重阻碍了研发活动,不可避免地要使用到竞争对手的专利技术,如果没有提前进行沟通并就该专利的许可达成一致,那么国有企业研发的新技术就存在使用的障碍。

商标亦然。在设计确定商标时,如未进行检索,可能因使用相同或近似商标侵犯他人在先知识产权,或落入驰名商标跨类保护范围,都面临权利人索赔的风险。如类似商标未经全面检索直接申请注册,将面临被驳回的风险,浪费了时间精力,增加了企业的成本。

2. 合作研发权属约定不明的风险

合作研发过程中对于权利归属的约定至关重要,实践中就研发成果的归属产生争议的实例比比皆是。双方在签订合同时应当确认合作研发的成果是归出资方享有还是归研发方享有,又或共同享有。尤其是在双方共同享有专利权时的情况下,如何实施对外许可也需提前作出约定,以防后续发生争议。

(二)知识产权申请及维护的风险

由于专利申请中新颖性和创造性的认定都与申请日息息相关,把握申请时间对于企业来说就尤为重要。晚一天申请,相关技术被其他企业公开的可能性就大一分。最先申请的人可获得专利权,部分企业可能只是因为申请日比其他企业晚了数日,在后申请的企业就要受制于在先申请的企业。同样地,对于商标申请而言,先申请的企业优先受到保护,基于各申请人拟申请的商标可能存在一定的相似性,甚至雷同,尽快提交申请则至关重要。

就专利而言,专利权人需要按照规定缴纳年费,维护专利权的有效性。专利权人应当自被授予专利权的当年开始缴纳年费,没有按照规定缴纳年费则面临专利权在期限届满前终止的风险。就商标而言,商标权利人需要在期满前十二个月内按照规定办理续展手续;在此期间未能办理的,可以给予六个月的宽展期。期满未办理续展手续的,注册商标将会被注销。

(三)知识产权交易的风险

1. 专利权、商标权存在权属争议的风险

(1)专利权、商标权本身的效力风险

专利权人可能因未按时缴纳年费而致专利权失效。除了程序性的缴纳年费之外,专利权还可能面临因新颖性不够而失效的风险。商标也可能会因三年未使用被撤销。总体而言,权利本身的效力是知识产权合规需要予以重视的重要风险。

(2)权利人不明确的风险

如权利由多方主体共有,共有人(可能是关联公司或合作伙伴)之间可能发生权利人之间的纠纷。权利权属是整个交易的核心要素,是进行交易的前提，一旦权利权属发生纠纷，相关交易可能无法继续推进。

2. 未履行相应程序的风险

专利许可、商标许可均需要进行备案，未进行备案虽不会影响合同的效力，但如有争议并不能起到对抗第三人的作用，也不利于维权，存在权利救济的相关风险。

（四）商业（技术）秘密泄露的风险

虽然专利能够起到保护公司专有技术的效果，但一些不宜公开的技术如选择了进行专利保护，很可能事与愿违，造成技术的泄密。有些专有技术也不适宜选择进行专利保护，尤其是制造工艺和制造方法，举证责任较重，很难证明侵权方的产品是使用己方的技术进行制造的。

另外，员工的泄密对国有企业来说也是重大风险，核心技术一旦被泄露，公司的核心竞争力，市场地位，销售收入，员工管理都将受到重大影响。

（五）侵犯他人知识产权的风险

一般来说，国有企业较为尊重知识产权，但也存在因疏忽侵权的情况。比如公众号或网页使用的照片直接从网络截取，未获权利人授权。再如使用盗版软件，可能面临权利人提起的诉讼。

此外，相关员工在使用 ChatGPT 等人工智能应用时应当尤为注意知识产权侵权风险。ChatGPT 作为人工智能技术驱动的自然语言处理工具，拥有语言理解和文本生成能力，尤其是它会通过连接大量的语料库来训练模型，这些语料库包含了真实世界中的对话。因此，它能回答问题、作画、写论文甚至编程。

但是，ChatGPT 生成物是建立在对以往知识和信息进行处理的基础之上的，这些知识和信息自然也包括他人的作品，如果 ChatGPT 生成物中包含了他人以往作品中的独创性表达，在不符合《著作权法》所规定的合理使用或法定许可的情况下,生成物的使用人则就有可能构成侵权,而且在现行著作权法律体系下,被控侵权材料来源于 ChatGPT 生成物并不能成为法定的免责理由。

相对应地,国有企业也会面临知识产权被侵犯的风险,如何应对被侵权行为,及时启动救济维权程序也是极为重要的。

三、知识产权合规风险的防范

知识产权的合规风险防范是一个系统工程,贯穿企业日常生产的每一步。需要从制度的完善,流程的建立,员工的培训等多方面降低知识产权合规风险,为企业的技术进步提供支持。

(一)建立完善的知识产权制度

知识产权是一个统一的整体,完善的制度是知识产权合规的前提。完善的知识产权制度应涵盖知识产权的研发、申请、维护、交易各个阶段,除此之外还应包括知识产权风险的预警、评估、权利的维护等方面。

通过建立合适的制度才能在研发阶段确定研发方向,全面检索,避免侵犯他人的知识产权也避免重复研发无效劳动;避免在商标申请时因使用相同或近似商业标识侵犯他人在先知识产权,或落入驰名商标跨类保护范围,面临权利人索赔;在知识产权的维护上及时有效,避免对知识产权因管理不当无效;在面对侵权行为时及时启动维权程序;在日常的经营中避免侵犯他人知识产权。

(二)对标国家标准推动本企业的知识产权建设

由国家知识产权局组织起草、国家知识管理标准化技术委员会(SAC/

TC 554)归口管理的《企业知识产权合规管理体系　要求》(GB/T 29490—2023)已于2023年8月6日由国家市场监督管理总局、国家标准化管理委员会发布,将于2024年1月1日正式实施。该国家标准为企业建立完善知识产权管理体系、防范知识产权风险、实现知识产权价值提供了参照,可根据上述标准检视国有企业自身的知识产权合规管理,改进完善既有制度。

值得注意的是,只有人的创作成果才能作为作品受著作权法的保护。包括ChatGPT在内的人工智能生成的内容并非人的创造成果,在现有法律制度下不属于受著作权法保护的作品。

(三)加强对员工的知识产权培训及管理

企业应建立对技术人员、知识产权管理人员、全体员工分层级合规培训制度。从增强知识产权保护意识、知识产权价值观、营造崇尚创新尊重知识产权的氛围、重视知识产权宣传教育等多方面进行知识产权文化的建设。结合知识产权管理制度建设和人才建设,构建有利于调动企业员工知识产权工作积极性的激励机制,树立尊重和保护知识产权的企业形象。

对于知道核心技术的关键员工,应加强管理。通过与员工签订《保密协议》的方式要求员工遵守企业的政策,对其在工作期间知悉的商业秘密负有保密义务,保密义务的履行并不以其是否在职或离职而受影响。与核心员工签订《竞业禁止协议》,限制离职员工前往竞争对手处工作,避免国有企业技术秘密的泄露。

(四)在日常的业务中关注知识产权保护,避免发生知识产权争议

在签约时,考察对方缔约能力,审慎订立合同。在合同履行过程中诚信履行合同、保存好证据。尤其是在被他人主张侵权时,合法来源的抗辩至关重要。销售不知道是侵犯注册商标专用权的商品,能证明该商品是自

己合法取得的并说明提供者的,不承担赔偿责任。为生产经营目的使用、许诺销售或者销售不知道是未经专利权人许可而制造并售出的专利侵权产品,能证明该产品合法来源的,也不承担赔偿责任。因此,确认来源合法并保留好相关交易证据可以有效防范侵权风险。

概括而言,国有企业在研发时应充分检索既有技术,明确知识产权归属,避免权属争议;在经营中,注重知识产权的管理,做好保密措施,严防外泄;在对外采购中,核实对方的交易信息,明确知识产权条款,避免侵权;还应规范商标商号的使用,在国有企业内部企业形成良好的知识产权文化,为技术的更新进步保驾护航。

第三节

环境保护合规管理

环境保护合规管理，是指国有企业在制度制定环节、经营决策环节、生产运营环节中，严格执行环境保护法律法规，建立和完善企业生产规范和环保制度，加强检查，及时发现和整改违规问题所开展的系列活动。随着我国对企业环保要求的逐渐严格化，企业对环境合规管理越来越重视。同时，可持续发展理念的深化、配套政策标准、环保法律法规的健全使得国有企业环境合规管理成为国有企业参与国际竞争的关键因素。在当前形势下，我国生态环境保护工作深入推进，“谁污染，谁负责；谁破坏，谁赔偿”，国有企业的环保主体责任重，不进行环境保护合规管理，可能面临多方面的风险。生态环境保护合规管理是国有企业环境安全的需要，也是防范和避免环保处罚等法律惩治的重要举措。

一、环境保护合规管理的相关法律规定

改革开放以来，我国对环境保护日益重视，经过40多年的发展，逐步建立了完善的环境保护法律规范体系，为国有企业环保合规管理提供了遵循和依据。

(一)法律规定

我国涉及环境保护的现行有效的法律较多,主要包括《中华人民共和国刑法》(2020年修正)、《中华人民共和国水土保持法》(2010年修订)、《中华人民共和国农业法》(2012年修正)、《中华人民共和国煤炭法》(2016年修订)、《中华人民共和国气象法》(2016年修订)、《中华人民共和国渔业法》(2013年修正)、《中华人民共和国海域使用管理法》(2001年颁布)、《中华人民共和国草原法》(2021年修正)、《中华人民共和国放射性污染防治法》(2003年颁布)、《中华人民共和国行政许可法》(2019年修正)、《中华人民共和国可再生能源法》(2009年修正)、《中华人民共和国水法》(2016年修正)、《中华人民共和国固体废物污染环境防治法》(2020年修订)、《中华人民共和国标准化法》(2017年修订)、《中华人民共和国海洋环境保护法》(2017年修正)、《中华人民共和国土壤污染防治法》(2018年颁布)、《中华人民共和国大气污染防治法》(2018年修正)、《中华人民共和国野生动物保护法》(2022年修订)、《中华人民共和国节约能源法》(2018年修正)、《中华人民共和国循环经济促进法》(2018年修正)、《中华人民共和国防沙治沙法》(2018年修正)、《中华人民共和国环境保护税法》(2018年修正)、《中华人民共和国环境影响评价法》(2018年修正)、《中华人民共和国城乡规划法》(2019年修正)、《中华人民共和国清洁生产促进法》(2012年修正)、《中华人民共和国土地管理法》(2019年修正)、《中华人民共和国矿产资源法》(2009年修正)、《中华人民共和国森林法》(2019年修订)、《中华人民共和国核安全法》(2017年颁布)、《中华人民共和国噪声污染防治法》(2021年颁布)、《中华人民共和国民法典》(2020年颁布)、《中华人民共和国湿地保护法》(2021年颁布)、《中华人民共和国黄河保护法》(2022年颁布)等。特别是2020年5月28日第十三届全国人民代表大会第三次会议通过的《中华人民共和国民法典》,其中

第七编第七章对环境污染和生态破坏责任专门作出了详细的规定。

（二）行政法规

国务院先后颁布了《中华人民共和国海洋石油勘探开发环境保护管理条例》（1983 年发布）、《中华人民共和国防治陆源污染物污染损害海洋环境管理条例》（1990 年发布）、《中华人民共和国野生植物保护条例》（2017 年修订）、《废弃电器电子产品回收处理管理条例》（2019 年修订）、《医疗废物管理条例》（2011 年修订）、《放射性废物安全管理条例》（2011 年发布）、《城镇排水与污水处理条例》（2013 年发布）、《城镇污水排入排水管网许可管理办法》（2022 年修正）、《中华人民共和国自然保护区条例》（2017 年修订）、《突发公共卫生事件应急条例》（2011 年修订）、《排污许可管理条例》（2021 年发布）、《地下水管理条例》（2021 年发布）。

2021 年 9 月 22 日，中共中央、国务院正式发布了《关于完整准确全面贯彻新发展理念做好碳达峰碳中和工作的意见》（以下简称《碳达峰碳中和意见》），同年 10 月 24 日，国务院发布了《2030 年前碳达峰行动方案》。两份文件均重点提出了构建绿色低碳循环发展经济体系、提升能源利用效率、提高非化石能源消费比重、降低二氧化碳排放水平、提升生态系统碳汇能力等五个方面主要目标，也为国有企业环保合规管理提供了方向指引。

（三）司法解释

环境保护相关的现行司法解释主要有《最高人民法院关于生态环境侵权民事诉讼证据的若干规定》（法释〔2023〕6 号）、《最高人民法院关于审理生态环境侵权责任纠纷案件适用法律若干问题的解释》（法释〔2023〕5 号）、《最高人民法院、最高人民检察院关于办理环境污染刑事案件适用法律若干问题的解释》（法释〔2023〕7 号）。

（四）部门规章及规范性文件

国家环境保护总局及生态环境部先后发布了《饮用水水源保护区污染防治管理规定》、《生态环境标准管理办法》（2020 年发布）、《碳排放权交易管理办法（试行）》（2020 年发布）、《建设项目环境影响评价行为准则与廉政规定》（2021 年修改）、《危险废物转移管理办法》（2021 年发布）、《企业环境信息依法披露管理办法》（2021 年发布）、《尾矿污染环境防治管理办法》（2022 年发布）、《环境监管重点单位名录管理办法》（2022 年发布）、《重点管控新污染物清单（2023 年版）》等部门规章及规范性文件，进一步规范了环境保护工作。

二、环境保护的合规风险

环保合规风险，是指国有企业在经营中存在环保违法违规乃至犯罪行为，可能受到行政监管部门处罚或司法机关刑事追责的风险。随着我国环保监管力度的不断加强，为有效预防民事、行政及刑事法律风险，国有企业做好环境保护合规管理工作势在必行。总体来说，需要防范以下法律风险：

（一）民事法律风险

污染环境、破坏生态承担需承担侵权责任。《民法典》第一千二百二十九条规定："因污染环境、破坏生态造成他人损害的，侵权人应当承担侵权责任。"侵权人违反法律规定故意污染环境、破坏生态造成严重后果的，被侵权人有权请求相应的惩罚性赔偿。2022 年 1 月 12 日最高人民法院发布的《关于审理生态环境侵权纠纷案件适用惩罚性赔偿的解释》（法释

〔2022〕1号）对人民法院审理生态环境侵权纠纷案件适用惩罚性赔偿进行了明确的规定。

污染环境、破坏生态需承担生态环境损害赔偿责任。《中华人民共和国民事诉讼法》第五十八条规定："对污染环境、侵害众多消费者合法权益等损害社会公共利益的行为，法律规定的机关和有关组织可以向人民法院提起诉讼。"《民法典》第一千二百三十五条规定："违反国家规定造成生态环境损害的，国家规定的机关或者法律规定的组织有权请求侵权人赔偿下列损失和费用：（一）生态环境受到损害至修复完成期间服务功能丧失导致的损失；（二）生态环境功能永久性损害造成的损失；（三）生态环境损害调查、鉴定评估等费用；（四）清除污染、修复生态环境费用；（五）防止损害的发生和扩大所支出的合理费用。"

（二）行政法律风险

不同行业、地区及不同领域的国有企业可能涉及不同的环保风险，一般而言，国有企业在环保方面比较突出的法律风险主要涉及大气、水和固体废物污染等。国有企业一旦违反环保法律法规，可能面临的行政处罚主要包括警告、罚款、暂扣、吊销许可证、责令限期改正、责令停产停业、责令关闭、没收违法所得、行政拘留等。

近年来，随着国家环保相关法律法规的出台和修订，环保形势日趋严峻，国有企业面临的环保法律责任也越来越重。以2020年修订的《固体废物污染环境防治法》为例，该法对法律责任专章进行了扩充完善，加大了对固体废物管理不合规的处罚力度。除了对新增内容设定了相应罚则外，还普遍提高了违法行为的处罚金额，最高可罚至500万元，并且增加了按日连续处罚、行政拘留、查封扣押等执法措施，这些严格的法律责任变化也值得国有企业特别关注。

(三)刑事法律风险

环境污染犯罪行为一般较为隐蔽,难以及时发现,其危害后果持久且具有不可逆性,一旦发生污染,就很难进行整治和恢复。污染环境罪的犯罪主体包括自然人和单位,绝大部分污染行为都是伴随着生产经营发生的。一些企业为追求不当利益,降低生产经营成本而违法排放污水、废弃物或者随意处置废物,并借助单位力量掩盖犯罪事实。《中华人民共和国环境保护法》第六十九条规定:“违反本法规定,构成犯罪的,依法追究刑事责任。”《刑法》第三十一条规定:“单位犯罪的,对单位判处罚金,并对其直接负责的主管人员和其他直接责任人员判处刑罚。”明确了对于单位犯罪中的单位和有关责任人员应实行“双罚制”,对所有负有刑事责任的单位和个人都应进行刑事惩罚。同时该法第六章第六节规定了环境污染罪、非法处置进口的固体废物罪、非法采矿罪、危害国家重点保护植物罪等刑事罪名,惩罚违反国家规定,排放、倾倒或者处置有放射性的废物、含传染病病原体的废物、有毒物质或者其他有害物质,严重污染环境的行为。

三、环境保护合规风险的防范

(一)识别法律风险

国有企业应在专业法律服务人员的帮助下对国有企业环保合规管理进行风险评估,结合国有企业所处行业、地域、污染物排放等情况,全面梳理与国有企业生产经营相关的环保法律、行政法规、部门规章,以及环保标准中对企业环保义务的要求,识别企业存在的环保合规风险。制定防治大气污染、水污染、土壤污染、固体废物污染、噪声污染的相关制度。具体防范措施如下:

1. 做好废气、废水污染防治

国有企业应建立废气、废水防治管理制度，明确防治管理的部门与责任人；开展定期巡检，确保污染治理设施完好、正常运行；加强物料储存、输送、装卸及生产工艺过程无组织废气的精细化管理；实现生产废水、生活污水、清下水“三水”分开。

2. 做好噪声污染防治

国有企业应采取有效措施，减少振动、降低噪声，并对经营活动中产生的噪声进行检测和管理。依法取得排污许可证或者填报排污登记表，并按照排污许可证的要求进行噪声污染防治。

3. 做好土壤污染防治

国有企业应当严格控制有毒有害物质排放，建立土壤污染隐患排查制度、制定实施自行监测方案；结合项目情况制定土地污染的处理和修复管理方针；场地土壤和地下水污染状况调查及修复需按照《污染地块土壤环境管理办法（试行）》、《场地环境调查技术导则》（HJ 25.1）、《场地环境监测技术导则》（HJ 25.2）、《污染场地风险评估技术导则》（HJ 25.3）、《污染场地土壤修复技术导则》（HJ 25.4）、《污染地块风险控制与土壤修复效果评估技术导则》（HJ 25.5）、《污染地块地下水修复和风险管控技术导则》（HJ 25.6）的相关要求执行。

4. 做好固体废物规范化管理

从事危险废物收集、储存、处置经营活动的国有企业，应当依照《危险废物经营许可证管理办法》的规定，领取危险废物经营许可证。应当建立污染环境防治责任制度，采取防止工业固体废物污染环境的措施，按照规定设置固体废物识别标志，同时，应建立工业固体废物管理台账，按规定转移固体废物。对于一般工业固体废物，应当按照“三分法”进行分类管理，安全存放，储存场所需满足 GB 18599 要求；对于危险废物，每年需制定危险废物管理计划，储存场所需满足 GB 18597 要求，还应依法制定意外事故的环境污染防范措施和应急预案,每年组织应急演练和危险废物相关培训。

5. 依法披露企业环境信息

国有企业应当根据《企业环境信息依法披露管理办法》的要求建立健全环境信息依法披露管理制度,规范工作规程,明确工作职责,建立准确的环境信息管理台账,妥善保存相关原始记录,科学统计归集环境信息。

6. 依法缴纳环保税

根据《中华人民共和国环境保护税法》的规定,在我国直接向环境排放应税污染物的国有企业为环境保护税的纳税人,应当依法缴纳环境保护税。

(二)做好项目的可行性研究

国有企业在建设活动之前,对建设项目的选址、设计和建成投产使用后可能对周围环境产生的不良影响进行调查、预测和评定,提出防治措施。建设项目中防治污染的设施,应当与主体工程同时设计、同时施工、同时投产使用。依照法律规定实行排污许可管理的国有企业,应当依照《排污许可管理条例》规定申请取得排污许可证;未取得排污许可证的,不得排放污染物。

(三)制定环保合规管理制度

结合识别出的环保风险点,国有企业应当制定、完善环保合规管理制度,例如,环境影响评价、环保“三同时”、排污申报、信息公开、日常报表与台账管理等环保制度。此外,国有企业还应建立内部环保合规委员会,独立并专门负责国有企业的环保合规管理事务,承担环保合规管理的组织领导和统筹协调工作,并确保制度在全公司被认真贯彻执行。

（四）建立有效运行的环境保护生产机制

首先，国有企业应制定好符合自身实际的环境保护生产管理制度，并结合环保行政、刑事风险制订员工培训计划，提高国有企业员工的环境保护意识，并采用调查问卷等形式定期或不定期开展环境保护生产专项考核，通过考核提升国有企业员工环境保护生产的执行力。其次，设立举报邮箱、电话等渠道建立环保违法违规事件的匿名举报制度，举报和调查处理机制国有企业员工在工作中发现环保违法违规行为或者环境保护生产的风险隐患时，应当及时报告。最后，国有企业的环境保护生产管理机构可对环境保护工作进行总结、评估，结合法律法规、案例，对发现的问题进行分析，提出具有可操作性的管控措施，达到有效防范企业环保风险的目的。

（五）加强国有企业环保生产文化建设

国有企业高层应当高度关注环保合规工作，作出培养合规文化的承诺和表率，自觉带头遵守环保合规制度，宣传合规文化，为全体员工身先示范。同时，经过大力推广和宣传，使员工也应在生产工作中自觉遵守、践行环境保护生产制度，在业务开展过程中主动识别和防范环保合规风险，积极参加企业组织的环保合规培训和宣传活动，不断提高环保合规意识和行为自觉，营造依规办事、按章操作的良好文化氛围，让环保合规文化促企业行稳致远。

（六）控制主要污染物总量

属于污染物减排对象的国有企业，应当办理国有企业需要办理的相关手续，取得主管部门下达的污染物排放总量指标；并参照《建设项目主要污染物排放总量指标审核及管理暂行办法》进行总量控制的污染物进行重点核查，该等核查可以依据环保部门的批复文件确认合规性，也可以通过第三方有资质的环境监测机构的监测结果来完成。

（七）环保设施运转情况

国有企业定期查验环保设施、减排设施的运转是否正常，掌握环保设施的流程、最终产品及所需辅助材料，对于需要安装在线检测设备的国有企业是否安装相关设备并保留检测数据进行查验。

（八）依法开展后评价

国有企业在项目建设、运行过程中产生不符合经审批的环境影响评价文件情形的，应当组织环境影响的后评价，采取改进措施，并报原环境影响评价文件审批部门和建设项目审批部门备案。

第四节

招标投标合规管理

招标投标是基本建设领域促进竞争的全面经济责任制形式。招标投标最早起源于英国,自第二次世界大战以来,招标投标影响力不断扩大,先是西方发达国家,接着世界银行在货物采购、工程承包中大量推行招标投标方式,近几十年来,发展中国家也日益重视和采用招标投标方式进行货物采购和工程建设。招标投标作为一种成熟的交易方式,其重要性和优越性在国内、国际经济活动中日益被各国和各种国际经济组织广泛认可,进而在相当多的国家和国际组织中得到立法推行。

一、招标投标合规管理的相关法律规定

我国引进招标投标制度以后,经过近20年的发展,一方面积累了丰富的经验,为国家层面的统一立法奠定了实践基础;另一方面招标投标活动中暴露的问题也越来越多,如招标程序不规范、做法不统一,虚假招标、泄露标底、串通投标、行贿受贿等问题较为突出,特别是政企不分问题仍然没有得到有效解决。针对上述问题,全国人大及其常委会和国务院及各部门积极推动相关立法活动,使招标采购的主要方面和重点环节实现了有法可

依、有章可循，形成了覆盖全国各领域、各层级的招标采购制度体系，另外，我国招投标制度的逐步完善与发展也对公司招投标方面的合规风险管理提出了更高要求。

（一）相关法律规定

1999年8月30日第九届全国人民代表大会常务委员会第十一次会议审议通过了《中华人民共和国招标投标法》（以下简称《招标投标法》），自2000年1月1日起施行，这是我国第一部规范公共采购和招标投标活动的专门法律，标志着我国招标投标制度进入了一个新的发展阶段。2017年该法进行了部分修正。

2002年6月29日第九届全国人民代表大会常务委员会第二十八次会议审议通过了《中华人民共和国政府采购法》（以下简称《政府采购法》），自2003年1月1日起施行。这部法律的颁布施行，对于规范政府采购行为，提高政府采购资金的使用效益，维护国家利益和社会公共利益，保护政府采购当事人的合法权益，促进廉政建设，有着重要意义。

（二）相关行政法规、规章、规范性文件

2011年12月20日国务院出台了《中华人民共和国招标投标法实施条例》（以下简称《招标投标法实施条例》），后经2017年、2018年和2019年三次修改。

2014年12月31日国务院出台了《中华人民共和国政府采购法实施条例》（以下简称《政府采购法实施条例》）。

《招标投标法》和《政府采购法》是规范我国境内招标采购活动的两大基本法律，在总结我国招标采购实践经验和借鉴国际经验的基础上，《招标投标法实施条例》和《政府采购法实施条例》作为两大法律的配套行政法规，对招标投标制度做了补充、细化和完善，进一步健全和完善了我国招

标投标制度。

另外，国务院各相关部门结合本部门、本行业的特点和实际情况制定了专门的招投标管理的部门规章、规范性文件及政策性文件。地方人大及其常委会、人民政府及其有关部门也结合本地区的特点和需要，相继制定了招标投标方面的地方性法规、规章和规范性文件。例如，政府采购方面主要有《政府采购货物和服务招标投标管理办法》（财政部令第 87 号）、《政府采购需求管理办法》（财库〔2021〕22 号）、《政府采购评审专家管理办法》（财库〔2016〕198 号）等；工程建设招投标方面主要有《工程建设项目货物招标投标办法》《评标委员会和评标方法暂行规定》《工程建设项目招标投标活动投诉处理办法》等，以及专门领域的《公路工程建设项目招标投标管理办法》《水运工程建设项目招标投标管理办法》《房屋建筑和市政基础设施工程施工招标投标管理办法》等。

二、招标投标的合规风险

招投标是一种商业行为，由于其市场环境的复杂性以及部分市场的经济成员利益趋势等，招标方与投标方应重视招投标过程中潜在的合规风险。招投标管理中普遍存在的合规风险有不具备招标条件进行招标的风险、应招未招的风险、排斥或限制潜在投标人的风险、资格预审和项目踏勘中的风险、招标人擅自终止招标的风险、招标单位人员泄露保密信息的风险、虚假招标的风险。

（一）招标条件不具备的合规风险

根据《招标投标法》第九条及《招标投标法实施条例》第七条，招标通常需要的条件包括招标人已经依法成立、已经履行核准手续、有招标所必需的相关资料、有相应的资金或资金来源以及其他条件已经落实。但在实践中常常出现以下情况：

1. 项目未立项、未经批准就开始招标；

2. 初步设计及概算应当履行审批手续还未获批准；

3. 土地、规划手续不齐；

4. 资金来源还未落实到位。

上述情况可能产生以下合规风险：

1. 若招标条件不具备的情况下招标，有关行政监督部门责令改正，根据情节处以罚款，构成犯罪的，依法承担刑事责任；

2. 若招标条件不具备，业主将承担缔约过失责任；

3. 若是项目最终未获批准，将导致前期的费用损失；

4. 若是项目未获审批，将有可能导致投资超预算。

（二）应招未招的合规风险

《招标投标法》第三条规定，在中华人民共和国境内进行下列工程建设项目包括项目的勘察、设计、施工、监理以及与工程建设有关的重要设备、材料等的采购，必须进行招标：

1. 大型基础设施、公用事业等关系社会公共利益、公众安全的项目；

2. 全部或者部分使用国有资金投资或者国家融资的项目；

3. 使用国际组织或者外国政府贷款、援助资金的项目。前述所列项目的具体范围和规模标准，由国务院发展部门会同国务院有关部门制定，报国务院批准。法律或者国务院对必须进行招标的其他项目的范围有规定的，依照其规定。

《招标投标法》第十条规定："招标分为公开招标和邀请招标。公开招标，是指招标人以招标公告的方式邀请不特定的法人或者其他组织投标。邀请招标，是指招标人以投标邀请书的方式邀请特定的法人或者其他组织投标。”

如违反上述法律规定，可能产生以下合规风险：

根据《最高人民法院关于审理建设工程施工合同纠纷案件适用法律问题的解释（一）》第一条的规定，建设工程必须进行招标而未招标或者中标无效的，应当根据《民法典》第一百五十三条第一款的规定，认定无效。

《招标投标法》第四十九条规定：“违反本法规定，必须进行招标的项目而不招标的，将必须进行招标的项目化整为零或者以其他任何方式规避招标的，责令限期改正，可以处项目合同金额千分之五以上千分之十以下的罚款；对全部或者部分使用国有资金的项目，可以暂停项目执行或者暂停资金拨付；对单位直接负责的主管人员和其他直接责任人员依法给予处分。”

综上所述，公司应对必须招标的项目未进行招标的，不仅会导致所签订的合同无效，还可能面临行政处罚，主管人员和直接责任人员也可能面临处分。

（三）排斥或限制潜在投标人的合规风险

实践中，招标人排斥或限制潜在投标人通常有以下几种表现形式：

1. 不向潜在投标人或者投标人同样提供与招标项目有关信息；

2. 不根据招标项目的具体特点和实际需要设定资格、技术、商务条件；

3. 以获得特定区域、行业或者部门奖项为加分条件或者中标条件；

4. 要求提供与投标或者订立合同无关的证明材料；

5. 限定或者指定特定的专利、商标、名称、设计、原产地或者生产供应者；

6. 限制投标人所有制形式或者组织形式；

7. 不充分公开技术细节，以试用不合格为由筛选并提前淘汰潜在竞争者。

若是招标人排斥或限制潜在投标人,会产生以下合规风险:

《招标投标法》第五十一条规定:“招标人以不合理的条件限制或者排斥潜在投标人的,对潜在投标人实行歧视待遇的,强制要求投标人组成联合体共同投标的,或者限制投标人之间竞争的,责令改正,可以处一万元以上五万元以下的罚款。”

《招标投标法实施条例》第六十三条规定:“招标人有下列限制或者排斥潜在投标人行为之一的,由有关行政监督部门依照招标投标法第五十一条的规定处罚:(一)依法应当公开招标的项目不按照规定在指定媒介发布资格预审公告或者招标公告;(二)在不同媒介发布的同一招标项目的资格预审公告或者招标公告的内容不一致,影响潜在投标人申请资格预审或者投标。”

(四)资格预审和项目踏勘中的合规风险

招标人在资格预审应注意以下问题:

1. 资格预审通常有合格制和有限数量制,预期投标人较多可采用有限数量制;

2. 资格预审由审查委员会负责,按规定的标准和方法进行;

3. 如果采用资格预审方式,未通过预审的不得参与投标。

如有现场勘探的需要,应注意以下问题:

1. 招标人可以根据情况组织潜在投标人踏勘项目现场,但不应单独或者分别组织个别潜在投标人踏勘现场;

2. 项目踏勘时可以介绍有关情况并回答潜在投标人的提问,但不应互相介绍各投标人代表。

(五)招标人在擅自终止招标的合规风险

如果招标人擅自终止招标,有关行政监督部门给予警告,根据情节可处三万元以下的罚款，给潜在投标人或者投标人造成损失的，应当赔偿损失。为此，招标人开展招标活动前进行充分准备，但如果招标过程中出现大幅降价或发现投标人有串标嫌疑但难以取得证据，可能给招标人带来较大损失时，应果断终止招标。

（六）招标单位人员泄露保密信息的风险

实践中招标单位人员泄露保密信息屡见不鲜，其通常表现形式如下：

1. 招标单位人员向他人透露获取招标文件的潜在投标人名称、数量或其他可能影响公平竞争的情况；

2. 招标单位人员向投标人泄露标底；

3. 招标单位人员向投标人泄露评标委员会成员名单。

出现上述情况，根据法律规定，给予警告，可以并处一万元以上十万元以下的罚款，对单位直接负责的主管人员和其他直接责任人员依法给予处分，构成犯罪的，依法追究刑事责任。前款所列行为影响中标结果的，中标无效。

（七）虚假招标的风险

“虚假招标”是指名为招标实为“暗中指定”的现象。实践中，一些工程项目招标人或主管部门早已内定了施工单位、货物供应商或设计、勘察单位，但迫于招标的规定，只好象征性地进行招投标，搞形式走过场。通常表现形式有以下几种：

1. 招标人私下已选定中标人，为了符合法律形式，做一套虚假的招投标文件；

2. 承包人已提前介入施工，为了表面符合招投标程序后补一套虚假的招投标手续；

3. 发包人同承包人是关联企业，形式上按招投标程序做，实际上早已确定了中标人。

如出现上述情况,可能会产生以下法律后果:

1. 必须进行招标的项目不按规定招标的,导致合同无效;

2. 合同无效单位将面临赔偿和经济处罚;

3. 不按规定招标的单位负责人会受行政处分。

三、招标投标合规风险的防范

随着招投标的广泛应用,对于企业来讲招投标既是机会,同时也存在风险,处理不好可能触及刑事法律风险。针对上述在招投标活动中存在的合规风险分析,本文提出招投标合规风险的总体防范方法和具体防范方法。

(一)招投标合规风险的总体防范方法

招投标阶段是项目的起始阶段,具有基础性、关键性作用。然而,在实际操作过程中因企业缺乏风险意识、对项目审查把关工作不严谨、合同管理体系及风险管控机制不健全致使该阶段往往得不到应有的重视,导致企业陷入招投标合规风险中。

1. 加强道德培养,增强风险意识

为了确保招投标过程的公平公正,第一,要加强招标人的道德教育,培养招标人为社会公开公正和社会正义奋斗的高尚的道德情操,从而创造一个公开公正交易活动的社会主义市场经济秩序。道德作为一种心灵的契约,是具有普遍约束力的行为规范,但是只能靠人们自觉遵守,约束力比法律弱很多。当然,即使建立了一套完备的招投标管理法律法规,制定一整套完整的流程标准,那也要依靠人来实践和实施。因此,道德教育是第一位的，制定制度防范风险是对道德教育的强化和制度化的过程。第二，投标人不仅要具备较高的项目工程技术和丰富的实践经验，还应树立法治观念，提高法律意识，做到依法经营。在准备投标时可聘请专业人员进行指导，并认真研究招标文件，仔细踏勘工程现场，制定合理的施工方案，并对工程所需人力、物力、财力等进行摸底分析，以实际市场价格和企业内部实际情况确定最低成本价，报出合理价格。在此基础上综合考虑招标条件、市场状况及企业投标策略等，做出有竞争力的报价。发现招标过程中有侵犯自身合法权益的行为时，应当及时向相应主管部门进行反映、投诉，保护企业在投标过程中的合法权益。

2. 加强前期项目审查把关工作

投标人在对项目进行投标前一定要对招标人的基本情况进行审查。主要包括招标人的经营资格和等级证书、企业法人营业执照、税务等级以及资金运行情况、建设工程报建手续完善与否、项目资金到位与否、履约信用能力等问题进行审查。审查招投标文件所提供的材料与现场情况是否吻合，审查设计方案的实操性，确保无遗漏项目、无遗漏环节。对招投标过程中存在的文件全部予以留存，把招投标前的准备工作做细、做足、做实。

同时，建立健全招投标诚信体系，将投标人诚信评价信息纳入供应商动态量化考核，作为供应商星级评价的依据。对有失信记录的投标人，据情节轻重给予警告、通报、暂停投标资格、取消投标资格的处理，按国家有关法律法规追究责任。后续评标中，对有失信记录的投标人给予扣分。

3. 建立科学的招投标合同管理体系

企业中标后，应与发包方就投标文件的内容协商合同条款事宜，明确工程所涉及的内容，对制定合同的整个过程进行监管，有利于合同及有关文件内容的合理合法以及完善程度。为保证条款的齐全、内容的完整，在制定合同条款时尽量采用国家标准合同文本。并根据项目实际情况作详细约定，且制定主体应当对其中有歧义、解释不清的内容加以阐释，避免合同内容存在指向性不明确的问题。同时，加强对风险责任条款和特别条款的审查，加大在投标文件中不按照实际情况编制造价的企业的惩处力度。

4. 企业应做好合同履行中的风险控制

签订合同后，项目管理人员在项目开工前须对施工合同进行全面、细致的研究和分析，熟知双方的权利和义务，推测合同管理中可能存在的潜在风险，并制定有效的应对措施。在施工过程中，应当严格按照合同约定组织施工，防止因延误工期、质量问题等带来的风险，需要进一步强化对施工现场管理，加强对内部审计、分包商、材料商的管理。因业主方履行不能导致企业延误工期或受到合同价款以外损失的情况，应注意收集好施工照片、日志、会议纪要、设计变更、通知等证据资料，确保相关证据的法律效力，并及时合理地提出索赔。

（二）招投标合规风险的具体防范方法

1. 招标形式不合法的风险防范

根据现行法律规定，以公开招标为原则，以邀请招标为例外，必须招标的项目未经批准而邀请招标的，有关行政监督部门责令改正，根据情节处以罚款，情节严重的，招标无效。对于依法自愿招标的项目，邀请招标虽不会无效，但排除了潜在竞争，不利于发现最佳的合作伙伴。对此，招标人应当采取以下风险防范措施：

（1）尽量通过公开招标进行，需要邀请招标的，应经有关部门批准。

（2）为简化程序，建议在项目申请报告中明确招标方式，以获得一次性批准或以打包的方式向有关部门申请。

（3）建立自有招标公告平台，充分吸引潜在合作伙伴。

（4）建立和完善供应商数据库和黑名单。

2. 排斥或限制潜在投标人的风险防范

招标人以不合理的条件限制或者排斥潜在投标人的，对潜在投标人实行歧视待遇的，强制要求投标人组成联合体共同投标的，或者限制投标人之间竞争的，责令改正，可以处一万元以上五万元以下的罚款。为此，招标人可以通过以下措施进行风险防范：

(1)避免有意或无意地排斥或限制潜在投标人的情况；

(2)招标公告或招标文件发出前经法律人士审核把关。

3. 招标单位人员泄露保密信息的风险防范

关于招标单位人员泄露保密信息的风险，招标人可以采取以下风险防范措施：

(1)制定招标过程中保密信息的管理制度；

(2)加强对招标人和招标代理机构人员的培训和教育，提高保密意识和素质；

(3)加强对保密信息的管理，控制涉密人员范围；

(4)重要招标，对涉密人员采取必要的监控措施；

(5)对违反保密制度的人员予以严肃处理，可能构成犯罪的移送司法机关处理。

4. 虚假招标的风险防范

虚假投标不仅违背诚实信用原则，妨碍招投标市场的健康发展，并且存在较大法律风险。对此，招标人应当采取以下风险防范措施：

(1)严格按照招投标的相关法律法规的规定进行招投标活动；

(2)未进行招投标程序，不得私下签署协议；

(3)未经过招标不得确定承包方，更不能先施工再补虚假招投标手续。

(三)招投标合规管理实务案例

案例一：现场踏勘违法被纠正

北京某工程施工招标规定，潜在招标人于某日上午九时在招标人办公处集合,招标人组织现场踏勘。当日在集合处,招标人准备了签到本,要求潜在投标人统一在签到本上签名写下单位名称,以便统计来现场踏勘的潜在投标人数量,如当日有未到场的,改日再单独安排现场踏勘。

该行为被招标人监察部门及时发现并制止,要求招标人员不得让潜在招标人统一签名,以免违反《招标投标法》第二十二条的规定,招标人不得向他人透露已获取招标文件的潜在投标人的名称、数量等需要保密的信息的规定。招标人不得单独或者分别组织任何一个投标人进行现场踏勘,否则可能违反《工程建设项目施工招标投标办法》第三十二条的规定。

案例二:基建处长泄露标底被查处

A电厂在建设施工项目招标中,电厂的基建处具体负责施工招标工作。B公司作为投标人其公司负责人找到电厂的基建处长,给其好处要求帮忙。基建处长私下将该工程的标底透露给了B投标人,结果在七家投标人中,只有B公司的价格接近标底价格,通过评标B公司以排名第一的身份中标。在发中标通知书之前,A电厂的纪检部门发现,电厂的基建处长私下多次接触B公司的负责人。经电厂纪检部门调查,了解到基建处长收取了B公司的好处,泄露了工程标底。结果将B公司按废标处理,将排名第二的投标人作为中标人。电厂的基建处长被移送司法审查。

综上所述,国有企业应当重视招标投标合规管理工作,搭建岗位健全、责任明确的招标组织架构,委托专业律师审查重要、核心文件,建立标准化的招标流程,保障招标工作的合法合规性。

第五节

税务合规管理

国有企业在我国经济发展中发挥着重要的作用,其税收也是我国税收收入的重要来源之一。2022 年 8 月,国务院国资委公布的《央企合规办法》中明确:“中央企业应当针对税务管理制定合规管理具体制度或者专项指南”,与此同时,我国税收信息化建设历经金税一期、金税二期、金税三期建设,从无到有、从小到大、从功能单一到全面覆盖,目前已进入金税四期建设的新阶段。金税四期重点围绕智慧税务建设,是通过税务数据智能归集和智能展现,实现金融、海关、市场监管、公安、支付平台等其他涉税方数据共建、数据共享、数据,协同、数据治理,推动相关政府部门基于税收法定义务提供涉税方信息,实现数字政府和税收共治。

在经济全球化迅猛发展的背景下,我国国有企业在税务管理方面也面临着诸多风险。目前我国国有企业的税务风险管理体制不够健全,税务风险管理水平也有待进一步提高。因此,在对于企业财税合规的监管要求和监管力度逐渐增加的情况下,税务合规管理是国有企业治理合规化的必修课,是增强国有企业抗风险能力的底线要求。

一、税务合规管理的相关法律规定

(一)法律

2021年6月10日,第十三届全国人大常委会第二十九次会议表决通过了《中华人民共和国印花税法》,本法自2022年7月1日起施行。截至目前,我国18个税种中已有12个立法,分别为《中华人民共和国企业所得税法》(2018年修正)、《中华人民共和国个人所得税法》(2018年修正)、《中华人民共和国车船税法》(2019年修正)、《中华人民共和国环境保护税法》(2018年修正)、《中华人民共和国烟叶税法》(2017年发布)、《中华人民共和国船舶吨税法》(2018年修正)、《中华人民共和国耕地占用税法》(2018年发布)、《中华人民共和国车辆购置税法》(2018年发布)、《中华人民共和国资源税法》(2019年发布)、《中华人民共和国契税法》(2020年发布)、《中华人民共和国城市维护建设税法》(2020年发布),加上《中华人民共和国税收征收管理法》(2015年修正),形成了13部税收法律。

(二)行政法规

国务院先后发布了《中华人民共和国消费税暂行条例》(2008年修订)、《中华人民共和国税收征收管理法实施细则》(2016年修订)、《中华人民共和国增值税暂行条例》(2017年修订)、《中华人民共和国个人所得税法实施条例》(2018年修订)、《中华人民共和国环境保护税法实施条例》(2017年发布)、《中华人民共和国车船税法实施条例》(2019年修订)、《中华人民共和国城镇土地使用税暂行条例》(2019年修订)、《中华人民共和国企业所得税法实施条例》(2019年修订)等多部行政法规。

（三）部门规章

国家税务总局先后发布了《增值税一般纳税人登记管理办法》（2017年发布）、《中华人民共和国发票管理办法实施细则》（2019年修正）、《税收违法行为检举管理办法》（2019年发布）、《重大税收违法失信主体信息公布管理办法》（2021年发布）等一系列部门规章，规范税收管理行为。

二、税务合规的风险

（一）内控机制不完善的风险

1. 缺乏健全的税收风险管理体制

在当前经济全球化迅猛发展的背景下，市场竞争也越来越白热化，对国有企业而言，税务合规是一个系统工程，涉及企业的方方面面，每个方面都需要有完善的制度、合理的流程来监管。然而，目前在我国国有企业的税收风险管理中还缺少比较完善的风险管控体系，这样就无法有效确定生产经营中的风险指标。由于无法很好地确认生产经营中的风险指标，国有企业对税收风险无法及时发现与准确辨别，无法采取适当的措施防范税收风险。同时国有企业还缺乏健全的税收风险评估机制，对税收风险评估的程序以及标准仅仅只是停留于表面，缺乏实践操作，缺乏积极有效的互动协调机制。

2. 缺乏专业的税收风险管理人才

随着全球经济一体化的发展，我国的市场竞争也日益激烈化的背景下，我国国有企业的税务风险管理水平也亟待提高。目前我国国有企业的税收风险管理中还缺乏能力较强、素质较高的专业人才，当前从事税务管理工作的人员的专业能力与素质并不高，这样就会严重影响国有企业的税收风险管理水平,影响企业的市场竞争力,影响企业的未来发展。

3. 税务风险预警机制尚未形成

税收风险本身存在一定程度的不确定性,但从其发展的阶段看,它也具有广泛的相似性。完整的税收风险预警机制可在潜在阶段识别税收风险,并有效避免税收风险的进一步恶化和最终爆发。目前,国有企业还没有全面建立税收风险预警机制,部分企业在税收风险转化为最终的税收处罚时才意识到风险的存在。企业习惯于在税收检查出现问题后与税务机关进行沟通和协调以寻求解决方案,这种被动响应模型将给企业带来风险。如果出现问题然后寻求解决方案,那么它带来的直接风险就是税收抵免等级的下降。税务处罚频率的增加影响企业的正常生产经营,且税收抵免等级的下降也将影响企业对税收优惠政策的使用。

4. 税务风险信息沟通不畅

目前由于税收数据无法完全导入国有企业现有的管理系统软件中,导致国有企业内部税收风险信息沟通不畅通,国有企业的具体职能部门如采购,生产和销售等无法充分认识到税收风险内部控制的重要性,无法理解税收风险的关键控制点和具体的税收风险控制措施,无法有效地配合税收风险控制计划的具体实施。并且国有企业往往跨行业跨地区从事经营活动,虽然我国大多数国有企业基本上都建立了内部信息处理系统,但可能并没有同步建立专门的税务信息系统,因而不能及时完成税务信息数据的记录、汇总、统计和处理,影响着纳税申报和税款缴纳的准确性与及时性。一旦子公司出现涉税事项处理不当的问题,集团公司的财务或税务主管就只能成为一名“消防员”,而不能通过有效的信息传递渠道进行远程指挥来解决。

(二)税收法律法规政策更新快、导致各地执行标准不统一的风险

国家税收政策不仅具有时空性,且随着经济环境的变化,其实效性也

日益显现出来。我国市场经济在蓬勃发展，为了适应不同发展时期的需要，旧的税收政策必须不断的被改变甚至取消，因此一些税收政策具有不定期或相对较短的实效性。国有企业跨地区很普遍，而不同地区的税务机构对税收政策的解读和执行有一定差异，因此国有企业需要与当地的税务局沟通具体税种的处理方法，一旦税务处理不正确，可能会产生税收滞纳金或者无法享受税收优惠政策。此外，由于我国税收政策还不健全，各地的税务机关享有比较大的自由处理的空间，甚至在某些方面还存有较大的争议，因此需要国有企业在此方面多加关注。

（三）并购重组、关联交易等复杂交易导致的风险

1. 国有企业并购过程中的税务风险

并购重组后的企业会承继目标企业的权利与义务，纳税义务也不例外。因此，如果合并之前的公司存在欠缴税款，合并后的企业就会面临承担纳税义务和巨额税收处罚的风险。

（1）税务管理风险

国有企业的并购常选择民营企业作为并购的目标，但是相较于国有企业，民营企业的管理相对混乱，对于税收政策存在执行不到位的情况，比如政策规定纳税人享受税收优惠政策时需要提前办理报批或者备案手续，企业未按照规定提出申请、提交材料、分别核算或者纳税申报，导致需要减免时不符合规定，无法享受优惠政策；或者国家对减免税税款有规定用途的，企业未按照规定使用款项，导致无法享受下一期的税收优惠政策。

（2）增值税风险

部分企业对于税收的敏感度较低，很多采购业务并未要求对方开具增值税专用发票，最终导致无法抵扣销项税，也无法享受增值税加计扣除以及减免等税收优惠，最终导致国有企业在并购后加重了税务负担。

(3)企业所得税风险

部分企业在账务处理方面并不规范,存在很多无票入账的情况。对于无票入账的费用,无票入账的资产,在税务局稽查过程中,往往会要求企业调增税前扣除的无票费用以及无票资产计提的累计折旧或摊销,这会增加并购后企业的所得税负担。此外,有些民营企业的股东会为了节省成本,直接使用个人资金购买二手设备,直接入厂使用,导致企业存在账外设备。国有企业在与民营企业谈判收购对价时,民营企业的股东想要增加对价,要求将该设备作为资产进行评估,但是该资产无论是作为盘盈还是股东捐赠,都会增加国有企业的所得税风险。当目标企业存在少计费用、少提折旧或摊销时会虚增股东权益,增加收购企业的收购成本;当目标企业存在少计收入时,存在后期税务稽查要求补税及滞纳金的风险,也会增加并购后企业的税收负担。

2. 关联交易税务风险

(1)内部资产重组关联交易税务风险

国有企业往往由众多成员企业构成,业务布局跨度较大,企业为实现经营战略会相对频繁的对所属成员企业的经营业务进行调整,涉及资产资源的重新分配。伴随着大量关联交易,特别是企业在此类业务活动中出于税收筹划考虑,或为节约交易成本未进行相关资产资源公允价值评估,导致关联交易定价有失公允,形成重大税务风险。

(2)资金集中管理税务风险

为破解融资难困境、节约融资成本,国有企业成立的企业内部资金调度管理机构负责全集团资金集中管理,将归集的资金拆借给所属成员企业使用并收取利息,应按照独立交易的原则,确认相关纳税义务。但在实务操作中,此类业务与企业集团统借统还业务边界不清晰,将应税业务与统借统还的免征增值税业务混淆,引发税务风险。

(3)企业间税负差异、关联交易税务风险

国有企业与下属成员企业,因业务内容、地域分布、经营规模等不同,部分企业可以享受国家税收优惠政策,实际税率不一致。国有企业下属其他企业,与享受税收优惠政策的企业进行经济业务往来,不仅可能面对增值税纳税风险,可能还存在从高税率企业往低税率企业转移利润的嫌疑,特别是当低税率企业利润率明显高于行业平均值时,将成为监管机构重点关注的风险。

(四)征收方式演变导致的风险

我国自1994年3月正式启动“金税”工程试点工作,金税工程由一个网络、四个子系统构成基本框架。一个网络,就是从国家税务总局到省、地市、县四级统一的计算机主干网;四个系统,就是覆盖全国增值税一般纳税人的增值税防伪税控开票子系统,以及覆盖全国税务系统的防伪税控认证子系统、增值税交叉稽核子系统和发票协查信息管理子系统。四个子系统紧密相联,相互制约,构成了完整的增值税管理监控系统的基本框架。目前,已经进入金税四期。金税四期是以数控税,也就是说,国家将运用大数据、人工智能等新一代的信息技术对企业进行监管,意味着金税四期上线之后,国有企业会有更多的数据将被税务局掌控,监控将呈全面化、立体化、透明化,国家将对纳税人进行全方位、全业务、全流程、全智能监管。信息共享打破信息孤岛,国有企业必须尽快步入税务合规改造期,否则很可能会有被税务稽查的风险,也可能被查处补缴,并加处罚款和滞纳金,更可能影响声誉和信用。税收治理的方式方法在转变,对国有企业的合规性提出了更高的要求。

三、税务合规风险的防范

(一)建立健全税务合规制度和风险防控机制,制定税务合规指南

鉴于目前合规政策发生了相应的调整,且税务局从原来的“以票治税”升级成为“以数治税”,我国国有企业也面临着前所未有的机遇与挑战。由于风险管理水平会直接关系到其经济效益,所以为了能够在如此激烈的市场竞争环境中获得更好的发展,就必须要加强税务风险管理。对于尚未建立税务合规管理制度的国有企业,应尽快在充分梳理自身业务、财务、税务情况后,从三个层次建立税务合规管理制度——基本制度+合规办法+操作手册。具体来说,基本制度明确税务合规管理的基本原则;合规办法明确涉税事项的合规管理要求;操作手册则明确在业财税综合场景下,处理涉税事项的具体步骤和内容。对于已经建立了较为完善的税务合规管理制度的国有企业,应当重点关注投资并购、改制重组、新业务模式、转让定价和海外运营等税务合规风险较高的业务,并在认真总结、细致梳理的基础上,结合企业具体业务流程和关键税务风险节点,制定专项业务税务合规指南,从而减轻复杂涉税事项的税务合规风险。

国有企业建立税务合规制度,可从以下几个方面来进行:首先,国有企业要制定完善的风险识别体系,要全面地了解本企业的生产经营情况,努力降低企业的生产经营风险。其次,要创建健全的风险指标评估体系,建立健全的风险预警机制以及风险等级评定等,从而及时发现与辨别在税收风险管理中存在的风险。此外,国有企业不但要建立健全的企业内部风险管理制度,而且要对现行的管理制度进行合理的修改以及补充等。要及时地找到制度与执行方面存在的不足,并进行完善。最后,制定完善的奖惩制度以及责任制。以此来有效提升国有企业税收风险管理工作人员的工

作热情与责任心，使其能够全身心地投入到税收风险管理工作中，进而有效提升国有企业的税收风险管理水平，促进国有企业的良好发展。

（二）加强组织人员建设，配备专门的税务合规管理人员，负责合规管理工作

由于税收政策的复杂性和地域差异性，国有企业的法定代表人或者财务负责人的精力很大程度集中在国有企业的发展上面，在税收管理方面投入的精力有限；但税收对于国有企业来讲又是非常重要的方面，一旦税收出现问题，国有企业将面临严重处罚。因此，国有企业要加强组织人员建设，配备专门的税务合规管理人员。税务合规管理人员应当具有税务、法律、企业管理等领域的知识储备以及具体工作经验。因此，国有企业应当设置专门的税务合规管理岗位，专人专岗负责税务合规管理工作，避免合规管理流于形式。此外，要注意组织税务合规管理人员业务水平培训，学习最新的税收政策，准确把握税收政策，熟悉相关业务流程，掌握企业发展趋势，优化相关业务流程，灵活运用纳税技巧，以适应不断变化的税务环境。

某国有企业是一家大型国有企业的省级分公司，公司组织架构健全，人事配备也相对较为完善。财务上虽是独立核算，但从国有企业所有制性质来说，缴纳税费或上缴利润等同于经营所得上交国家。本来，该国有企业或者该国有企业的主要负责人并无偷逃税款的必要或动机。但出乎所有人的意料，这样一个连续多年的纳税大户、纳税明星国有企业，在一次主管税务机关的例行检查中被发现一项不应在所得税汇算时予以扣除的费用却作了扣除。再检查以前年度账目，令检查人员大吃一惊，同样的错误存在于该国有企业连续四年的账目之中。追踪其源头，原来是该国有企业会计对一个四年前开始实施的税收文件的理解产生错误。经过深度调查之后，税务机关作出了补缴税款并处罚金的处理决定。随后，集团公司又

对相关责任人作出了或辞退或降职或调离的处分。综观始末,该国有企业并没有偷逃税款的主观故意却造成了巨额的经济损失和严重的负面影响,这是为什么呢?答案就在于该国有企业在实际工作当中,在税务问题的处理上没有准确地理解并掌握税收政策的正确含义。因此,及时了解税收政策是税务合规的前提。

(三)建立税务内部评价与反馈机制,形成有效闭环管理

国有企业应成立自查工作小组,定期开展内部自查自纠工作,完善内部审查流程。国有企业负责人要带头践行财务合规的职责,根据“一岗双责”有关要求全力推进财务合规管理工作。严格防范自查查得不深不透、流于形式、走过场的现象。自查税务登记,税款缴纳、纳税申报及发票领购、使用、保存等情况,财务会计资料及其他有关涉税情况。增强纳税的自觉性,提前防范税务风险。严格按照国家财经税收法规全面清查不合规的涉税事项,力求做到不遗漏,不疏忽。定期出具税务自查报告,提前化解税务风险,改善国有企业税务管理的盲点、弱点,提高国有企业的税务管理水平。

同时,税收风险评估是内部控制控制风险的一个关键因素,可以聘请税务中介机构对企业的凭证、账簿等账务材料,结合相关经济业务合同以及纳税申报资料,全面评估国有企业的纳税情况,测算存在的税种涉及的金额以及税务风险,为企业编制纳税风险评估报告,对国有企业纳税存在的风险问题,风险形成原因以及应对方法和策略进行详细阐述,让国有企业对自身的税务风险有一个整体的认知。此外,国有企业内部应成立专门的风险管理小组,定期由内部人员进行风险评估,完善国有企业内部的风险评估体系,分析产生的税务问题,发现管理中存在的漏洞,通过风险转移、风险降低、风险规避等手段,最大限度地降低税务风险对国有企业经营发展造成的影响,进而提高管理水平,创造税收价值。

（四）加强合规领域数字化建设，利用数字手段识别纳税风险，加强税务合规管理

基于“以数治税”理念，国有企业应当加强合规领域数字化建设，将税务合规管理融入企业数字管理平台。一方面将税务合规制度纳入工作流程，防范风险发生；另一方面利用数字化手段识别涉税风险，并在风险点发生时及时提示业务经办人员；此外，在风险发生后能通过数字化系统追溯风险发生流程，进一步优化合规管理制度。

此外，国有企业应当使用先进数字技术构建覆盖全层级、全业务、全税种的智慧税务管理体系，助力国有企业推进税务管理的标准化、数字化、共享化、智慧化转型，构建国有企业税务治理新生态。通过软件系统提供发票开具、验真、认证等共享服务，实现发票管理由独立“到贯通”“分散到集中”“手工到自动”的转变。提高纳税申报准确性和办理效率，减少手工操作，使税务管理人员有更多时间和精力投入到风险管控、税务筹划等高价值业务中。在erp的设计中应关注以下方面：

（1）对流程进行再造：提升税务核算、申报、管理效率，将重复且价值低的手工工作通过自动化或者信息系统进行替代。

（2）促进业财税一体化：将业务端、财务端以及税务端信息进行联动，从而有效降低国有企业业务决策中可能出现错误的风险，降低业务端、财务端以及税务端的沟通成本。

（3）打造信息系统一体化，实现数据共享：国有企业通常会针对各个业务条线以及部门开发不同的信息系统，各系统之间往往无法连通。管理层应注重国有企业信息化建设的顶层设计，信息一体化建设有利于国有企业数据共享，打造国有企业的大数据平台。

（五）建立完善的公司财务制度

财务管理体系的建立在国内的发展时间较短，相应的管理制度体系在

很多方面都存在一定欠缺。国有企业在财务管理体制践行过程中主要存在以下几种不正常现象。主要是分权现象严重、财务管理体制不合理、资金管理体制缺乏约束机制等问题。所有国有企业如果想要良性长期发展，就必须建立完善的财务制度来制约任何事情。

因此，财务管理已经成为现代化国有企业发展不可或缺的部分，它不仅是行业发展的必经之路，而且也是时代发展的必然产物。任何国有企业要想在激烈的竞争中站稳脚跟，提高自身的核心竞争力，实现可持续发展的目标，就必须高度重视财务管理制度体系的建设。

在经营中特别建议注意交易的真实性以及发票的真实性。

1. 业务合同真实，财务账簿真实

(1)交易真实，拒绝阴阳合同

“阴阳合同”是指对同一交易签订两份不同合同的行为。其中，对外公开的合同称为“阳合同”，通常反映较低的计税依据，用于备案、纳税申报等事宜。不作公开的称为“阴合同”，用于反映当事人真实的意思表示。根据《民法典》的规定，虚假意思表示，违反法律强制性规定的合同是无效的。“阴阳合同”中，“阳合同”属于虚假的意思表示，是当然无效的合同，“阴合同”虽不为外界所知，但属于真实的意思表示，如果没有违反法律强制性规定，则“阴合同”具有法律效力。需要注意的是，通过“阴阳合同”偷逃税，最终要落脚到纳税申报上，从税法和《刑法》的角度评价，是因为虚假纳税申报导致行为具有违法性，而非“阴阳合同”本身具有行政和刑事的违法性。从这个层面来说，“阴合同”并不直接违反法律强制性规定，不能否定其民事效力。

“阴阳合同”相应存在两种风险，一方面，如果买方仅按公开的合同付款，卖方出于种种原因不能把真实合同公开的，面临商业目的不能实现的风险。另一方面，卖方如果把真实合同予以公开，就可能被税务、公安机关发现，面临行政责任和刑事责任。值得注意的是，从实践案例来看，税务机关、公安机关和法院之间已经建立了信息交换机制，法院受理的民事案件已经成为税务稽查、公安立案的重要案源。

（2）财务账簿真实，不设置“账外账”“阴阳账簿”

“账外账”和“阴阳账簿”是“阴阳合同”的进阶。“阴阳合同”通常针对按次纳税的应税行为，例如国有企业股权转让，应当按次缴纳所得税，通过“阴阳合同”虚假申报，逃避本次的部分纳税义务。而“账外账”和“阴阳账簿”则主要针对按期间纳税的应税所得额或应税增值额，例如，对于房地产国有企业销售收入，未超过一定金额的部分直接计入可查账的账簿，超过一定金额的部分计入另一套账簿，纳税年度终了或土地增值税清算时，以可查账的账簿进行汇算清缴或清算申报，从而降低计税依据。

以“账外账”和“阴阳账簿”作虚假申报，也属于逃税行为。需要注意的是，国有企业所得税、土地增值税是采用预缴、预征方式缴纳的，在汇算清缴或清算前，国有企业因涉嫌逃税被查处的，对于预缴、预征的税款，是否计入逃税罪的“各税种应纳税总额”以及如何计入，实践中存在一定的争议。尤其是对于土地增值税，有判例认为，应当直接以截至当期预征的土地增值税计入应纳税总额，也有判例认为，预征税款不具有确定性，不能反映当期真实应当负担的纳税义务，应当同时从逃避缴纳税款数额和应纳税总额中剔除，既不做分子，也不做分母。

2. 增值税发票开具的税务合规

（1）交易方核查

在交易前对交易对方做必要的了解，通过对交易对方经营范围、经营规模、企业资质等相关情况的考察。关注注册时间（注册时间越短越要留意）；关联企业情况；关注留存在税局信息包括法定代表人、财务负责人、办税员是否为一人或电话号码为一个；关注企业纳税信用情况及融资信用情况。综合评估相应的风险。一旦发现供货企业提供的货物有异常，应当警惕，可要求企业提供有关的证明材料，对有重大疑点的货物，尽量不要购进。交易时通过银行转账建议纳税人尽量通过银行账户将货款划拨到交易对方的银行账户内，如果对方提供的银行账户与发票上注明的信息不符，就应当提高警惕，暂缓付款，对购货业务进行进一步审查。签订合同时要列示虚开发票造成受票方损失责任条款。

(2)收受发票核查

收票时信息比对一致，建议纳税人仔细比对发票信息：审查税务登记证、出库单、开具的发票、银行账户上的企业名称是否一致；关注供应商是否有随意变更开票公司情形(如果有警惕虚开情形)；秉承谁提供服务谁开票谁收款原则。

通过对方的一般纳税人登记相关凭证，审查对方是否具备一般纳税人资格；通过“12366 发票查询平台”或其他官方查询平台，审查开具的发票是否确实是对方领购的发票。

通过库存商品账、生产成本账和有关凭证，审查购进的货物是否是对方购进或生产的货物；审查发票流、资金流、物流这“三流”是否一致，并对开票人和收票人、付款人和收款人、发货方和收货方做对应判断。

(3)电子发票的特别注意事项

①注意电子发票重复报销风险

自建 Excel 表格，手工录入发票明细，然后再人工筛选比对，这种发票只能针对发票量少的国有企业，而且也不能防止经过 PS 的发票的报销；运用微信小程序《电子发票台账》这种电子发票管理平台，可以轻松实现电子发票的查重、防伪、一键生成台账明细管理；使用电子发票扫描枪。

②电子发票红冲，未及时通知受票方风险防范

在合同中列示若因开票方原因红冲电子发票未及时通知受票方，给受票方造成缴纳增值税、滞纳金罚款等相关损失责任条款。

③防止非电子发票原件报销风险

直接在税务总局网站全国增值税发票查验平台查验真伪并直接下载

FOD 格式或 PDF 格式发票原件。避免将发票拍照、截图、扫描件等非发票原件作为凭证在所得前扣除。

概括而言，国有企业的税务合规首先需要建立健全税收风险管理体制，提升国有企业的税收风险管理水平；其次应加强员工税务知识培训，让员工了解最新的税收政策；再次建立税务内部评价与反馈机制，重视税务风险评估，提高国有企业的税务管理水平；最后选择适合公司业务的财务 erp 系统，建立完善的公司财务制度，规避各种可能出现的税务合规风险。

（六）积极培育合规文化，树立税务人员合规经营理念

合规的文化，需要自上而下的渲染，管理层对合规引起重视，企业自然就会有合规的文化，财务人员也会将合法合规经营作为日常的首要工作之一。树立起合规意识，才能让文本化的合规制度落地，从而在日常工作中不断强化合规理念，学习财税知识，避免因财税知识更新不及时导致企业遭受行政处罚的可能。

某央企财税部门下发了《税务管理手册》、具体业务指导手册和操作指南等一系列与税务合规有关的制度文件，《税务管理手册》详细介绍了 8 个主要业务的税务合规管理要点，包括基础设施建设、PPP 项目、勘察设计与咨询、资金管理等。在此基础上，又详细介绍了增值税及附加税费、企业所得税以及其他税种的合规申报要点，保障日常涉税事项能够合规处理。

同时，部门国企已经设置税务合规管理员岗位，负责审核纳税申报是否准确，集团转让定价制度是否合理，是否全面享受税收优惠等，从机制上保证税务合规人员真正发挥作用。

第六节

网络安全与数据合规管理

随着我国网络安全和数据安全立法进入“强监管”时代,网络安全与数据安全合规管理已提升到事关国家安全、经济安全、社会稳定和人民群众切实合法权益的高度。国有企业全面加强数据安全合规管理,规范监管企业数据处理活动,对于保障企业数据安全,促进企业健康发展,保护个人、组织的合法权益,维护国家经济安全和社会稳定,提升监管企业数据治理能力及数据安全保护水平具有重要意义。国有企业要深入贯彻党和国家关于网络安全、数据安全和个人信息保护方面的法律法规和政策指引,积极参与网络安全与数据合规建设,从而保障国有企业的健康发展。

一、网络安全与数据合规的相关法律规定

(一)法律

网络安全与数据安全相关的现行法律主要有《中华人民共和国国家安全法》(2015 年)(以下简称《国家安全法》)、《中华人民共和国网络安全法》(2017 年)(以下简称《网络安全法》)、《中华人民共和国民法典》

（2020年）、《中华人民共和国数据安全法》（2021年）（以下简称《数据安全法》）和《中华人民共和国个人信息保护法》（2021年）（以下简称《个人信息保护法》）。

（二）行政法规

国务院先后发布了《中华人民共和国计算机信息系统安全保护条例》（2011年修订）、《互联网信息服务管理办法》（2011年修订）、《中华人民共和国电信条例》（2016年修订）、《关键信息基础设施保护条例》（2021年）等行政法规，规范信息处理相关活动。

（三）部门规章和规范性文件

网络安全与数据安全相关的部门规章和规范性文件主要有《工业数据分类分级指南（试行）》（工信厅信发〔2020〕6号）、《网络安全审查办法》（2021年12月）、《互联网用户账号信息管理规定》（2022年8月）、《数据出境安全评估办法》（2022年9月）、《个人信息出境标准合同办法》（2023年6月）、《贯彻落实网络安全等级保护制度和关键信息基础设施安全保护制度的指导意见》（公网安〔2020〕1960号）等。

在地方层面，2021年12月20日，广州市国资委公布实施了《广州市国资委监管企业数据安全合规管理合规指南》（试行2021年版）（以下简称《广州数据合规指南》），迈出了地方国资监管机构落实数据安全、个人信息合规义务的第一步。

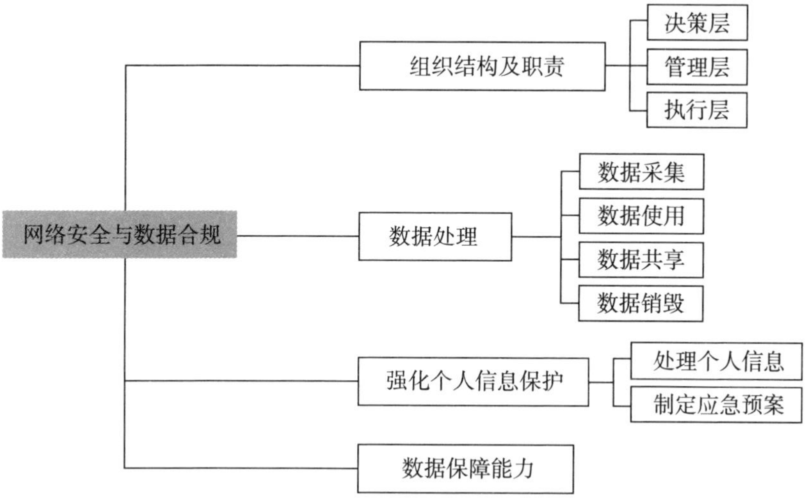

图 6-2　网络安全与数据合规结构

二、网络安全与数据的合规风险

网络安全与数据合规风险主要包括网络安全与数据安全体系不完备、数据处理流程不够规范、个人信息保护不充分和数据安全保障能力不足四个方面。

(一)网络安全与数据安全体系不完备

传统的安全模式,已经无法适应现在数据安全的需要。例如,数据安全的管辖部门不清晰,在涉及数据内外部流动的情况下,商务部门人员无法承担对合作方数据管理能力资质的鉴定和审核工作。国家工业信息安全发展研究中心发布的《2020 年工业信息安全态势报告》显示,随着工业互联网、智能制造加速发展,海量工业设备泛在互联,我国网络安全呈现风险威胁扩散化、攻击手段智能化等特点,传统信息安全技术在风险识别、威胁发现、安全防护等方面难以发挥很好的作用，各类新型网络安全威胁挑战此起彼伏地涌现出来。2021年，以5G、物联网、工业互联网、人工智能、区块链等为代表的“新基建”仍然是网络攻击的重点目标。国有企业网络安全与数据安全体系的完善仍任重而道远。

为应对网络安全问题，我国自2016年开始实施常态化“护网行动”。“护网行动”是一场网络安全攻防演练，由公安部牵头组织，针对全国范围的真实网络进行实战攻防（红蓝对抗，红队负责攻击，蓝队负责防御）。每年进行一次，每次持续2～4周，旨在发现、暴露和解决安全问题，检验我国各大企事业单位、部属机关的网络安全防护水平和应急处置能力。在护网行动中，仍有个别员工警惕性不足，被攻击方仿造的电子邮件账户欺骗，点击钓鱼链接。

（二）数据处理流程不够规范

国有企业尚未建立数据的采集、传输、储存、使用、销毁等处理行为的管控措施和标准，使数据存在泄露和被非法获取的风险。近年来，不法分子在非法平台交易各类数据资源的行为异常猖獗，不法分子借助匿名、无法追踪等特点，采用层层加密手段实施非法行为，不仅严重危害个人隐私安全、企业合法权益，更给关键信息基础设施安全和国家安全埋下潜在的深层隐患。

在非法交易平台中，不仅大量充斥着姓名、性别、联系方式、家庭住址、地理位置、工作单位、银行账户等各种敏感的个人隐私数据，更有关乎国家安全和关键信息基础设施安全的重要敏感数据，例如，某些政府机构的内部组织框架、人员构成信息、工程项目方案；某些重要行业的从业人员信息、业务工作方向；某些关键信息基础设施领域的核心敏感数据等。由于不法交易的隐匿性、特殊性等特点，相关个人和部门对信息泄露的感知存在严重滞后性，这些数据一旦被不法分子获取，尤其是境外国家机构利用，极有可能危害到国家安全、社会稳定和关键信息基础设施的正常运行。国有企业作为重要数据处理机构,应当高度警惕数据处理不规范带来的巨大隐患和安全风险。

(三)个人信息保护不充分

《个人信息保护法》对违反个人信息保护等义务的国有企业规定了严格的民事责任及行政处罚措施,违规企业最高将被处以5000万元以下或者上年度营业额5%的罚款,国有企业主要负责人将面临100万元以下罚款。

2021年6月24日,中国银保监会阜阳监管分局发布的行政处罚信息显示,中国农业银行太和旧县分理处因员工非法查询、泄露客户账户交易信息,被处罚款20万元,时任主管被给予警告的处罚。

2021年5月,建设银行建德支行因员工违规查询、泄露客户信息以及未按规定报送涉刑案件(风险)信息,被罚30万元,员工违规查询、泄露客户信息违规行为的直接责任人被罚禁止从事银行业工作5年。

2021年上半年,央行涉及客户信息安全的罚单达30余张(含机构和个人罚单),其中大部分罚单处罚系未经同意查询客户信息的违规行为,包括未经同意查询个人信用报告或者贷款信息的违规行为,以及过失泄露客户信息等。

(四)数据安全保障能力不足

一般来说,国有企业的数据库系统都会提供一些安全防护策略,这可能导致国有企业过度信赖数据库的安全防护能力,而忽略它的安全漏洞。同时部分国有企业在进行数据安全防护之前不清楚自身面临着哪些安全威胁,不清楚自身有哪些数据库、敏感数据存于何处、敏感数据的体量有多大、哪些员工拥有这些敏感数据的访问和使用权限等,对于后续数据安全的响应工作并没有持续关注和妥善处理。以上问题导致部分国有企业数据安全保障能力不足，难以实现持续性地安全防护。

2021年1月29日，中国农业银行因涉及发生重要信息系统突发事件未报告、数据安全管理粗放存在数据泄露风险、网络信息系统存在漏洞、互联网门户网站泄露敏感信息等六项问题，被中国银行保险监督管理委员会罚款420万元人民币。国有企业提高数据安全保障能力的重要性可见一斑。

三、网络安全与数据合规的风险防范

为有效防范网络安全与数据合规风险，国有企业需强化风险防控工作，主要包括完善组织机构及职责、规范数据处理、强化个人信息保护、提高数据安全保障能力四个方面。

（一）完善组织结构及职责

加强网络安全与数据合规体系建设，是应对未来严峻的网络安全监管形势的必要保障，也是提高自身网络安全水平的有效手段。国有企业数据安全合规的架构可分为“三层架构、两道防线”，具体组织机构及职责如下：

第一层架构为决策层。合规委员会或承担合规管理职责的专业委员会应在职责范围内推动企业数据安全合规管理，以完善企业合规管理体系，合理配置数据安全合规管理工作所需的相关资源和奖惩机制，审批重大数据安全合规事项，确保工作有效推行及落地。

第二层架构为管理层。经理层及合规管理负责人应在原有合规管理职责的范围内，指导及监督企业数据安全合规管理相关制度规范建设、相关管理措施的设计与执行、数据安全技术应用等,确保企业数据安全合规。

第三层架构为执行层,同时也起到了两道防线的作用。监管企业承担数据管理、信息系统管理或 IT 技术等部门和其他各职能部门分别作为各业务范围内数据安全合规管理的责任部门,作为数据安全合规管理的第一道防线,主要职责包括:

1. 制定企业数据管理的相关标准,包括数据分类分级、权限管理等工作;

2. 制定企业数据管理的相关制度及规范,包括数据全生命周期管理的相关制度;

3. 负责统一规范企业数据收集、存储、使用、加工、传输、提供、公开等工作机制;

4. 负责数据安全技术的应用及更新;

5. 负责数据管理能力建设;

6. 其他规章制度规定的数据管理工作。

监管企业合规管理部门作为数据合规管理第二道防线,在数据安全合规管理方面的职责包括:

1. 参与对企业涉及数据安全事项的合规审查;

2. 对数据安全合规管理的情况进行评估与检查;

3. 组织或协助数据安全合规责任部门、人事部门开展数据安全合规培训,为公司其他部门提供数据安全合规咨询与支持;

4. 合规委员会或合规管理负责人交办的其他工作。

(二)规范数据处理

根据《数据安全法》并参考《广州数据合规指南》,国有企业应当对涉及数据的采集、传输、储存、使用、销毁等全生命周期的处理行为制定管控措施和标准，落实数据保护义务，建立完整的数据安全合规管理制度。

第一，在数据采集方面，规范数据采集的管理，明确数据采集渠道，确定数据格式标准，制定各类数据采集流程及方式，定期开展数据采集合规性审查，确保数据采集合法合规。

第二，在数据传输方面，加强数据传输安全管理，划分企业网络系统安全域，区分域内、域间等不同数据传输场景，明确数据传输安全策略和操作规程。

第三，在数据储存方面，规范并加强数据储存的管理，加强对数据储存介质的管理，包括提升对服务器及离线储存介质的物理安全及加密管理，规范带数据储存功能的可移动设备的管控，加强对本地数据储存系统平台接入移动储存介质的管控，实施对储存在第三方云平台数据的风险评估，对数据下载到本地终端行为进行审核及日志记录等管控措施，提升数据储存的安全性。

第四，在数据使用方面，规范数据使用的管理，根据不同类别、级别的数据，明确不同场景的数据使用审批流程，制定数据脱敏处理规则，提升数据使用的安全性；建立数据开发利用的相关流程及规范，完善数据开发利用的风险评估机制。具有数据交易相关业务的监管企业，应按国家相关法律法规的相关要求进行交易，法律法规尚未规定的，应进行充分的风险评估，确保数据安全。

第五，在数据销毁方面，规范数据销毁的过程管理，建立数据销毁的申请审批机制及流程，规范数据销毁过程的监督及记录，明确存储介质销毁策略及操作规范，委托第三方进行数据销毁的，应委托具有相关资质的单位，确保数据销毁的安全可靠。

（三）强化个人信息保护

监管企业应进一步规范及完善个人信息保护机制，加强企业员工、访客个人信息的保护。国企应梳理集团本部及下属各级全资、控股或实际控制子企业涉及大规模处理个人信息的业务,加强及完善相关部门及企业个人信息保护的管理,针对个人信息分类、个人信息获取、个人信息储存、个人信息使用及处理等管理过程中,按法律法规建立相关标准及规范,并满足下述相关管理要求。

第一,进行个人信息的分类。建立企业内部个人信息分类标准,明确个人敏感信息定义范围及处理规则,明确处理不满 14 周岁未成年人个人信息处理规则。个人敏感信息及未成年人个人信息处理规则应遵循法律法规的相关规定。

第二,不得过度收集个人信息。个人信息的收集应满足法定的相关原则,不得过度收集个人信息,确保个人信息采集及处理前取得个人同意。优化取得个人同意的方式,确保由个人在充分知情的前提下自愿、明确作出同意。针对法定要求需取得个人单独同意的情形,确保取得个人的单独同意。并且当个人信息的处理目的、处理方式和处理的个人信息种类发生变更时,可以及时有效重新取得个人同意,同时能够为个人提供便捷的撤回同意的方式。

第三,建立完善的个人信息处理规则。确保在处理个人信息前,按照相关法律法规的要求,向个人告知个人信息处理者的名称或者姓名和联系方式,个人信息的处理目的、处理方式,处理的个人信息种类、保存期限,个人行使法定权利的方式和程序等内容,并建立便捷的个人行使权利的申请受理和处理机制。并且当上述内容有变更的,能够及时将变更部分告知个人。建立个人信息处理事前影响评估机制,监管企业应结合实际情况根据法律法规要求梳理须进行事前个人信息保护影响评估的具体场景,制定评估的标准及规范,明确个人信息保护影响评估报告及处理情况记录保存的相关要求。建立个人信息主动删除的相关机制,明确个人信息删除的流程及规范,确保当个人信息处理目的已实现、无法实现或者为实现处理目的不再必要，企业停止提供产品或者服务，或者保存期限已届满，以及个人撤回同意时，相关个人信息得到及时删除。

（四）提高数据安全保障能力

为了提升数据安全保障能力，监管企业可以通过相关技术的应用及更新，提升企业在数据识别、敏感信息保护、数据操作审计、接口安全管理、数据防泄露等方面的技术能力。

第一，监管企业应通过加强个人信息去标识化、数据关键字段隐藏、扰乱等技术的应用，提升个人敏感信息保护能力，保障大规模个人数据在储存及传输过程中的安全。采用校验或加密技术保证重要数据在传输过程中的完整性和安全性，采用密码技术保证重要数据在存储过程中的保密性。

第二，监管企业应通过对涉及储存、处理个人敏感信息和企业重要数据系统平台的防泄露技术的应用，提升数据防泄露的能力，防范数据泄露风险，确保数据安全。

第三，监管企业可通过数据操作审计系统的部署应用，实现对企业重要敏感业务系统的数据操作实施监控及审计，防范操作性风险。

第四，监管企业可通过建立面向互联网及合作方数据接口的安全认证机制及加强数据接口安全监控技术的应用，对数据出口进行集中化管理，提升接口安全管理的能力，防范数据传输合规风险。

综上，国有企业的数据安全合规建设是一项系统工程，首先，应当按照相关法律、合规管理的要求，尽快开展内部数据安全合规培训，提高各级企业、各部门及全体员工对数据安全、个人信息保护的合规意识。其次，国有企业应当自行或者委托律师事务所等专业机构，针对各企业处理数据、个人信息的具体业务模式、场景进行摸底排查，梳理目前拥有哪些数据资产，在何种场景下处理哪些个人信息，数据及个人信息的处理行为是否合规，对照相关法律、合规管理的要求进行合规性分析并总结制度建设及实务操作上的差距,形成数据合规风险评估报告及整改建议书。最后,国有企业应在评估报告、整改建议书的基础上,结合相关法规及本文前述整理的合规措施进行整改、完善,落实数据安全合规要求。

第七节

反商业贿赂合规管理

商业贿赂，是指经营者为获取不正当的竞争优势，而采用现金、实物或者其他手段贿赂对方单位或者个人的行为。根据我国最高人民检察院相关研究，我国的商业贿赂案件主要发生在工程建设、土地出让、产权交易、医疗购销、政府采购、资源开发和经销等与国有企业具有密切联系的领域，随着我国全面深化改革的不断推进，国有企业作为党和国家的重要依靠力量，应当重视国有企业风险防控，结合我国现行反商业垄断相关法律法规，选择符合我国国情的反商业贿赂合规途径，助力国有企业良性发展。

除此之外，国有企业建立反商业贿赂合规管理制度的现实意义还在于，随着我国“企业合规不起诉制度”的探索，部分检察机关开始尝试将企业合规机制引入审查起诉程序中，即对于涉嫌犯罪的企业，若发现其具备建立合规体系意愿，可以责令其针对违法犯罪事实提出专项合规计划，督促其推进合规体系建设，然后作出相对不起诉决定。虽然目前该制度仍在探索阶段，只适用于情节轻微的企业犯罪案件，且适用对象一般为中小微民营企业，但随着该制度的发展，不排除将会适用于国有企业。因此，国有企业若能建立完善的反商业垄断合规管理机制，国有企业一旦涉案，将可能通过商业贿赂合规建设争取相对不起诉决定或其他宽大处理。

一、反商业贿赂合规管理的相关法律规定

我国现行法律法规同时采取行政手段和刑事手段规制商业贿赂行为，因此除了行贿罪、受贿罪、单位受贿罪等读者较为熟悉的罪名所指向的刑事处罚外，商业贿赂行为也可能受到罚款、吊销营业执照等行政处罚，下文将对可能涉及的反商业贿赂相关法律规定做简要介绍。

（一）法律

反商业贿赂相关的现行法律主要有《中华人民共和国反不正当竞争法》（2019 年修正）（以下简称《反不正当竞争法》）、《中华人民共和国刑法》（2020 年修正）（以下简称《刑法》）、《中华人民共和国公司法》（2023 年修订）、《中华人民共和国行政许可法》（2019 年修正）、《中华人民共和国招标投标法》（2017 年修正）、《中华人民共和国商业银行法》（2015 年修正）、《中华人民共和国价格法》（1997 年）、《中华人民共和国政府采购法》（2014 年修正）、《中华人民共和国药品管理法》（2019 年修订）等。

（二）司法解释

反商业贿赂相关的现行司法解释主要包括《关于办理商业贿赂刑事案件适用法律若干问题的意见》（法发〔2008〕33 号）、《关于办理国家出资国有企业中职务犯罪案件具体应用法律若干问题的意见》（法发〔2010〕49 号）、《关于办理行贿刑事案件具体应用法律若干问题的解释》（法释〔2012〕22 号）、《关于办理贪污贿赂刑事案件适用法律若干问题的解释》（法释〔2016〕9 号）等。

（三）部门规章

《国家工商行政管理局关于禁止商业贿赂行为的暂行规定》（中华人民共和国国家工商行政管理局令第60号）于1996年出台，该规章根据《反不正当竞争法》制定，集中规定了商业贿赂行为的含义、认定和处罚等内容。

二、商业贿赂典型行为及性质

商业贿赂行为通常有给付货币类、交付实物类和提供财产性权益类等典型表现方式，实施商业贿赂，既可能是违法行为，也可能是犯罪行为。

（一）商业贿赂典型行为

1. 给付货币类

（1）账外暗中支付佣金或折扣

账外暗中支付折扣，通常是指向交易相对方的工作人员或对交易方有影响力的人员提供回扣，不入账或者不如实入账，让上述人员为其提供交易机会或谋取其他利益的行为。账外暗中支付佣金，通常是指向没有资质的中间人支付佣金，不入账或者不如实入账，通过中间人牵线搭桥获得机会或者利益的行为。

上述行为以争取不正当竞争优势或其他利益为目的，且影响了其他竞争者开展质量、价格、服务等方面的公平竞争，构成商业贿赂。

（2）假借名义付款或报销

为销售或者购买商品，假借促销费、宣传费、赞助费、科研费、劳务费、咨询费、佣金等名义，或者以报销各种费用等方式，给付对方单位或者个人财物的行为，属于商业贿赂。该行为的主要特点是，上述促销费、宣传费、赞助费、科研费等费用并未真实发生，是为了给付对方财物而虚假设立的名目。

(3) 提供有价卡券

除直接交付现金外，实践中比较常见的给付货币类的商业贿赂手段还有给付对方单位或个人购物卡、会员卡、礼品卡等有价值的卡券的行为。

2. 交付实物类

(1) 以礼品形式收受贿赂

经营者在商品交易中向对方单位或者其个人附赠现金或者物品属于商业贿赂行为，但按照商业惯例赠送小额广告礼品的除外。因此，按照商业惯例赠送小额广告礼品是合法行为，不属于商业贿赂，其理由主要是，赠送小额广告礼品可以被视为经营者的广告行为，目的在于宣传商品，而非利诱对方以获取不正当的竞争优势。

法律只对经营者之间附赠现金或者物品的行为进行了规范，对于经营者对普通的消费者的附赠，则没有该等限制。因此，经营者对普通消费者附赠物品或返利行为，不属于商业贿赂行为。

(2) 以交易形式收受贿赂

以明显低于市场的价格向请托人购买房屋、汽车等物品的，以明显高于市场的价格向请托人出售房屋、汽车等物品的，或以其他交易形式非法收受请托人财物的，均属于受贿。受贿数额按照交易时当地市场价格与实际支付价格的差额计算。市场价格包括商品经营者事先设定的不针对特定人的最低优惠价格。根据商品经营者事先设定的各种优惠交易条件，以优惠价格购买商品的，不属于受贿。

(3) 收受贿赂物品未办理权属变更

受贿人在收受房屋、汽车等需要登记才发生所有权转移的物品后，可能并未办理变更登记，但即使未变更权属登记或者借用他人名义办理权属变更登记的，也不影响商业贿赂的认定。

此外，以房屋、汽车等物品为对象的受贿应与借用相区分，具体认定时，除双方交代或者书面协议之外，主要应当结合以下因素进行判断：第一，有无借用的合理事由；第二，是否实际使用；第三，借用时间的长短；第四，有无归还的条件；第五，有无归还的意思表示及行为。

3. 提供财产性权益

（1）以提供股权、证券、期货或者其他委托理财的名义收受贿赂

向交易相对方的工作人员或对交易相对方具备影响力的人员提供股权或者受托为其投资证券、期货或者其他委托理财，而不要求其实际出资的，或者虽然实际出资，但获取的“收益”明显高于出资应得收益的，属于商业贿赂。受贿数额，前一情形，以“收益”额计算；后一情形，以“收益”额与出资应得收益额的差额计算。

（2）以开办公司等合作投资名义收受贿赂

由经营者出资，与交易相对方的工作人员或对交易相对方具备影响力的人员“合作”开办公司或者进行其他“合作”投资，且上述人员并未实际出资或参与管理、经营的，构成商业贿赂行为。

（二）商业贿赂性质

如上文所述，商业贿赂行为有多种表现形式，但同一表现形式的商业贿赂行为，由于实施主体、涉及金额、侵害法益不同，行为人可能只需承担行政责任，也可能需要承担刑事责任。一般来说，商业贿赂行为均属于违法行为，但是是否构成犯罪，还需要具体判断。

1. 构成违法的商业贿赂行为

《反不正当竞争法》第七条规定：“经营者不得采用财物或者其他手段贿赂下列单位或者个人，以谋取交易机会或者竞争优势：（一）交易相对方的工作人员；（二）受交易相对方委托办理相关事务的单位或者个人；

（三）利用职权或者影响力影响交易的单位或者个人。”

因此，第一，作为违法行为的商业贿赂的责任主体是“经营者”，即从事商业生产、经营或者提供服务的自然人、法人和非法人组织。若经营者的工作人员实施上述行为，也被认定为经营者的行为（但是经营者有证据证明该工作人员的行为与为经营者谋取交易机会或者竞争优势无关的除外）。第二，作为违法行为的商业贿赂可以包括用财物贿赂或者用其他手段贿赂，其他手段如提供国内外各种名义的旅游、考察等。第三，作为违法行为的商业贿赂的受贿对象只包括交易相对方的工作人员、受交易相对方委托办理相关事务的单位或者个人、利用职权或者利用影响力交易的单位或者个人，而不包括交易相对方本身，因为上述三类对象若收受利益，将很可能损害交易相对方的正当利益，破坏正常的商业秩序，而经营者对于交易相对方支付的折扣，只要不具备谋取不正当竞争优势的特征，即属于正常的商业行为。第四，作为违法行为的商业贿赂受到的行政处罚也仅针对经营者作出，涉及的处罚类型主要包括罚款、没收违法所得、吊销营业执照等。第五，《反不正当竞争法》并未规定对商业贿赂行为行政处罚需符合一定金额标准，实践中，行贿金额较低的仅 169 元，较高的近 400 万元。

需要说明的是，承担行政责任并不能免除商业贿赂行为人的刑事责任，构成犯罪的，还将依法追究其刑事责任。

2. 构成犯罪的商业贿赂行为

根据《刑法》及相关司法解释，要构成商业贿赂犯罪，金额需达到相应的起刑点或具备特定的情节，例如，根据《最高人民法院、最高人民检察院关于办理贪污贿赂刑事案件适用法律若干问题的解释》，受贿数额在 1 万元以上不满 3 万元，但具有多次索贿等法定的“其他较重情节”的，构成行贿罪；受贿数额在 3 万元以上不满 20 万元的，应当认定为《刑法》第三百八十三条第一款规定的“数额较大”，依法判处 3 年以下有期徒刑或者拘役，并处罚金。再如，根据 2022 年 4 月 29 日最高人民检察院和公安部联合发布的修订后的《关于公安机关管辖的刑事案件立案追诉标准的规定（二）》，非国家工作人员受贿罪的入罪标准为3万元以上，单位实施对非国家工作人员行贿罪的入罪标准为20万元，个人实施对非国家工作人员行贿罪的入罪标准为3万元。

根据《刑法》，商业贿赂行为若构成犯罪，可能涉及非国家工作人员受贿罪、对非国家工作人员行贿罪、对外国公职人员、国际公共组织官员行贿罪、受贿罪、利用影响力受贿罪、单位受贿罪、行贿罪、对有影响力的人行贿罪、对单位行贿罪、介绍贿赂罪、单位行贿罪等罪名。国有企业相关商业贿赂犯罪中，最为重要的罪名是受贿罪和单位受贿罪。

（1）受贿罪

《刑法》第三百八十五条规定："国家工作人员利用职务上的便利，索取他人财物的，或者非法收受他人财物，为他人谋取利益的，是受贿罪。国家工作人员在经济往来中，违反国家规定，收受各种名义的回扣、手续费，归个人所有的，以受贿论处。"受贿罪侵犯的是国家工作人员职务行为的廉洁性，要求存在职务行为和财物的对价关系，但财物既包括有形的可用金钱计量的财物，也包括无形的可用金钱计量的物质性利益，因此上述商业贿赂典型行为中列举的贿赂方式，均可以成为受贿罪的行为手段。

需要注意的是，根据《刑法》第一百六十三条的规定，国有公司、企业或者其他国有单位中从事公务的人员和国有公司、企业或者其他国有单位委派到非国有公司、企业以及其他单位从事公务的人员有受贿行为的，依照受贿罪定罪处罚。根据我国相关立法解释和司法解释，从事公务，是指代表国家机关、国有公司、企业、事业单位、人民团体等履行组织、领导、监督、管理等职责，主要表现为与职权相联系的公共事务以及监督、管理国有财产的职务活动。因此，国有公司的董事、经理、监事、会计、出纳人员等管理、监督国有财产等活动属于从事公务，上述员工若实施商业贿赂行为，可能依照受贿罪（而不是非国家工作人员受贿罪）定罪处罚。

（2）单位受贿罪

《刑法》第三百八十七条规定："国家机关、国有公司、企业、事业单位、人民团体，索取、非法收受他人财物，为他人谋取利益，情节严重的，对单位判处罚金，并对其直接负责的主管人员和其他直接责任人员，处五年以下有期徒刑或者拘役。前款所列单位，在经济往来中，在账外暗中收受各种名义的回扣、手续费的，以受贿论，依照前款的规定处罚。"

因此，单位也可能成为商业贿赂犯罪的主体。我国对于单位犯罪实行双罚制，若单位涉嫌犯罪，将对单位和直接责任人员同时予以刑事处罚。

三、商业贿赂合规风险的防范

根据《央企合规指引》《央企合规办法》和深圳市市场监督管理局发布的深圳市标准化指导性技术文件《反贿赂管理体系》（SZDB/Z 245—2017），各国有企业在建设反商业贿赂合规管理体系时，应当设立反商业贿赂合规管理机构并明确其职责，还应建立健全以下反商业贿赂相关制度。

（一）设立反商业贿赂合规管理机构并明确其职责

国有企业应结合自身管理体系搭建反商业贿赂的合规管理组织架构。反商业贿赂的合规管理组织架构的建立应确保独立性原则，即第一，承担反商业贿赂体系职能的部门及人员不应承担财务管理、市场营销、物资与设备采购等可能与其反商业贿赂职责发生利益冲突的职责，确保处理问题时的公允性和客观性；第二，反商业贿赂人员要确保汇报路径独立，就重大事项按照合规的汇报路径逐层向上级合规官或合规部门进行独立汇报和沟通。

1. 明确国有企业主要负责人的反商业贿赂职责

主要负责人指的是实际领导和指挥企业生产经营日常活动的企业负责人，根据企业组织形式的不同，通常担任法定代表人、董事长、总经理、首席执行官或实际主持公司的生产经营工作的其他职务。国有企业的主要负责人应当积极推动国有企业反商业贿赂管理工作的实施和改进，确保违规行为举报和处理机制的畅通，组织反贿赂文化建设，监督国有企业内部反商业贿赂工作的完成情况，以及支持其他管理岗位在其职权范围内预防和识别贿赂风险。

2. 明确党委（党组）和纪检监察机构的反商业贿赂职责

根据《央企合规办法》第七条规定，党委（党组）发挥把方向、管大局、促落实的领导作用，在职责范围内积极推进合规管理工作，保障党中央关于深化法治建设、加强合规管理的重大决策部署在企业得到全面贯彻落实。党组织要履行企业党风廉政建设主体责任，领导、支持纪检监察机构履行监督执纪问责的职责，以党章为根本遵循、以党纪为基本准绳，全面加强纪律建设，加大党内监督力度，整合党内监督合力。

根据《央企合规办法》，纪检监察机构应当在职权范围内履行“第三道防线”职责，第一，制定反商业贿赂相关制度和纪律；第二，对企业经营管理行为进行监督，开展反商业贿赂审查，为违规行为提出整改意见；第三，会同合规管理部门对反商业贿赂合规管理工作开展专项检查；第四，对企业和相关部门整改落实情况进行监督检查；第五，在职责范围内对商业贿赂事件进行调查，并结合违规事实、造成损失等追究相关部门和人员责任。

3. 明确首席合规官和合规管理部门的反商业贿赂职责

首席合规官由总法律顾问担任，其职责包括领导合规管理部门，牵头进行对反商业贿赂相关制度的合法合规性审查，开展对商业贿赂行为的监管和处置，确保反贿赂管理体系所需的过程得到建立、实施、维护和持续改进，对经举报的贿赂事件进行管理、调查及核实，向员工提供反贿赂管理体系以及反贿赂相关问题的培训、建议和指导，定期或适时向主要负责人汇报反贿赂管理体系的成效，并与纪检监察机构进行沟通和对接。

（二）建立健全反商业贿赂相关制度

1. 建立健全商业贿赂举报制度

根据相关要求，国有企业应健全合规举报制度，设立违规举报平台，对外公布首席合规官及职责、举报电话、邮箱和信箱。合规管理部门按照职责受理违规举报，并就举报问题进行调查和处理，涉嫌违纪违法的，及时移交相关纪检监察机构处理。进行调查的部门和相关人员应当对举报人的身份和举报事项严格保密，任何单位和个人不得采取任何形式对举报人进行打击报复。

2. 建立健全商业贿赂风险事件报告制度

发生商业贿赂合规风险事件，合规管理部门和相关部门应当第一时间向首席合规官报告，重大合规风险事件应当在 7 个工作日内向有关部门报告，后续有关进展和处置情况要及时报告。合规管理部门于每年年底全面总结商业贿赂合规管理工作情况，年度报告经董事会审议通过后及时报送国资委。

3. 明确业务招待规格明细

反商业贿赂管理的专门机构应当确定业务招待的规格规范，包括接受礼物、招待、赞助费、捐赠和类似利益的标准和规定，并形成书面文件，以预防和处理以贿赂为目的或有理由被视为以贿赂为目的而提供或接受的礼物、招待、赞助费、捐款和类似利益的行为。反商业贿赂管理的专门机构应当保证国有企业员工或部门在收受上述利益时，符合相关法律法规规定和程序，并保证上述利益的金额是合理的且不会被视为贿赂。上述关于国有企业员工及部门收受礼物、招待及类似利益的要求的书面文件应当通过国有企业的重大事项合法合规性审查机制进行前置审查，通过宣讲会或员工手册等方式对员工进行宣贯，并根据实际情况进行更新。

4. 建立员工反商业贿赂管理定期培训制度

从事反商业贿赂的人员应接受专业的反商业贿赂培训。国有企业应根据外部环境及自身管理体系制定具体的反商业贿赂培训专题课程。国有企业所有员工均应接受反商业贿赂专题培训，该培训应于每年定期开展，所有反商业贿赂培训均应做好记录留存。

反贿赂意识培训应根据员工的岗位、面临的贿赂风险以及不断变化的内外部环境而调整和更新，且至少应当包括：第一，国有企业的反贿赂方针和流程，反贿赂管理体系，以及员工遵守政策与体系的责任；第二，贿赂对国有企业和员工造成的风险和损失；第三，可能发生的与员工职能相关的贿赂情况，及其识别方法；第四，如何预防和避免贿赂发生，并识别关键风险指标；第五，员工对反贿赂管理体系有效性的贡献，包括提升反贿赂绩效及汇报可疑贿赂带来的效益；第六，违反反贿赂管理体系要求所带来的影响和潜在后果；第七，发现任何问题时的汇报对象和途径。

5. 建立反商业贿赂的财务和非财务控制制度

（1）财务控制制度

国有企业应实施财务控制措施，以及时、准确、充分和定期记录国有企业的财务交易，实行合理的财务管理。根据国有企业规模和交易频繁程度，财务管理措施可包括：第一，财务人员履行单一职责，同一人不能同时拥有提出和批准付款的权利；第二，对付款审批实行适当的梯度授权制度；第三，确保支付人已经得到授权；第四，付款审批要求至少有两人签名；第五，付款同意书需要附带合适的证明文件；第六，限制现金的使用并采取有效的现金控制方法；第七，确保记账时款项的分类和描述准确、清晰；第八，对重大财务实施定期管理评审；第九，实施定期和独立的财务审核并定期变更实施审核的人员或组织。

(2)非财务控制制度

国有企业应在采购、运营、销售、业务、人力资源、法律和监管活动以及其他非财务业务管理方面采取措施以降低贿赂风险,这些措施包括:第一,使用通过资格预审的分包商、供应商和顾问;第二,评估商业伙伴对组织提供服务的必要性和合法性,以及对其提供服务的付款是否合理合适;第三,执行公开、公平、合适、透明的招投标制度;第四,招投标时,需要至少两人评估投标和批准签订合同;第五,在允许和合理的条件下,应该在至少有三名竞标人参与公平透明的竞标后再订立合同;第六,订立重大合同、修改重大合同条款、批准重大合同规定或者提供有关工作内容的文件要求至少两人的签名;第七,对潜在的高贿赂风险交易实施严格的管理监督;第八,保护投标和其他价格敏感信息的完整性和机密性;第九,向员工提供实操指南、行为准则、审批层级说明等文件和国有企业规定,以帮助员工识别和控制贿赂风险。

值得关注的是,国家卫健委等十四部门于 2023 年 5 月联合发布《2023 年纠正医药购销领域和医疗服务中不正之风工作要点》,并于 2023 年 7 月联合召开全国医药领域腐败问题集中整治工作视频会议,部署开展为期 1 年的全国医药领域腐败问题集中整治工作。据行业媒体数据,截至 2023 年 7 月 26 日,全国已有至少 155 位医院院长、书记被查,数量已经超过 2022 年全年的两倍。

医疗行业反腐风暴的背后,是医药行业建立合规管理体系的迫切需要,是倒逼行业回归正常秩序的必经过程,对于其他行业同样具有重要的警示意义。反腐工作需要抓好日常监督,做到实质合规,才能不惧反腐。

第八节

国有企业并购合规管理

并购是指以货币、非货币性资产或无偿划转等方式取得其他企业全部或部分股权、资产，以获得实际控制权的行为。并购作为国有企业的重要经济行为，在国民经济结构调整及国有企业深化改革过程中发挥着重要作用，并购的合规管理是国有企业并购的重要保障。

一、国有企业并购合规管理的相关法律规定

（一）法律

国有企业并购相关的现行法律主要有《国有企业参股管理暂行办法》（2023 年）、《中华人民共和国民法典》（2020 年）、《中华人民共和国公司法》（2023 年修订）、《中华人民共和国证券法》（2019 年修订）、《中华人民共和国反垄断法》（2022 年修正）、《中华人民共和国全民所有制工业企业法》（2009 年修正）、《中华人民共和国企业国有资产法》（2008 年）、《中华人民共和国外资企业法》（2016 年修正）等。

（二）行政法规

国有企业并购相关的现行行政法规主要有《企业国有资产监督管理暂行条例》（2019 年修订）、《中华人民共和国城镇集体所有制企业条例》（2016 年修订）、《企业国有资产产权登记管理办法》（1996 年）等。

（三）部门规章及规范性文件

国有企业并购相关的现行部门规章及规范性文件主要有《企业国有资产评估管理暂行办法》（2005 年）、《企业国有产权无偿划转管理暂行办法》（2005 年）、《企业国有资产交易监督管理办法》（2016 年）、《上市公司国有股权监督管理办法》（2018 年）、《科创板上市公司重大资产重组特别规定》（2019 年）、《上市公司收购管理办法》（2022 年修订）、《非上市公众公司收购管理办法》（2020 年修正）、《上市公司重大资产重组管理办法》（2022 年修订）、《企业境外投资管理办法》（2018 年）、《国有企业境外投资财务管理办法》（2017 年）、《中央企业境外投资监督管理办法》（2017 年）、《中央企业投资监督管理办法》（2017 年）、《中央企业违规经营投资责任追究实施办法（试行）》（2018 年）、《中央企业境外国有资产监督管理暂行办法》（2011 年）、《对外投资备案（核准）报告暂行办法》（2018 年）、《企业境外经营合规管理指引》（2018 年）、《国务院办公厅转发国家发展改革委商务部人民银行外交部关于进一步引导和规范境外投资方向指导意见的通知》（国办发〔2017〕74 号）等。

上述法律、法规、部门规章及规范性文件的出台基本形成了国有企业的并购的法律规范体系，各中央企业、地方国有企业可依据上述法律规范制定自身并购相关管理规范。

二、国有企业并购的方式

国有企业并购的方式按照不同的分类标准可以划分为不同类型。概括来看，按照并购对象所在行业、合并后延续主体、并购支付方式、标的企业涉外属性四种主要的分类标准，国有企业并购的方式主要如下：

（一）按照并购对象所在行业分类

1. 横向并购

横向并购是实施同类业务的并购。具体而言，是指同类企业为扩大规模而进行的并购。进行横向并购的基本条件，是并购方有需要并有能力扩大自身产品的生产与销售，并购双方企业的产品及产品的生产与销售有相同或相似之处。国有企业既可通过“国有＋国有”的形式形成更大规模的国有企业，也可通过“国有＋私有”的形式，借助股权交换形成混合所有制企业。

横向并购的作用主要体现在规模经济上，其可有效降低企业各类成本，促进企业专业化进程的发展，有利于企业以最快的速度发挥资源优势，扩大收购企业规模，提升市场占有率。但同时横向并购也可能引发一系列负面影响，如导致企业管理系统的低效性、企业激励机制的弱化、企业创新的减少，以及企业成本的增加。

2. 纵向并购

纵向并购是沿产业链向上下游延伸的并购。具体而言，是指生产过程或经营环节相互衔接、密切联系的企业之间，或者具有纵向协作关系的上、下游企业之间的并购。纵向并购达成的基本条件，要求双方具有产业上的协同关系，对彼此的生产状况比较熟悉，有利于并购后相互间整合。

纵向并购的作用主要体现在并购企业既可充分利用产业链上的资源，降低损耗，提升绩效；也可有效降低企业的外部成本，如降低因市场不确定和信息不对称造成的发现价格成本，降低企业对外的依赖性，降低企业谈判成本及履约成本。但同时纵向并购也可能引起企业内部激励与约束成本上升，信息成本加大，内部组织和影响成本增加。

3. 混合并购

混合并购是进入新业务领域，实施多元化经营的并购。具体而言，是指分属不同产业领域，即无产业链上的关联关系，产品也完全不相同的企业间的并购。并购目的通常是扩大经营范围，进行多元化经营，以增强企业的应变能力。构成混合并购的基本条件，是一个企业对那些与自己生产的产品属不同性质和种类的企业进行的并购行为，其中目标公司与并购企业既不是同一行业，又没有纵向关系。

混合并购的作用主要体现在企业既可通过多元化经营，扩大经营领域，分散经营风险，共享剩余资源，实现范围经济效应；也可充分利用企业资产设备，通过资产的重新组合，以最短的时间抢占市场，实现转型。但同时混合并购也可能引发管理成本、组织成本及其他成本的激增，进而导致企业财务状况恶化及其他新的经营风险。

（二）按照合并后延续主体不同分类

1. 吸收合并

合并方通过企业合并取得被合并方的全部净资产，合并后注销被合并方的法人资格，被合并方原持有的资产、负债，在合并后成为合并方的资产、负债。

2. 控股合并

合并方在企业合并中取得对被合并方的控制权，被合并方在合并后仍保持其独立的法人资格并继续经营，合并方确认企业合并形成的对被合并方的投资。

3. 新设合并

参与合并的各方在企业合并后法人资格均被注销，重新注册成立一家新的企业。

（三）按照并购支付方式分类

1. 现金支付

现金支付是指并购公司使用现款购买目标公司绝大部分资产或全部资产，以实现对目标公司的控制。

2. 换股并购

换股并购一般是并购公司直接向目标公司的股东发行股票以交换目标公司的大部分或全部股票，通常要达到控股的股数。通过这种形式并购，目标公司往往会成为并购公司的子公司。

3. 无偿划转

无偿划转是指国有独资企业因管理体制改革、组织形式调整和资产重组等原因引起的整体或部分国有资产在不同国有产权主体之间的无偿转移。

4. 承债并购

承债并购是指并购企业以全部承担目标企业债权债务的方式获得目标企业控制权。此类目标企业多为资不抵债，并购企业收购后，注入流动资产或优质资产，使企业扭亏为盈。

5. 债权转股权

债权转股权式企业并购是指最大债权人在企业无力归还债务时，将债权转为投资，从而取得企业的控制权。我国金融资产管理公司控制的企业大部分为债转股而来，资产管理公司进行阶段性持股，并最终将持有的股权转让变现。

6. 间接控股

主要是战略投资者通过直接并购上市公司的第一大股东来间接地获得上市公司的控制权。

(四)按照是否涉外并购

1. 境内并购

境内并购是指境内并购方企业通过受让现有股权、认购新增股权,或收购资产、承接债务等方式,以实现合并或实际控制已设立并持续经营的境内目标企业或资产的交易行为(包括已获得目标企业控制权,为维持对目标企业的控制权而受让或者认购目标企业股权的行为)。

2. 跨国并购

跨国并购是涉及两个或两个以上国家企业之间的并购。跨国并购的含义可以解释为:一国企业用现金、股票和债券等购买方式来买入他国企业的股份或资产,从而可以获得该国企业的实际控制权。

三、国有企业并购的合规风险

国有企业并购过程中主要在审批环节、审计评估环节以及产权交易机构交易环节存在较大风险,如国有企业未依法依规履行以上各环节的义务,可能存在较大的合规风险。

(一)未履行审批程序的合规风险

国有企业的产权转让由其主管国资监管机构负责审批。如因产权转让致使国家不再拥有所出资企业控股权的,除经本级国资监管部门审批外,还须由国资监管机构报本级人民政府批准。国有企业子公司的产权转让由国家出资企业决定，对主业处于关系国家安全、国民经济命脉的重要行业和关键领域，主要承担重大专项任务子企业的产权转让，需报同级国资监管机构批准。转让方为多家国有股东共同持股的企业，由其中持股比例最大的国有股东负责履行相关批准程序；各国有股东持股比例相同的，由相关股东协商后确定其中一家股东负责履行相关批准程序。

国有企业在并购过程中如未履行审批程序将引发相关合规风险，具体如下：

1. 相关人员可能受到严格追责

根据中共中央办公厅、国务院办公厅发布的《“三重一大”落实意见》，国有企业投资并购属于“三重一大”的范围，如未按照规定履行审批程序，则相关人员可能受到严格追责。《国务院办公厅关于建立国有企业违规经营投资责任追究制度的意见》（以下简称63号令）明确了国有企业经营管理有关人员的追责范围以及终身追责的规定。根据63号令的规定，如投资并购未按规定履行决策和审批程序，造成国有资产损失以及其他严重不良后果的，应当追究责任。

2. 可能导致交易合同未生效

根据《最高人民法院关于印发〈全国法院民商事审判工作会议纪要〉的通知》（法〔2019〕254号）第三十七条的规定，法律、行政法规规定某类合同应当办理批准手续生效的，如《中华人民共和国商业银行法》《中华人民共和国证券法》《中华人民共和国保险法》等法律规定购买商业银行、证券公司、保险公司5%以上股权须经相关主管部门批准，批准是合同的法定生效条件，未经批准的合同因欠缺法律规定的特别生效条件而未生效。在审批的生效条件成就前，不能产生请求对方履行合同主要权利义务的法律效力。

（二）未履行审计评估程序的合规风险

根据《企业国有资产评估管理暂行办法》，国有企业有整体或者部分改建为有限责任公司或者股份有限公司、以非货币资产对外投资、产权转让、收购非国有单位的资产转让国有资产等行为时,应当对相关资产进行评估。无偿划转的情形或是国有独资企业与其下属独资企业(事业单位)之间或其下属独资企业(事业单位)之间的合并、资产(产权)置换的情形可以不对相关国有资产进行评估。

国有企业并购过程中应当进行审计评估而未履行评估程序将引发相关合规风险,具体如下:

1. 应当进行审计评估而未履行评估程序可能导致国有资产流失。审计评估为国有资产处置、产权转让等事项起到监督、保障作用,未依法依规对国有资产做出科学有效价值评估,将可能造成国有资产流失的严重后果。审计评估为国有资产处置、产权转让等事项起到监督、保障作用,未依法依规对国有资产做出科学有效价值评估,将可能造成国有资产流失的严重后果。

2. 直接责任人员可能受到党纪政纪处分,甚至涉嫌犯罪被追究刑事责任。

3. 根据63号令的规定,财务审计和资产评估违反相关规定造成国有资产损失以及其他严重不良后果的,应当按照党纪政纪进行处分,追究相关责任,涉嫌犯罪的追究刑事责任。根据《企业国有资产评估管理暂行办法》,企业在国有资产评估中发生违法违规行为或者不正当使用评估报告的,对负有直接责任的主管人员和其他直接责任人员,依法给予处分;涉嫌犯罪的,移送司法机关依法处理。

4. 国有企业未经评估转让其国有资产可能引发经济行为是否有效的争议。根据《企业国有资产评估管理暂行办法》,应当进行资产评估而未进行评估,国有资产监督管理机构通报批评并责令改正,必要时可依法向人民法院提起诉讼,确认其相应的经济行为无效。

（三）未通过产权交易机构进行产权交易的合规风险

根据《企业国有资产交易监督管理办法》，企业国有资产交易应当遵循等价有偿和公开公平公正的原则，在依法设立的产权交易机构中公开进行（进场交易），国家法律法规另有规定的从其规定。

1. 国有企业相关国有资产交易未履行进场程序引发的相关合规风险。

国有企业相关国有资产交易应当在依法设立的产权交易机构中公开进行，未履行进场程序将引发相关合规风险。相关责任人员可能受到处分，可能承担赔偿责任甚至承担刑事责任。

2. 企业国有资产交易应当严格执行"三重一大"决策机制。国资监管机构、国有及国有控股企业、国有实际控制企业的有关人员违反规定越权决策、批准相关交易事项，或者玩忽职守、以权谋私致使国有权益受到侵害的，由有关单位按照人事和干部管理权限给予相关责任人员相应处分；造成国有资产损失的，相关责任人员应当承担赔偿责任；构成犯罪的，依法追究其刑事责任。

3. 可能面临交易停止的风险。

4. 国资监管机构及其他履行出资人职责的机构应定期对国家出资企业及其控股和实际控制企业的国有资产交易情况进行检查和抽查，重点检查国家法律法规政策和企业内部管理制度的贯彻执行情况。国资监管机构发现转让方或增资企业未执行或违反相关规定、侵害国有权益的，应当责成其停止交易活动。

（四）国企境外投资所涉相关风险

根据《中央企业违规经营投资责任追究实施办法（试行）》（国资委令第37号）的规定，国有企业在境外进行投资经营的责任追究情形如下：

1. 未按规定建立企业境外投资管理相关制度，导致境外投资管控缺失；

2. 开展列入负面清单禁止类的境外投资项目；

3. 违反规定从事非主业投资或开展列入负面清单特别监管类的境外投资项目；

4. 未按规定进行风险评估并采取有效风险防控措施对外投资或承揽境外项目；

5. 违反规定采取不当经营行为，以及不顾成本和代价进行恶性竞争；

6. 违反本章其他有关规定或存在国家明令禁止的其他境外经营投资行为的。

四、国有企业并购的合规管理

国有企业并购是国有企业发展过程中的一个重要方式，保证国有企业并购过程中的合规管理需要从以下几个方面进行实施。

（一）国有企业并购相关制度的建立与实施

国有企业实施并购事项首先需要国有企业内部、企业集团内部建立相应的并购类规章制度，比如对外投资管理制度、收购管理办法等，明确股东会、董事会和管理层对外投资、收购的权限范围，明确集团公司与各级子公司的决策权限，明确国有企业对外投资、收购所需要的履行的程序。例如，某医药集团内部权限划分为，1 亿元以上主营业务类股权投资需要集团层面批复，1 亿元以下由一级子公司审批，一级子公司不得将股权投资审批权限进行下放，一级子公司下属企业对外投资 1 亿元以下的均须一级子公司批复。国有企业并购项目一般上级股东审批过程中需要的资料包括尽职调查报告（法律意见书）、审计评估报告、可行性研究报告、收购或并购方案、职工大会决议等内部决策文件、相关协议及标的公司新章程等。

1. 国有企业内部对外投资管理制度的主要内容应当包括：

（1）投资应遵循的基本原则及重大投资项目标准；

（2）投资管理流程、管理部门及相关职责；

（3）投资决策程序、决策机构及其职责；

（4）投资项目可行性研究、分析、评估及论证；

（5）投资项目尽职调查；

（6）投资项目负面清单制度；

（7）投资信息化管理制度；

（8）投资风险管控制度；

（9）投资项目完成、中止、终止或退出制度；

（10）投资项目审计及后评价制度；

（11）违规投资责任追究制度；

（12）对所属企业投资活动的授权、监督与管理制度；

（13）投资项目档案管理制度；

（14）其他应纳入投资管理制度体系的内容。

行业主管部门对金融服务类监管企业投资管理制度另有规定的，应当从其规定。企业对外投资管理制度应当经董事会审议通过后报送上级主管机关。

2. 国有企业内部收购管理办法的主要内容为：

（1）编制收购方案，做好可行性研究分析。收购方案中应当包括收购方、出让方的基本情况以及其他重要股东情况；收购目的及理由分析；收购方式和程序；收购价格和定价原则、方法；涉及的债权、债务和担保抵押等情况及处理办法；涉及的职工安置、劳动关系处置等情况及处理办法；涉及的重要法律纠纷、诉讼等情况及处理办法；涉及的特许经营权、矿业权、土地使用权等需要行政主管部门审批处置事项的情况及处理办法；收购资金来源,如需筹集资金应当说明并购资金筹集及偿还等安排;对于收购行为的合法性分析;对于收购行为的投资收益预测及财务分析;收购过程中包括收购完成后存在的风险分析及防范措施;收购完成后对于收购对象的战略规划或资产重组计划。收购方案应当报送董事会、股东会审议或上级主管机关审核。

(2)委托具备资质的资产评估机构对标的企业进行资产评估。

(3)企业本级董事会审议国有企业并购事项时,应当及时通知监事会列席会议,监事会成员可以对并购事项提出质询或者建议。

(二)国有企业投资并购管理机构的建立

一般大中型企业,尤其是集团公司,一般都会在公司层面设立投资部,其主要负责收购项目的前期沟通、谈判,组织对标的企业进行法律尽职调查、审计和评估,负责与交易对方进行谈判,组织相关协议的签署以及款项的支付或收取,组织办理标的企业的工商变更登记以及对赌条款的实施等。当然,国有企业内部涉及投资并购的管理机构主体不仅包括投资部,还涉及企业的股东会、董事会、投资决策委员会、总经办会议、党政联席会等管理机构,各组织机构各司其职,形成国有企业内部并购管理机构。国有企业并购的合规管理同时也需要明确各机构的职责与分工,根据并购项目的不同适时进行调整。

国有企业并购过程中董事会、股东会、党政联席会、投资决策委员会的相关权限及职责如下:董事会负责制定公司投资方案,审议并购方案;负责召集主持股东会议,就并购事宜向股东报告工作。股东会负责核准、核定企业年度投资计划、企业资产评估事项、企业董事会工作报告。党政联席会按照规定参与重大问题的决策,支持国有企业负责人开展并购工作。投资决策委员会负责对投资项目及投资方案进行评审,对拟投资的项目及投资方案进行可行性论证和评审,作出批准或不批准投资的决定;定期或不定期组织对已投资项目进行检查，提出整改要求；对已投资项目进行监督，并组织对已投资项目的整理工作。

（三）国有企业并购流程及关注要点

1. 国有企业收购

（1）国有企业收购的流程

①国有企业与被收购方达成初步收购意向，国有企业根据内部管理要求进行收购项目的立项审批，审批通过后各方签署收购意向书、保密协议等。

②国有企业根据内部管理要求选聘律师事务所、会计师事务所等中介机构，选聘完成后，委派律师事务所对标的企业开展法律尽职调查，出具法律尽职调查报告；委托会计师事务所和评估事务所对标的企业进行审计和评估，出具审计和评估报告，后对评估结果进行备案。

③协商起草相应的股权收购协议，收购方、被收购方和标的企业履行相应的内部决策和外部报批程序。

④各方签署正式的收购协议，收购方支付股权转让款。

⑤各方共同办理股权变更登记手续并完成交接。

（2）国有企业收购注意事项

①国有企业并购事项达到反垄断申报要求的，需要进行经营者集中申报，取得反垄断执法机构的无异议函，否则有可能受到相应的行政处罚。

②国有企业并购过程中需要聘请律师事务所就标的企业的业务、资质、资产、人员、社保等情况进行详细核查，根据尽职调查时发现的问题起草相应的股权转让协议，在股权转让协议中明确股权转让方的兜底责任，以达到弥补标的企业瑕疵的目的，避免国有资产损失。

③国有企业并购过程中实际业务主体存在“换壳”的情况下，国有企业收购新壳的过程中，需要十分注意“老壳”和“新壳”的关系，往往被收购

方的实际控制人需要将“老壳”的相关资产装入“新壳”，但是“老壳”和“新壳”之间并没有相应的资产转让协议，相应的资产转让所涉交易也无实际的交易流水，在这种情况下，需要被收购方实际控制人补充签署相应的资产转让协议，并承诺“新壳”的全部资产不存在权属瑕疵或纠纷，否则由此给“新壳”（标的公司）造成的损失全部由原实际控制人承担。

④国有企业并购过程中标的公司一般或多或少会存在一些或有负债，比如人身损害赔偿案件、工伤案件等，建议国有企业收购过程中就相关或有事项中可能需要标的公司支付的款项根据会计准则的要求提前进行计提，如后续标的公司实际赔偿金额超过了上述计提标准，由标的公司原实际控制人进行兜底。

⑤国有企业开展境外投资，需要确保经营活动全流程、全方位合规，全面掌握关于市场准入、贸易管制、国家安全审查、行业监管、外汇管理、反垄断、反洗钱、反恐怖融资等方面的具体要求。

（3）国有企业收购案例

编者参与的某医药企业并购吉林某医药零售企业项目就属于典型的国有企业并购项目，收购方为某大型医药企业，企业性质为国有实际控制上市公司下属控股子公司，被收购方为民营企业，收购方和被收购方用时约 10 个月，完成了项目的前期商谈、中介尽职调查、决策审批、协议商谈及签署、股权交割过户等流程。同时，国有企业在取得标的公司控股权之后，与股权转让方即标的公司原实际控制人达成了对赌指标，将标的公司未来三年的营业收入、净利润和门店数量作为对赌指标，标的公司原实际控制人实现对赌指标的情况下，才可以取得全部股权转让对价，否则，股权收购过程中的股权转让对价相应折减。在该国有企业收购案例中，国有企业一方面通过并购的方式打破区域壁垒，进入相关领域，同时通过授予标的公司原实际控制人一定的自主权并设定相应的对赌指标，最大限度地保证了标的公司后续发展的积极性，实现了国有资产的保值增值。

(4)国有企业收购中的参股与控股

①国有企业收购中的参股

根据国务院国资委2023年6月23日印发的《国有企业参股管理暂行办法》(国资发改革规〔2023〕41号)的要求,国有企业通过参股方式参与并购需要注意以下事项:

第一,依法合规。严格遵守法律法规和国有资产监督管理规定,规范开展参股经营投资,加强合法合规性审查,有效行使股东权利,依法履行股东义务,维护国有企业合法权益。

第二,突出主业。以高质量发展为目标,服务国家战略,聚焦主责主业,有效发挥参股经营投资在战略性新兴产业培育孵化等方面的积极作用,促进国有资本布局优化和结构调整。

第三,强化管控。严格参股经营投资管理,加强审核把关,完善内控体系,压实管理责任,加强风险防范,严防国有资产流失,促进国有资产保值增值。

第四,合作共赢。尊重参股企业经营自主权,有效发挥参股企业各方股东作用,激发各类市场主体活力,推动各种所有制资本取长补短、相互促进、共同发展。

《国有企业参股管理暂行办法》对国有企业参股投资的核心要求包括:不得参股投资负面清单业务;国有企业在投资协议或章程修订等企业运营过程中不能轻易让渡重要股东权益,国有企业对参股企业原则上应当委派董事,不得“名股实债”;对国有参股企业保留审计监督权;国有企业不得对参股企业其他股东出资提供垫资,不得先于其他股东缴纳出资(另有规定的除外);非货币性资产作价出资的,应当以“公允合理的方式”确定国有资产价值。

②国有企业收购中的控股

国有企业收购其他企业可能构成《中华人民共和国反垄断法》(以下

简称《反垄断法》)中的“集中”行为。根据《反垄断法》第二十五条的规定,经营者集中包括经营者合并、经营者通过取得股权或者资产的方式取得对其他经营者的控制权、经营者通过合同等方式取得对其他经营者的控制权或者能够对其他经营者施加决定性影响。国有企业以控股方式收购应当注意判断是否达到申报标准,达到申报标准的情况下向国务院反垄断执法机构申报,未依法申报而实施集中的经营者,有可能被处罚款。

国有企业在收购上市公司控制权过程中,因实控人股份转让比例限制、资金安排等原因,很多情形下会采取“部分股份转让 + 表决权委托/表决权放弃”的方式进行交易,如采取此种方式,按照目前的监管要求,需明确后续巩固控制权的措施安排。

2. 国有企业股权对外转让

(1)国有股权对外转让的流程

①国有企业拟对外转让股权的,应根据内部管理要求就股权对外转让事项进行立项审批,并选择相应的产权挂牌机构(如上海联合产权交易所、北京产权交易所等)和产权交易代理机构。

②国有企业根据内部管理要求选聘律师事务所、会计师事务所等中介机构。选聘完成后,委派律师事务所对标的企业开展基本的法律尽职调查,并按交易所的要求出具挂牌法律意见书;委托会计师事务所和评估事务所对标的企业进行审计和评估,出具审计和评估报告,将评估结果进行备案。

③国有企业根据审批权限履行相应的审批程序。

④审批事项完成后,根据交易所的要求发布相应的股权对外转让公告,公开征集受让方。

⑤公告完成后根据征集到的受让方情况,采用竞价或者其他方式确定相应的一名或几名股权受让方。

⑥股权转让方与受让方签署相应的股权转让协议,收购方支付股权转让款。

⑦各方共同办理股权变更登记手续并完成交接。

(2)国有股权协议转让

根据《企业国有资产交易监督管理办法》(2016 年国务院国资委、财政部令第 32 号)的规定,国有企业所持股权对外转让过程中,需要在产权交易机构挂牌进行转让,同时《企业国有资产交易监督管理办法》也规定了产权挂牌转让的例外情况,也就是通常所说的协议转让。可以通过协议转让的方式转让国有股权的情形包括两种,具体包括:

①涉及主业处于关系国家安全、国民经济命脉的重要行业和关键领域企业的重组整合,对受让方有特殊要求,企业产权需要在国有及国有控股企业之间转让的,经国资监管机构批准,可以采取非公开协议转让方式。

②同一国家出资企业及其各级控股企业或实际控制企业之间因实施内部重组整合进行产权转让的,经该国家出资企业审议决策,可以采取非公开协议转让方式。

通常情况下,沿用第一条的规定进行协议转让的情形非常少,一般国有企业集团公司内部重组过程中协议转让的情形比较多。

(3)国有产权无偿划转

企业国有产权无偿划转,是指企业国有产权在政府机构、事业单位、国有独资企业、国有独资公司之间的无偿转移。无偿划转实际上是一种特殊的协议转让,其股权划出方或划入方均为“纯国有性质”,否则不能进行无偿划转。无偿划转的特殊之处在于,其交易对价为 0 元,标的企业可以按照审计值进行划转,而非评估值,但审计数据,特别是账务核销情况需要主管机关批准,同时无偿划转时需要制定相应的债权债务、人员、或有事项的处置方案,国有产权无偿划转所涉政策性更强,但无偿划转的划出方和划入方并不要求隶属于同一集团。

(4)国有企业对外转让注意事项

①根据《企业国有资产交易监督管理办法》的规定,国有实际控制企

业对外转让其持有的标的公司股权时,除特殊情况外都需要在产权交易所进行挂牌,公开征集受让方。实践操作过程中,集团公司的下属 4 级甚至 5 级子企业对外转让股权,并没有履行相应的挂牌转让程序,这种方式不符合法律规定,程序上存在瑕疵。

②虽然根据《企业国有资产交易监督管理办法》的规定,国有产权对外转让需要在产权交易所进行,但并不是说转让方不需要与受让方提前进行沟通,实践操作过程中,转让方应该积极向股权潜在受让方发送相关转让信息,并可以与受让方签署意向协议,但最终的成交需要以产权交易所的交易结果为准。

③关于国有产权对外转让过程中的审批事项,如果股权转让方的上级股权结构比较复杂,层级较多,甚至有些股东为上市公司,股权转让方和受让方签署股权转让协议时,一方的审批程序尚未完全履行完毕,这时股权转让协议需要明确为审批完成之后协议才能生效,股权转让协议性质上应该为付生效条件的协议。

④国有企业对外投资过程中往往会涉及对赌条款,有些协议中约定,如果非国资方未完成对赌指标,则非国资方需要按照一定的价格(通常按照收购成本按照一定年化收益计算)回购国有企业所持标的公司股权,但根据《企业国有资产交易监督管理办法》的规定,国有企业转让上述股权时是需要在产权交易所挂牌转让,而该种情形也不属于可以协议转让的情形,实践过程中一般的操作方式是,对赌指标未达成时,由国有企业将其持有的标的公司股权进行挂牌转让,非国资股东也作为受让方通过产权交易所受让上述股权,但一般对赌指标无法完成的情况下,标的股权估值也不会很高,往往国有产权在交易所挂牌后无人受让,非国资方也不愿意通过产权交易所受让上述股权。如果出现股权挂牌未征集到其他受让方,非国资股东也不履行义务,不参与挂牌受让,国有企业只能通过诉讼的方式要求非国资方履行回购义务,以维护国有企业合法权益。

（5）国有企业对外转让中的失去控股权问题

①审批机构。国资监管机构负责审核国家出资企业的产权转让事项。其中，因产权转让致使国家不再拥有所出资企业控股权的，须由国资监管机构报本级人民政府批准。

②聘请专业机构评估及出具书面意见。在满足法定条件的情况下，经国务院批准或者财政部门批准，转让方可以采取直接协议转让方式转让非上市企业国有产权和上市公司国有股份。转让方作为上市公司控股股东，拟采取直接协议转让方式转让股份并失去控股权的，应当聘请具有相应资质的专业中介机构担任财务顾问和法律顾问，并提出书面意见。财务顾问和法律顾问应当具有良好的信誉及近3年内无重大违法违规记录。转让方认为必要时，可委托具有证券评估资格的资产评估机构对转让标的资产进行评估。

③提示性公告并通知上市公司申请停牌。国有股东拟公开征集转让上市公司股份的，在履行内部决策程序后，应书面告知上市公司，由上市公司依法披露，进行提示性公告。国有控股股东公开征集转让上市公司股份可能导致上市公司控股权转移的，应当一并通知上市公司申请停牌。

④重组计划及发展规划需提交审核。上市公司控股权转移的，国家出资企业、国有资产监督管理机构批准国有股东所持上市公司股份无偿划转时，应当审核包括划入方未来12个月内对上市公司的重组计划或未来三年发展规划在内的文件。

（四）国有企业投资并购的合规培训

国有企业并购相关法律规范及企业内部规定、规则并不是一成不变的，为了保证国有企业并购的合规性，国有企业可以通过教育培训等方式，提高国有企业并购的合规意识。通常进行并购合规培训的内容应该包括以下几点：

1. 新颁布的与国有企业并购相关的法律法规；

2. 企业内部或者上级股东关于投资并购事项相关要求的变更事项；

3. 国内外同行业并购合规事件分析；

4. 国有企业投资并购的风险及其防控；

5. 国有企业已经完成的合规项目经验和教训的总结。

国有企业并购项目合规培训的具体形式可以多种多样，比如聘请专家做讲座、开展并购知识竞答、经典案例研讨等。

（五）国有企业并购的信息化建设

国有企业是中国市场经济发展中的中坚力量，是中国经济发展的持续动力，在当今的中国市场经济发展中，信息化已经成为发展的大趋势，而积极加强信息化建设，促进国有企业的信息化制度优化，已经势在必行。信息化建设已经成为当下企业发展的重中之重，对于企业并购业务的信息化建设，国有企业应当做到以下几点：

1. 国有企业应当建立完善本企业投资管理信息系统，加强投资基础信息管理，提升投资管理的信息化水平，通过信息系统对企业年度投资计划执行、投资项目实施等情况进行全面全程的动态监控和管理。

2. 境外国家（地区）法律法规无禁止性规定的，国有企业应当将境外投资企业（项目）纳入本企业财务管理信息化系统管理，加强信息系统的互联互通，实现数据共用共享。

3. 国有企业应当定期梳理并购相关业务流程，查找并购合规风险点，运用信息化手段将并购业务合规要求和防控措施嵌入流程，针对关键节点加强合规审查，强化过程管控。

4. 国有企业应当利用大数据等技术，加强对并购业务关键节点的实时动态监测，实现合规风险即时预警、快速处置。

第九节

反垄断合规管理

反垄断是指禁止垄断和贸易限制的行为。反垄断立法是国家权力干预经济的法律形式之一,最早起源于美国的反托拉斯立法,以美国1890年颁布的《谢尔曼法》(Sherman Act)为标志,距今有一百多年的历史。世界各国均采取严厉的立法来进行反垄断的法律规制,中国自加入WTO以后也积极担负反垄断的责任,反垄断的法律规制日趋完善。国有企业作为国民经济发展的中坚力量和支柱,对社会主义市场经济发展具有举足轻重作用,但国有企业的反垄断风险也不断加大,反垄断合规管理已经成为国有企业合规管理体系建设的重要领域,国有企业应该不断加强反垄断的合规管理。

一、反垄断合规管理的相关法律规定

(一)法律

国有企业反垄断相关的现行法律主要有《中华人民共和国反垄断法》(2022年修正)、《中华人民共和国反不正当竞争法》(2019年修正)、《中华人民共和国价格法》(1997年)等。

（二）行政法规

国有企业反垄断相关的现行行政法规主要有《国务院关于经营者集中申报标准的规定》（2018 年修订）、《企业国有资产产权登记管理办法》（1996 年）等。

（三）部门规章及规范性文件

国有企业反垄断相关的现行部门规章及规范性文件主要有《关于相关市场界定的指南》（2009 年）、《国家市场监督管理总局关于禁止滥用知识产权排除、限制竞争行为的规定》（2020 年修订）、《国务院反垄断委员会横向垄断协议案件宽大制度适用指南》（2019 年）、《制止滥用行政权力排除、限制竞争行为规定》（2023 年）、《禁止滥用市场支配地位行为规定》（2023 年）、《禁止垄断协议规定》（2023 年）、《经营者集中审查规定》（2023 年）、《经营者集中反垄断合规指引》（2023 年）等。

另外，国务院反垄断委员会起草的《关于汽车业的反垄断指南》《横向垄断协议案件宽大制度适用指南》《垄断案件经营者承诺指南》《关于知识产权领域的反垄断指南》四部指南，对相关反垄断领域具体问题也具有指引作用。

二、垄断行为及其合规重点

（一）垄断协议

1. 垄断协议的定义和分类

所谓垄断协议，是指经营者之间通过合谋性协议，安排或者协同行动来相互约束各自的经济活动，在一定的交易领域内排除、限制竞争的行为。

《反垄断法》所指垄断协议是指排除、限制竞争的协议、决定或者其他协同行为。

垄断协议可以分为横向限制竞争行为和纵向限制竞争行为两类。横向限制竞争行为是指处于同一生产或流通环节的企业之间通过协议，以控制企业活动的某一特定方面的行为。它的一个主要特征是当事人处于同一生产或流通环节：或同为生产者，或同为销售者，或同为购买者。纵向限制竞争行为是指处于不同流通环节的企业之间的垄断行为。它的主要特征是发生在不同流通环节的企业之间，如生产者与批发商、批发商与零售商之间等。

我国《反垄断法》根据垄断协议主体的不同，将垄断协议分为以下两类：(1)具有竞争关系的经营者达成的垄断协议；(2)经营者与交易相对人达成的垄断协议。此外，法律还特别强调，行业协会不得组织本行业的经营者从事《反垄断法》禁止的协议垄断行为。《禁止垄断协议规定》：禁止行业协会制定、发布含有排除、限制竞争内容的行业协会章程、规则、决定、通知、标准等；禁止召集、组织或者推动本行业的经营者达成含有排除、限制竞争内容的协议、决议、纪要、备忘录等；禁止其他组织本行业经营者达成或者实施垄断协议的行为。

《反垄断法》禁止的具有竞争关系的经营者达成的垄断协议主要包括：(1)固定或者变更商品价格；(2)限制商品的生产数量或者销售数量；(3)分割销售市场或者原材料采购市场；(4)限制购买新技术、新设备或者限制开发新技术、新产品；(5)联合抵制交易；(6)国务院反垄断执法机构认定的其他垄断协议。

《反垄断法》禁止的经营者与交易相对人达成的垄断协议主要包括：(1)固定向第三人转售商品的价格；(2)限定向第三人转售商品的最低价格；(3)国务院反垄断执法机构认定的其他垄断协议。

特别说明的是，《禁止垄断协议规定》第十五条和第十七条明确了经营者不得利用数据和算法、技术以及平台规则等而与竞争对手或者交易相对方达成垄断协议。

根据协议的目的认定垄断协议的例外情形：(1)为改进技术、研究开发新产品的；(2)为提高产品质量、降低成本、增进效率，统一产品规格、标准或者实行专业化分工的；(3)为提高中小经营者经营效率，增强中小经营者竞争力的；(4)为实现节约能源、保护环境、救灾救助等社会公共利益的；(5)因经济不景气，为缓解销售量严重下降或者生产明显过剩的；(6)为保障对外贸易和对外经济合作中的正当利益的；(7)法律和国务院规定的其他情形。

2. 垄断协议典型案例及评析

2016年1月14日下午，山西省电力行业协会召集大唐、国电、华能、华电4家央企发电集团山西公司，漳泽电力、格盟能源、晋能电力、西山煤电4家省属发电集团，以及15家发电厂，在太原市召开火电企业大用户直供座谈会，共同协商直供电交易价格，签订公约，并确定2016年山西省第二批大用户直供电报价较上网标杆电价让利幅度不超过0.02元/千瓦时，最低交易报价为0.30元/千瓦时。

山西省电力行业协会组织23家火电企业通过垄断协议控制直供电交易价格的行为，违反了《反垄断法》的规定，违背了国家电力改革中引入竞争、鼓励大型工业用户向发电企业直接购电、交易双方协商定价的原则，不利于通过市场化、法治化的手段有效推进火电行业供给侧结构性改革，排除、限制了直供电市场的公平竞争，增加了下游实体企业的用电负担，损害了消费者利益。国家发改委指导山西省发展和改革委员会依法作出处理决定，对达成垄断协议发挥组织作用的山西省电力行业协会，依法从重处罚，顶格罚款50万元，对参与达成并实施垄断协议、积极配合调查、认真整改的涉案企业处上年度相关销售额1%罚款，对23家涉案企业合计罚款7288万元。

（二）滥用市场支配地位

滥用市场支配地位，又称滥用市场优势地位，是企业获得一定的市场优势地位后滥用这种地位，对市场中的其他主体进行不公平的交易或排斥竞争对手的行为。所谓市场支配地位，是指经营者在相关市场内具有能够控制商品价格、数量或者其他交易条件，或者能够阻碍、影响其他经营者进入相关市场能力的市场地位。

1. 滥用市场支配地位的表现及认定

禁止行为经营者从事下列滥用市场支配地位的行为：(1)以不公平的高价销售商品或者以不公平的低价购买商品；(2)没有正当理由，以低于成本的价格销售商品；(3)没有正当理由，拒绝与交易相对人进行交易；(4)没有正当理由，限定交易相对人只能与其进行交易或者只能与其指定的经营者进行交易；(5)没有正当理由搭售商品，或者在交易时附加其他不合理的交易条件；(6)没有正当理由，对条件相同的交易相对人在交易价格等交易条件上实行差别待遇；(7)国务院反垄断执法机构认定的其他滥用市场支配地位的行为。

市场支配地位的认定，如要考虑经营者的以下相关情况：(1)该经营者在相关市场的市场份额，以及相关市场的竞争状况；(2)该经营者控制销售市场或者原材料采购市场的能力；(3)该经营者的财力和技术条件；(4)其他经营者对该经营者在交易上的依赖程度；(5)其他经营者进入相关市场的难易程度；(6)与认定该经营者市场支配地位有关的其他因素。

符合下列条件的，推定经营者具有市场支配地位：(1)一个经营者在相关市场的市场份额达到1/2的；(2)两个经营者在相关市场的市场份额合计达到2/3的；(3)三个经营者在相关市场的市场份额合计达到3/4的。有前款第二项、第三项规定的情形，其中有的经营者市场份额不足1/10的，不应当推定该经营者具有市场支配地位。被推定具有市场支配地位的经营者,有证据证明不具有市场支配地位的,不应当认定其具有市场支配地位。

特别说明的是《禁止滥用市场支配地位行为规定》第二十三条明确了供水、供电、供气、供热、电信、有线电视、邮政、交通运输等公用事业领域经营者应当依法经营,不得滥用其市场支配地位损害消费者利益和社会公共利益。

2. 滥用市场支配地位典型案例及评析

永福县供水公司是自来水供水公用企业。吴某某向该公司申请用水,永福县供水公司要求其填写《用水报装申请表》,该申请表对用水和水表安装一并进行约定,并同时要求签订供水协议、缴纳安装工程预缴款。吴某某缴纳了水表费、安装费共计2500元。后吴某某不同意签订《个人用户供水安装工程施工协议》,要求自行购买水表,退还施工服务费。永福县供水公司未退款亦未给吴某某提供供水服务。吴某某认为永福县供水公司的行为构成捆绑交易等四项滥用市场支配地位行为,遂诉至法院,案号:(2018)桂01民初1190号。

广西壮族自治区南宁市中级人民法院经审理认为,永福县供水公司在永福县所辖地域范围内的城市公共供水服务具有市场支配地位。永福县供水公司在该过程中并没有给予吴某某从别处购买供水设施材料和安装服务的选择权,据此认定永福县供水公司系以在用户申请供水时需同时购买供水设施安装的方式实施了捆绑交易行为,该合同应认定为无效。广西壮族自治区南宁市中级人民法院判决永福县供水公司返还吴某某安装费并支付利息,赔偿经济损失及合理开支。本案中,关于永福县供水公司在相关市场具有市场支配地位的认定,永福县内只有永福县供水公司这一家城市公共供水企业,其提供的城市公共供水服务所占市场份额为100%。因永福县供水公司具备唯一经营者地位,使得其具有控制城市公共供水与否、如何供应及其他相关交易条件的能力。因此,在本案相关地域市场内,用户对永福县供水公司在城市公共供水服务商具有很强的依赖性，甚至具备完全的依赖性。综上，法院认定永福县供水公司在永福县所辖地域范围内的城市公共供水服务具有市场支配地位。

本案中，关于永福县供水公司是否滥用了市场支配地位。法院认为，永福县供水公司的行为属于《反垄断法》第十七条第（五）项规定的“没有正当理由搭售商品，或者在交易时附加其他不合理的交易条件”。搭售是指具有支配地位的企业强迫交易对方购买从性质、交易习惯上均与合同无关的产品或服务的行为，或者接受其他不合理的条件。搭售的目的是将市场支配地位扩大到被搭售产品的市场上，或者妨碍潜在的竞争者进入。永福县供水公司在吴某某申请用水时，要求其填写《用水报装申请表》，该表对用水和水表安装一并进行约定，并同时要求签订供水协议、缴纳安装工程预缴款。在该过程中并没有给予吴某某从别处购买供水设施材料和安装服务的选择权。永福县供水公司也明确答复吴某某要使用其提供的水表。据此认定永福县供水公司系以在申请供水时同时购买供水设施安装的方式实施了搭售行为。综上，永福县供水公司的被诉行为符合上述搭售或附条件交易行为要件，属于滥用市场支配地位的行为。

（三）违反规定实施经营者集中

《反垄断法》规定的经营者集中包括：经营者合并；经营者通过取得股权或者资产的方式取得对其他经营者的控制权；经营者通过合同等方式取得对其他经营者的控制权或者能够对其他经营者施加决定性影响。国有企业在市场经营活动中，经营者集中是国有企业对外并购的重要方式之一，并购的目的在于取得控制权。通过参与大型国有企业经营者集中的相关案例，总结出实施经营者集中的合规重点如下：

1. 经营者集中的申报制度

经营者集中达到国务院规定的申报标准的，经营者应当事先向国务院反垄断执法机构申报，未申报的不得实施集中。国务院反垄断执法机构应当在法定期限内对经营者提交的文件、资料进行初步审查，作出审查决定。国务院反垄断执法机构作出不实施进一步审查的决定或者逾期未作出决定的，经营者可以实施集中。审查期间，经营者不得实施经营者集中。具体申报标准参照《国务院关于经营者集中申报标准的规定》确定。

2. 经营者集中重点考察的因素

审查经营者集中，应当考虑下列因素：参与集中的经营者在相关市场的市场份额及其对市场的控制力；相关市场的市场集中度；经营者集中对市场进入、技术进步的影响；经营者集中对消费者和其他有关经营者的影响；经营者集中对国民经济发展的影响；国务院反垄断执法机构认为应当考虑的影响市场竞争的其他因素。

3. 经营者集中典型案例及评析

我国《反垄断法》并未给予国有企业反垄断申报的特殊豁免。对于国有企业参与的属于《反垄断法》规制的合并、股权收购、资产收购、控制权变动等经营者集中，一旦国有企业的营业额达到申报门槛，仍需按照《反垄断法》的规定进行反垄断申报。

国有企业合并整合未依法申报的典型案例——辽宁港口集团取得大连港集团和营口港务集团股权案

根据该案行政处罚决定书，辽宁港口集团（原名为辽宁港航）为辽宁省国资委设立，其目的系整合辽宁省港口资源。2017 年 12 月 20 日，大连市国资委、营口市国资委分别与辽宁港航签署了《大连港集团有限公司股权无偿划转协议》和《营口港务集团有限公司股权无偿划转协议》，大连港集团和营口港务集团的 100% 股权无偿划转给辽宁港航。2018 年 2 月 9 日，大连港集团和营口港务集团分别完成股东工商变更登记。由于被收购方的营业额均达到申报门槛，国家市场监督管理总局认定本次收购构成未依法申报的经营者集中，但由于不具有排除、限制竞争的效果，对辽宁港口集团处以35万元人民币罚款。该收购带有明显的国有企业整合特征，被收购方由不同的市级国资委持股，由省级国资委持股的企业收购，整合前后企业的国有企业性质并未发生改变。但由于达到了申报门槛，且并不存在豁免申报的情形，最终被认定为未依法申报，处以罚款。

虽然之前的法律规定罚款上限为50万元，并不算特别巨大，但一旦遭受此类处罚，仍可能被视为重大行政处罚，从而对企业的声誉、债券市场融资行为等产生不利影响。此外，2022年修正后的《反垄断法》已经明确规定："经营者违反本法规定实施集中，且具有或者可能具有排除、限制竞争效果的，由国务院反垄断执法机构责令停止实施集中、限期处分股份或者资产、限期转让营业以及采取其他必要措施恢复到集中前的状态，处上一年度销售额百分之十以下的罚款；不具有排除、限制竞争效果的，处五百万元以下的罚款"。因此，特别是在国家加强国有企业合规管理和发挥国有企业引领作用的背景下，国有企业更应积极响应国家政策，加强合规管理，避免因未依法申报而面临行政处罚。

三、反垄断合规风险的防范

（一）国有企业内部反垄断合规管理

2020年9月18日，国家市场监管总局正式发布《经营者反垄断合规指南》，而此前上海、浙江、山东等多个省、市也已发布了各自的经营者反垄断合规指引。国有企业可以根据国家及地方的相关反垄断合规要求通过以下方式进行反垄断合规管理：

1. 反垄断合规制度的建立与实施

国有企业反垄断的前提是建立企业内部的合规管理制度，这样有助于提高经营管理水平，避免引发合规风险，树立依法经营的良好形象。当然国有企业经营者可以根据业务状况、规模大小、行业特性等，建立反垄断合规管理制度，或者在现有合规管理制度中开展反垄断合规管理专项工作。例如，某某集团公司审议通过《某某集团反垄断合规管理办法》，同时配套制定了《某某集团反垄断合规手册》《某某集团反垄断案例手册》《某某集团反垄断内部合规奖惩及举报制度》等便于学习和参考。

2. 反垄断合规管理机构的建立及合规队伍建设

国有企业反垄断合规制度的实施离不开合规管理机构的设立以及相应的合规实施人员。国家鼓励具备条件的经营者建立反垄断合规管理部门，或者将反垄断合规管理纳入现有合规管理体系；明确合规工作职责和负责人，完善反垄断合规咨询、合规检查、合规汇报、合规培训、合规考核等内部机制，降低经营者及员工的合规风险。反垄断合规管理部门及其负责人应当具备足够的独立性和权威性，可以有效实施反垄断合规管理。同时，国家鼓励经营者建立专业化、高素质的合规管理队伍，根据业务规模、合规风险水平等因素配备合规管理人员，提升队伍能力水平。

通常国有企业反垄断合规管理的第一责任人是各企业负责人（含子公司、分支机构），反垄断合规管理机构由法律合规部或合规审计部等部门兼任。反垄断合规管理机构的主要职责包括：落实董事会、高管层工作部署，全面组织和实施反垄断合规管理工作；密切关注法律法规、监管规则和准则的最新发展动态，引导并协助各业务系统理解法律法规、监管规则和准则对公司经营的影响并提供合规建议；制定和修订公司反垄断合规管理办法，督促各部门贯彻落实，确保合规要求融入各项业务领域；对可能涉及反垄断领域的业务合同、投资协议等相关文件进行内部法律审查；组织并协助实施反垄断合规教育培训，为各职能部门和员工提供反垄断合规咨询；出现反垄断事项时，协助主管部门进行调查，进行反垄断申报等。

国有企业各职能部门对本部门的经营活动的反垄断合规工作履行管理职责，具体包括：根据相关法律、法规或准则的要求，结合反垄断合规管理部门的建议，及时制定、修订相关规章制度，落实反垄断承诺，管理反垄断合规风险；主动进行反垄断合规自查，与业务经营活动同步识别评估合规风险，向反垄断合规管理部门报告合规风险情况，在履行反垄断专项审查后方可实施；确定本部门内各岗位的合规职责，划分各岗位之间的责任，及时向相关岗位人员贯彻并传达需遵守的反垄断合规要求并逐级签订反垄断合规承诺函；根据反垄断合规管理部门的工作实践，积极主动参加合规培训等相关工作，并与本部门、本系统业务充分结合做好相关针对性培训等。

3. 反垄断合规内部举报与奖惩制度

员工作为企业基层的庞大力量，相较于上层高管更能直观地接触、了解企业反垄断合规运行中存在的具体问题和漏洞，发动他们的力量，能极大地帮助企业发现线索和问题。因此，国有企业应面向全体员工建立反垄断合规行为考核及奖惩机制，将反垄断合规考核结果作为员工及其所属部门绩效考核的重要依据，对违规行为进行处罚，提高员工遵守《反垄断法》相关规定的意识。国有企业在具体实施过程中可以采取适当的形式明确内部反垄断合规举报政策，并承诺为举报人的信息保密以及不因员工举报行为而采取任何对其不利的措施。

4. 反垄断合规培训

为了提供国有企业内部员工的反垄断合规意识，国有企业可以通过教育培训等方式，帮助和督促员工了解并遵守反垄断相关法律规定，增强员工的反垄断合规意识。具体形式可以多种多样，比如聘请专家做讲座、开展反垄断知识竞答、与反垄断监管机构进行交流、经典案例研讨等。

（二）国有企业反垄断外部合规应对

1. 承诺制度

根据《反垄断合规指南》的相关要求，对反垄断执法机构调查的涉嫌垄断行为，被调查的经营者承诺在反垄断执法机构认可的期限内采取具体措施消除该行为后果的，反垄断执法机构可以决定中止调查。经营者申请承诺的具体适用标准和程序等可以参考《禁止垄断协议暂行规定》《禁止滥用市场支配地位行为暂行规定》《国务院反垄断委员会垄断案件经营者承诺指南》。反垄断执法机构根据经营者履行承诺情况，依法决定终止调查或者恢复调查。

可见对于涉嫌违反反垄断相关规定的行为，相关规定提供了一条通过承诺及采取措施等方式避免行政处罚的途径。国有企业如已经产生涉嫌违反反垄断相关法律规定的行为，应该积极采取相应的措施，避免不良结果的产生，并积极向反垄断机构进行承诺，取得反垄断机构的认可。

2. 宽大制度

根据《经营者反垄断合规指南》的相关要求，经营者主动向反垄断执法机构报告达成垄断协议的有关情况并提供重要证据的，反垄断执法机构可以酌情减轻或者免除对该经营者的处罚。经营者申请宽大的具体适用标准和程序等可以参考《禁止垄断协议暂行规定》《国务院反垄断委员会横向垄断协议案件宽大制度适用指南》。

反垄断案件事实也采用如实提供相关证据，可以适当宽大处理的原则，这方面也属于反垄断执法机构的自由裁量权。国有企业涉嫌达成垄断协议的，应该注意积极收集证据，并向反垄断执法机构提供相关证明材料，以证明国有企业未达成垄断协议或者尽量减轻处罚。

3. 配合反垄断调查

根据《经营者反垄断合规指南》的相关要求，经营者及员工应当配合反垄断执法机构依法对涉嫌垄断行为进行调查，避免从事以下拒绝或者阻碍调查的行为：拒绝、阻碍执法人员进入经营场所；拒绝提供相关文件资料、信息或者获取文件资料、信息的权限；拒绝回答问题；隐匿、销毁、转移证据；提供误导性信息或者虚假信息；其他阻碍反垄断调查的行为。经营者及员工在反垄断执法机构采取未预先通知的突击调查中应当全面配合执法人员。国有企业涉嫌达成垄断协议的,应该协助反垄断执法机构进行调查,提供相关证明材料,查明案件事实,在维护自身权益的同时降低被处罚的风险。

第七章 《中央企业法律纠纷案件管理办法》的解读与应用

案件管理是国有企业法治建设的重点内容，能够反映企业对法律风险事前预防、事中控制和事后应对的能力和问题，是维护国有资产安全的重要路径。特别是在当前各类风险交织叠加、案件多发频发的背景下，中央企业亟须进一步加强案件管理，加快提升依法维权能力，为企业提质增效、高质量发展提供更加有力的支撑保障。为此，国务院国资委及时启动修订工作，在充分吸收中央企业案件管理实践先进经验的基础上印发了《中央企业法律纠纷案件管理办法》（以下简称《央企案件管理办法》），该办法于2023年8月1日起正式施行。

第一节

出台背景与主要内容

党中央高度重视法治建设,党的二十大报告首次将法治工作独立成章,对全面推进依法治国作出重要战略部署。为落实党中央决策部署,国务院国资委将强法治、防风险作为重点任务,在指导中央企业有效防范法律风险的同时,切实加强案件管理,维护国有资产安全。

2005 年,国务院国资委以部门规章形式印发了《中央企业重大法律纠纷案件管理暂行办法》(国务院国资委令第 11 号)(以下简称《暂行办法》),对推动企业妥善处理案件发挥了重要作用。但《暂行办法》实施距今已有 18 年,部分规定难以适应案件管理的现实需要。为此,国务院国资委及时启动修订工作,在充分吸收中央企业案件管理实践先进经验的基础上起草了《中央企业法律纠纷案件管理办法》(公开征求意见稿),书面征求全部中央企业意见,并向社会公开征求意见建议,经由国务院国资委委务会审议通过后,于 2023 年 6 月 12 日公布,自 2023 年 8 月 1 日起施行。

《央企案件管理办法》共 7 章 39 条。第一章"总则",规定了适用范围、相关定义、管理原则及国务院国资委职责等。第二章"组织职责",分别明确了第一责任人、总法律顾问、法务管理部门、业务和职能部门在案件管理方面的职责。第三章"管理机制",对中央企业案件管理工作机制进行了全面规定,强调在做好案件风险防控和应对处理的同时,特别突出了

“以案促管”的指导思想。第四章“重大案件管理”，明确了重大案件标准、案件报备、处理应对、结案报告等要求，特别规定央企间发生的重大案件，鼓励双方协商解决。第五章“中介机构管理”，对选聘管理、指导监督、动态评价、风险代理等作出明确规定。第六章“奖惩”，明确了激励机制、追责问责，以及国务院国资委的监督职责等。第七章为“附则”。

第二节

重点解读

一、组织职责

《央企案件管理办法》和《央企合规办法》《深化法治央企建设意见》保持了鲜明的体系性，继续强调中央企业主要负责人要切实履行法治建设第一责任人职责，加强对案件管理的工作领导。《央企案件管理办法》明确要求，中央企业应当建立由法治建设第一责任人领导，总法律顾问牵头，法务管理部门归口，业务及职能部门协同配合的案件管理体系。

关于中央企业总法律顾问的职责，《央企案件管理办法》也提供了有效指引：中央企业总法律顾问（首席合规官）牵头案件管理工作，研究解决重点难点问题，领导法务管理部门完善工作机制，指导所属单位加强案件管理。中央企业法务管理部门负责拟定案件管理制度，组织开展案件应对，对案件反映的管理问题提出完善建议，选聘和管理法律服务中介机构，推动案件管理信息化建设等工作。此外，《央企案件管理办法》还对业务和职能部门职责、案件管理人才队伍建设做出了具体要求。

二、管理机制

《央企案件管理办法》要求，中央企业应当结合实际制定完善案件管理相关制度，明确责任主体、职责范围、管控措施、监督问责等内容。对于风险排查，其要求中央企业应当定期开展法律纠纷风险排查，分类制定防范策略，完善风险应对预案，对重大风险及时预警，有效防控案件风险。

在案件应对方面，其要求中央企业发生案件应当及时调查了解案情，做好证据收集和保全，深入分析证据材料，认真准备举证质证意见，科学设计应对策略，不断优化处理方案，规范参加庭审活动。

在案件执行方面，中央企业取得生效裁判文书后应当切实做好案件执行工作，积极推动落实生效裁判文书确定的合法权益。中央企业案件处理完毕后，还应当及时进行总结分析，梳理案件管理经验，查找经营管理薄弱环节，通过法律意见书、建议函等形式，指导有关部门或者所属单位完善管理制度，堵塞管理漏洞，防止类似案件再次发生。

在日常管理机制方面，《央企案件管理办法》要求中央企业建立案件预警机制，即针对典型性和普遍性案件深入分析发案原因、潜在后果等，及时进行预警提示，切实采取防控措施。同时，对于历史遗留案件，中央企业应当研究制定处理方案，动态跟踪进展情况，切实采取有力措施，推动案件加快妥善解决。此外，中央企业应当每年对案件情况进行汇总统计，研究分析总体情况、主要特点、发案原因、应对措施等，并于每年 2 月底前向国务院国资委报送上一年度案件综合分析报告。

在考核方面，国务院国资委要求中央企业将案件管理情况作为法治建设重要内容，纳入对所属单位的考核评价。信息化建设是深化落实案件管理要求的重要保障，国务院国资委对此要求中央企业应当建立上下贯通、全面覆盖、实时监测的案件管理信息系统，即时掌握案件情况，健全管理指标体系，加强数据统计分析，提高数据综合运用能力，深入研究案件趋势、高发领域、薄弱环节等，指导有关部门或者所属单位完善管理制度，增强管理的针对性和有效性。

编者注意到，《央企案件管理办法》中的管理机制建设包括风险提示预警、纳入考核评价、信息化建设纳入考核评价、信息化建设等内容，与《央企合规办法》中对合规管理体系建设的要求一脉相承。由此可见，国务院国资委对于法律纠纷案件管理的最新要求正是推进国有企业合规管理体系建设的具体表现。

三、重大案件管理

重大案件由于金额大、影响广，处理效果很大程度上决定了案件管理的成效，有的甚至影响企业的经营发展，因此《央企案件管理办法》设立专章以对重大案件管理提出要求。

一是明确中央企业可以结合自身实际确定重大案件标准。同时，优化了须报国务院国资委备案的重大案件标准，在此前 5000 万元固定值的基础上，增加了动态指标，即“涉案金额达到中央企业上一年度经审计净利润绝对值 10% 以上，且金额超过 2000 万元人民币或者等值外币”，进一步增强标准的科学性。重大案件判断标准的变化是《央企案件管理办法》对中央企业案件管理工作起最直接影响的内容之一，《央企案件管理办法》采取的思路是通过国务院国资委将重大案件标准的划定权赋予各中央企业，要求企业结合自身实际明确重大案件标准。但同时规定了作为放权的配套限定机制，即明确应当报送国资委备案的重大案件的标准，包括五类：(1)涉案金额达到 5000 万元人民币或者等值外币以上；(2)涉案金额达到中央企业上一年度经审计净利润绝对值10%以上，且金额超过2000万元人民币或者等值外币；(3)可能产生较大影响的群体性案件或者系列案件；(4)涉及单位犯罪的刑事案件；(5)其他涉及中央企业重大权益或者具有重大影响的案件。

二是强调重大案件要及时报备。同时建立督办机制，督促企业落实主体责任，切实加大力度，依法维护权益。

三是要求中央企业通过诉讼、仲裁、调解、和解等多元化纠纷解决机制妥善处理案件。对中央企业间的重大案件鼓励通过协商方式解决，协商不成的，可以报国务院国资委指导协调，以尽快定分止争、节约诉讼成本、维护良好形象。

四、中介机构管理

选聘法律服务中介机构帮助企业处理案件，对于发挥专业优势、妥善处理案件具有积极作用。但有的企业过于依赖外部律师，处理结果不理想；有的企业滥用风险代理，支付不合理的高额费用，大大增加了管理成本。为此《央企案件管理办法》特新增专章对加强中介机构管理作出规定。一是要求明确选聘条件、流程等，确保依法合规、公平公正。二是要求中央企业在案件处理中必须发挥主导作用，强化对重大事项的审核把关。三是要求建立动态评价等工作机制，对不能胜任的及时调整。四是规范使用风险代理，合理确定费用。

第三节

落地建议

整体而言,相较于《暂行办法》,《央企案件管理办法》对央企案件管理提出了更高的要求,央企应对照《央企案件管理办法》要求,查漏补缺,不断加强案件管理,以进一步提高管理水平,持续提升法治工作对企业生产经营的引领能力。关于如何落实相关要求,编者结合自身参与中央企业案件处理的经验,提出如下建议。

一、构建常态化的法律风险管理机制

央企应对照《央企案件管理办法》,制定或完善自身案件管理制度,特别是要将非重大案件和此次《央企案件管理办法》新增的两类重大案件纳入制度进行规范化管理。案件管理制度应明确责任主体、职责范围、管控措施和监督问责。同时,需要构建常态化的法律风险管理机制,对法律风险的识别评估、预警、应对、报告/备案等进行闭环管理。

对于过往5~10年内发生的法律纠纷案件,央企可以总结梳理案件数量、类型、涉案金额、当事人信息、代理人信息、案件进展、办理结果等。在此基础上,进一步分析企业易发生纠纷的领域、发生的原因以及有效的防控措施，发现经营管理中的薄弱环节、漏洞或问题。针对总结梳理的结果，央企应结合《央企案件管理办法》要求，因地制宜、对症下药，建立健全案件管理的风险排查机制、风险预警机制、风险应对机制，落实“以案促管”的指导思想，实现法律风险管理水平的持续螺旋式上升。针对《央企案件管理办法》规定的重大案件、考核评价、中介机构管理等新增要求，央企要根据《央企案件管理办法》要求及时修订企业的相应制度，及时履行备案/报告程序。

二、强化主体责任

相较于《暂行办法》，《央企案件管理办法》第二章对央企主要负责人、总法律顾问、法务管理部门、业务和职能部门的案件管理职责进行了进一步明确。央企需要按照《央企案件管理办法》要求明确企业内不同人员的职责和具体工作流程，同时加强法务人员的专业能力和案件管理能力培训，不断提升案件管理专业水平，鼓励法务人员积极参与或直接代理案件，在招聘法务人员时可以适当考虑候选人的代理案件经验和能力。

在实践中，由总法律顾问牵头案件管理工作，法务管理部门组织开展案件应对，选聘和管理法律服务中介机构。业务和职能部门应当及时与法务管理部门沟通可能引发案件的有关情况，配合开展证据收集、案情分析、法律论证、案件执行等工作。关于案件的处理情况，定期向主要负责人汇报，以便业务和职能部门针对案件反映的管理问题完善相关制度，改进工作机制，推动以案促管。

三、及时开展法律纠纷风险排查

《央企案件管理办法》第十二条要求，中央企业应当定期开展法律纠纷风险排查，建立重大风险预警机制，分类制定防控策略，完善应对预案。此外，《央企合规办法》《深化法治央企建设意见》《中央企业重大经营风险事件报告工作规则》等，均要求中央企业常态化开展风险隐患排查处置，针对共性风险通过提示函、案件通报、法律建议书等形式及时开展预警，有效防范化解。

为降低中央企业未来发生纠纷案件的可能性，企业应及时开展法律纠纷风险排查，可以作为专项工作，也可以与其他合规风险、经营风险等一并开展。针对风险排查中可能存在的隐患，及时采取措施解决处理，例如，沟通协商、签订补充协议、发送函件、补办手续等；对于风险排查中发现的可能或已经侵害中央企业合法权益的情形，中央企业也需要利用诉讼、仲裁、调解、和解等方式积极主动维权，避免拖延导致超过诉讼时效或除斥期间、证据毁损灭失、财产转移等不利后果。

例如，某国有企业于 2022 年开展年度风险排查工作，各子公司、各部门从公司章程制度、岗位职责、各类合同、应收账款等方面进行全面细致梳理，明确细化法律风险类型，识别判断法律风险源，精细排查客观存在和潜在的法律风险点，并对梳理出来的风险点统一审定。通过排查，梳理出法律风险点 33 条，涉及合同审核、盖章、履约，招标采购、安全生产等相关问题，真正做到规范判断，精准防控。

四、及时、妥善解决遗留或存量案件

根据《央企案件管理办法》第十七条要求，中央企业应当加强历史遗留案件处理，推动案件加快解决。历史遗留案件往往具有复杂的历史原因，证据收集也比较困难，央企需高度重视该项工作，及时采取措施妥善解决案件，必要时可聘请外部律师协助，通过多元化纠纷处置机制尽快处置案件。

例如，部分企业的不动产因历史遗留问题无法办理产权过户，通过常规方式无法办理产权过户时，也可选择法律诉讼的方式处理相关问题。由于时间久远，购房主体可能面临丢失购房合同原件、丢失购房票据、开发建设单位合并或分立、房屋开发建设单位手续不完备等问题。此类问题较为复杂，需要前往多个职能部门沟通协商，办理相关手续，推动历史遗留问题尽快处理。

五、加强涉外案件管理

《央企案件管理办法》第十四条特别强调央企要加强涉外案件管理。相比境内案件，央企在处理涉外案件时将面临更复杂的司法环境、更陌生的法律领域，需要借助外部力量协助企业确保涉外案件的妥善处理，以维护境外国有资产安全。央企需要尽快建立涉外案件的管理机制，在制度规范下，央企可以聘请境内国际化的律师团队牵头，与境外律师团队组建境内外一体化的法律纠纷处理团队，在境内外全面应对相关案件，以最大限度维护央企的权益。

以 2022 年 5 月 30 日，南非高等法院就 DHL Project & Chartering Ltd v. MV“Shandong Hai Chang”（A10/2020）[2022] ZAKZDHC 24 一案作出判决为例，南非高等法院经审查后认可 2009 年 5 月 1 日施行的《中华人民共和国企业国有资产法》与 2013 年启动的国有企业改革措施关于中国国企改制之控制权分离实际情况，驳回原告的诉讼请求。该案系境外法院首例认可中国国企独立性的案例，也是中国法域外适用的重要案例，对于我国国有企业在涉外案件中的类似抗辩具有重要参考意义。

六、加强案件管理信息化建设

《央企案件管理办法》第二十条秉承了《央企合规办法》《深化法治央企建设意见》的一贯要求，要求央企建立健全案件管理信息化系统。央企的案件管理信息化建设可与合规管理信息化建设协同进行。在案件管理信息化建设的基础上，央企可以运用区块链、大数据、云计算、人工智能等新兴信息技术，推动案件管理从信息化向数字化升级，有效提高管理效能。

以大型企业案件管理系统建设为例，可以构建组织内部统一的诉讼案件信息库，总部分子公司统一使用，全面覆盖各类纠纷案件。

首先，经办人员立案时可以在电脑端进行案件信息录入，在表单中填写案件上报说明、案件信息（包含案由类别、案件基本情况、已有证据材料、待收集证据材料等）。如符合重大案件标准，则形成重大案件台账，推进案件及时审核。

其次，跟进案件审批流程，一审、二审、再审等环节信息填报时，自动显示相关案件信息，便于经办人员跟进案件处理情况，形成上下贯通的任务办理和反馈更新机制，案件归档后可随时查询。

此外，用案由智能匹配、相似案件智能推荐等功能进行类案汇总，如某类案件高发、频发，系统将自动向经办人员推送风险预警，提醒经办人员关注重点合规事项。

综上所述，国有企业可以参照《央企案件管理办法》的要求，定期开展法律纠纷风险排查，落实主体责任，及时、妥善解决遗留或存量案件，持续加强案件管理，以案件管理为抓手促进企业管理提升。

第八章　国有企业合规管理体系建设案例分析

第一节

国有企业合规管理体系建设案例分析——以某国企为例

国有企业合规管理体系的建设，对保障企业依法合规经营，促进企业的高质量发展具有重要意义。概括来说，合规管理体系旨在防控合规风险，其建设是以合规组织架构配置与合规职责为出发点，通过评估合规风险、制作和发布合规行为准则，形成合规管理系列制度的过程。编者结合自身长期为国企提供法律服务的经验，以某国企为例，从组织架构、制度建设、运行机制、合规文化与信息化建设五个方面分析如何建立合规管理体系。

一、权责清晰的合规管理组织架构

合规管理组织架构建设是一个系统性工程，《央企合规办法》规定的组织架构包括党委（党组）、董事会、经理层、第一责任人、合规委员会、首席合规官、业务部门及职能部门、合规管理部门以及监督部门。某国有企业在设计合规管理组织架构时即参照了上述要求。

（一）建立组织架构

根据某国企制定的合规管理体系建设工作方案，公司的合规管理架构如下：

1. 公司党委会负责加强企业党的政治建设，研究讨论企业重大经营管理事项，支持股东（大）会、董事会、监事会和经理层依法行使职权；

2. 公司董事会负责批准合规战略规划、基本制度和年度报告，研究决定合规管理重大事项，负责推动完善合规管理体系；

3. 公司经理层负责拟订合规管理体系建设方案，经董事会批准后组织实施，组织制定合规管理具体制度，组织应对重大合规风险事件；

4. 设立合规管理委员会，并与公司的综合风险管理委员会共同合作。合规管理委员会的首要职责是组织领导和协调合规管理事务，其中包括对重要的合规管理事项进行研究、决策或提出建议。此外，合规管理委员会还负责指导、监督和评估合规管理等任务。其中，合规管理委员会主任由某国企的董事长、总经理担任，副主任由某国企合规工作分管领导、总法律顾问担任，成员由各部门主要负责人组成。在某国企的法务部，设立合规管理委员会的办公室。

5. 某国企的总法律顾问担任首席合规官，负责组织制定合规管理战略规划，参与企业重大决策并提出合规意见，领导合规管理部门开展合规工作，向定期董事会、经营层汇报，并负责组织起草合规年度报告等。

（二）明确职责分工

在某国有企业合规管理体系建设工作方案中，提出要在合规管理委员会统一领导下，建立合规管理“三道防线”。其中，第一道防线：各业务部门是合规管理的主管部门，是合规风险管理的责任主体，负责管理本部门的合规工作，同时负责完善本部门的制度和流程，积极开展合规风险识别和隐患排查等工作。第二道防线：法务部设定为合规管理的主要部门，负责提供法律意见和建议，管理合规风险事件，并协调、监督合规管理工作，为业务部门提供必要的合规支持。第三道防线：监察、审计、巡视及内控管理等相关部门作为专项监督部门，负责在其职责范围内，履行合规管理监督职责。

某国有企业在建立健全合规管理组织体系过程中秉承三项重点工作：

一是突出“关键少数”领导作用。集团党组每年听取合规管理情况报告，董事会研究合规管理重点工作，提出工作要求。集团党组书记、董事长多次对合规管理工作作出批示指示，亲自为涉外合规指引作序，公开表明集团合规态度。集团党组副书记、总经理组织召开合规管理推进会、涉外法治工作会等专题会议，统筹谋划合规管理工作。各专业化公司、直属单位主要负责同志切实履行合规管理第一责任人职责，各层级领导人员把依法合规经营扛在肩上、抓在手上、落在行动上。

二是推动“三道防线”职责落地。指导业务部门按照国资委“管业务必须管合规”的要求，把合规作为开展业务的首要前提，在业务开展的第一个环节有效防范合规风险，履行“第一道防线”主体责任。持续强化合规管理体系建设，不断增强工作的系统性和针对性，坚决筑牢“第二道防线”。纪检、巡视、审计等部门切实发挥监督作用，对违规行为严肃问责，形成震慑，牢牢把住“第三道防线”。

三是强化“上下联动”层层落实。集团开展“合规管理强化年”专项工作，逐级压实管理责任，推进各级子企业落实合规风险防控、合规审查、合规考核评价、违规责任追究等重点机制，合规管理在基层一线中全面铺开。发挥考核“指挥棒”作用，将合规管理情况纳入对成员单位考核和“业绩突出贡献奖”的约束项指标，合规管理提升为对成员单位的考核硬指标。

二、科学完备的合规管理制度体系

合规管理的基础工作是将外规内化,完善的合规管理制度体系使各专业线的合规管理工作有章可循。

一方面,某国有企业拓展“1 + N + X”合规管理专门制度体系。分层制定合规管理基本制度(1)、具体制度(N)和操作性规定(X),推动全员全域全面合规局面加速形成。出台专业性合规管理实施办法,夯实合规管理主体责任;印发诚信合规行为准则,培育“遵规守纪、担当作为”的诚信合规文化;迭代更新专业线合规手册,将与公司经营管理密切相关的法律规定和监管要求,全面转化为各专业各层级各岗位的合规遵循。

另一方面,某国有企业着力完善规章制度全生命周期管理体系。重构制度体系,形成以章程为统领,纵向区分根本、基本和专业制度,横向区分市场、网络等 17 个专业线的立体化体系;规范立改废释,明确 8 种情形,实现版本管理,做实年度计划,促进敏捷迭代。新增制度 4961 项、修订制度 2096 项、废止制度 2899 项;出台规章制度工作评价办法,明确评价方式和内容,压实执行和评价责任,加强制度执行监督,确保制度刚性约束。

三、规范高效的合规管理运行机制

某国有企业深入贯彻国务院国资委《深化法治央企建设意见》和《央企合规办法》等相关要求,加快构建适应新发展战略和产业结构的合规工作体系与运行机制。

一是健全合规风险识别评估预警机制。结合全面风险评估机制,组织对合规风险进行定期识别和评估。定期组织成员单位开展全级次、全方位、全领域合规风险排查,从合规风险类别、等级、产生原因等维度建立了合规风险清单,全面掌握集团合规风险底数。指导成员单位开展合规风险预警,及时掌握本单位重点业务、重大项目情况,提示合规风险。积极推动成员单位开展合规信息化建设,利用信息化手段加强合规风险动态掌控,提升合规风险管控实效。

二是强化重点领域合规风险防控。集团以风险为导向,聚焦核进出口、PPP 业务、知识产权、劳动用工、采购招投标等重点领域,突出事项决策、合规审查等关键环节,通过编制专项领域合规指引、开展合规督导、组织违法违规问题治理等措施,督促各单位建立健全合规风险防范长效机制,牢牢守住不发生重大违法违规问题底线,营造稳定发展环境。

三是全面加强涉外业务合规管理。集团将涉外业务合规作为合规管理工作的重中之重,组织召开集团公司涉外法治工作会议,统筹部署涉外合规工作。制定涉外法治工作实施意见,印发加强境外业务法律合规管理工作的指导意见。持续加强涉外合规风险和法律问题研究,编制对外合作 12 个国家(地区)风险防控指引和海外反腐败、世界银行项目合规管理、涉美敏感物项进出口等系列合规指引,开展责任公约等课题研究,制定科研人员国际化交流指南,引导成员单位熟悉涉外业务合规风险、掌握应对风险举措、健全涉外业务合规工作机制,提升整体涉外合规管理水平。

四是抓实抓细合规审查机制。集团发布标准合同文本、编制规章制度《关键风险控制表》、严格出具风险审查意见等途径,逐年加大对规章制度制定、重大事项决策、重要合同签订、重大项目运营等经营管理活动决策流程的合规审查。坚持将合规审查作为经营决策和业务开展的必经前置程序,持续细化工作流程及审查时限要求,对于涉嫌违法违规、存在重大风险的"一票否决",不断提升审查质量,确保经营活动合法、合规。

五是建立合规评价机制。集团以标准化为抓手,以客观、适用、有效为目标，归纳、提炼近年外部监管要求和集团公司管理重点，印发《××集团合规管理评价标准》，形成具体、明确、可操作的评价指标。定期开展成员单位合规管理评价，检验合规管理体系有效性，指导成员单位完善合规管理体系，推动合规管理优化提升。

四、培育企业合规文化

（一）签署承诺书，倡导合规理念

某国企向全体员工发布经董事长签署的《合规管理倡议书》，向全体员工发出提升合规意识、坚守合规底线、筑牢合规防线的倡议，组织全体员工签署《合规承诺书》，领导班子带头签署，各部门、二级单位积极响应，围绕遵守党规党纪、法律法规、行业规范和公司管理制度，维护公司合法权益，履行岗位合规职责，抵制违法违规违纪行为，配合开展合规检查、违规调查，参与合规培训与合规文化建设、合规信息化建设等七个方面作出承诺。

（二）组织开展合规培训交流会

某国企在培训计划中单设合规管理模块内容，在企业整体上形成多层级、体系化的培训格局。特邀第三方合规专家开展国企合规管理讲座，贯彻《央企合规办法》精神，结合某国企的实际情况，着重阐释了“三重一大”与合同管理制度，突出重点领域合规管理，持续提升重点业务、重点岗位人员合规管理能力。

（三）加强合规队伍建设

各部门下设合规管理岗，根据业务规模、风险特点等因素配备兼职合规管理员，将责任心强、技能过硬的人员充实到法治建设、合规管理队伍中，通过加强培训学习、考核管理，不断优化队伍结构和队伍质量。同时配套制定合规管理员履职月报表、考核机制等，以表单化和清单化方式加强对合规管理员管理，提高队伍的整体履职能力，使合规管理员成为全公司合规管理体系中的重要组成部分，架起公司与部门、部门之间合规风险管理的“桥梁”。

除上述通行合规文件建设方案外，还有一些国有企业开展了颇具特色的合规文化宣传活动。

某国有企业总部围绕“合规管理强化年”组织开展合规微课堂比赛、合规征文等活动。以“加强合规管理促进依法合规经营”为主题，集团各单位共计创作微课堂作品 123 件，征集合规文章 209 篇，题材涵盖财务资金、安全环保、采购、反腐败、海外、合同、劳动用工、招投标、其他九类合规风险领域，在公司微信公众号等平台对获奖作品进行展播宣传。同时，将优秀作品展播与公司送法到基层、送法到项目活动相结合，由各单位精选优秀作品到一线进行学习宣传。

还有国有企业围绕合规管理主题开展短视频创作大赛。85 件作品被推荐至集团公司参加总决赛，获奖作品通过讲述企业在合规体系建设、机制运行、风险防范化解等方面的故事，充分展示了集团“合规是我们的核心竞争力”的合规理念。其中，某子公司拍摄的视频以企业在海外项目投标、执行以及合规应诉为故事主线，展示了集团在海外竞争中的合规优势、成功之道，讲解国际业务规则、禁止超授权使用软件、个人数据保护和防止涉密文件外泄四个场景，生动宣讲了合规管理要求。

五、建立合规管理信息化平台

某国有企业由法务合规部牵头，组建跨领域专项团队，协同 32 家重要子企业专项工作组共192人，历时8个月将合同管理系统延伸至六级下属单位、全方位对接内部业务系统，构建多维立体全价值链的集团化监管网络。全面规范合同管理，确定12项合同标准化流程，制定24项风险控制点及风险控制规则，借助系统功能实现合同风险自动识别、合理评估、及时预警、动态跟踪、联动管理，有效降低化解法律合规风险；完善监管功能，在合同系统上新增合规管理信息模块、合法合规性审核模块、工商证照、授权管理模块，初步构建立体、多维的风险监管体系；加强系统联动，通过合同系统与巡视、审计系统联通，为公司建立全方位监管体系提供数据基础和系统保障，初步形成“横向到边、纵向到底”的集团范围内实时动态监管体系，有效提升数字化监管能力和水平。

另一家国有企业依托管理支持系统探索并实践以人工智能新技术和自主研发成果为基础的“智慧合同”系统，构建集团、省、地市及区县公司四级纵向贯通，与工程建设、采购库存、财务管理、业务管理等信息系统横向数据共享的合同数字化管理体系，推动合同管理实时在线、全程可视、动态监控、及时预警。全集团统一合同管理界面、流程、审批表字段、合同编码、合同文本、合同打印防伪标识，促进合同管理制度化、标准化、规范化、流程化、智能化。对“资质资信审核、合同拟稿、合同审批、合同签署、合同归档、合同履行”等合同全生命周期进行监控，推动合同管理由点到线、由点及面，人机结合预判风险，有效提升风险防范水平。

第二节

合规风险识别中的三库制度建设——以某国企为例

国有企业如何主动识别和应对合规风险，是合规管理的精髓，而三库（风险库、专家库和案例库）制度的建立则是风险识别和风险应对的重要手段。对三库的整理、归纳，可以很好地帮助企业发现合规风险、应对合规风险。

一、三库制度建立的背景及意义

（一）三库制度建立的背景

合规管理一直是国有企业健康发展的必要前提。2018 年 11 月，为推动中央企业全面加强合规管理，加快提升依法合规经营管理水平，着力打造法治央企，保障企业持续健康发展，国务院国资委印发了《央企合规指引》。2021 年 10 月，国务院国资委发布《深化法治央企建设意见》，提出认真落实全面依法治国战略部署，持续深化法治央企建设。2021 年 12 月 3 日，国务院国资委再次召开中央企业“合规管理强化年”工作部署会，强调中央企业必须把强化合规放到贯彻习近平法治思想的高度来认识，放到落实全面依法治国战略的全局来部署，放到保障企业高质量发展的层面来推动，力争通过一年时间推动企业合规管理工作再上新台阶。

2022 年 8 月 23 日，国务院国资委发布《央企合规办法》，要求深入贯彻习近平法治思想，落实全面依法治国战略部署，深化法治央企建设，推动中央企业加强合规管理，切实防控风险，有力保障深化改革与高质量发展。

在上述背景环境下，以某中央企业为代表的国有企业开始在 2022 年对合规事项进行强化，根据自身情况开展各项合规管控措施。但对合规管理的具体实施方法，各国有企业并没有一个确定的方案和做法，有的以制度与流程为抓手，有的以合规风险为主线，有的以合规调查为关键。但就建立健全合规管理体系而言，它们显得比较分散。因此，有必要整理企业合规管理建设过程中出现的最佳做法，归纳出一套简便但高效的合规管理落地清单。合规管理的本质，其实是一场合规风险识别和应对的过程，国有企业建立三库制度可以有效帮助国有企业识别风险、应对和降低风险。

（二）三库制度建立的可行性和必要性

1. 三库制度建立的可行性

（1）政策可行性

近年来，国有企业通过“库”制度对相关领域进行管理和规制的情形非常多，法律法规及政策上也获得了多方面的支持，典型案例包括“律师库”“人才库”“合格供应商名录（库）”等。国有企业根据其内部要求和相关行业标准通过建立相应的遴选制度，选取合格的供应商、合作伙伴，可以极大地提高工作效率，降低采购的随意性，同时有利于降低采购成本。国有企业合规管理体系建立过程中的三库建设也同样不存在制度及政策上的障碍。

(2)技术可行性

三库制度的建设离不开相应的软件及技术支持。目前企业数据库管理及技术已经相当成熟,国有企业可以根据自身的项目需求和检索要求对数据库的录入、输出及检索等类属性进行调整即可。三库制度建立完成后,其可以通过其强大的管理功能,帮助国有企业管理、识别相关合规风险。

(3)制度可行性

近年来,国有企业的国有企业合规性的各项制度越来越完善,随着《央企合规指引》的发布,国有企业合规管理的要求逐步加强,国有企业内部也通过不断建立相应的管理制度,对三库制度的建立也给予足够的支持和帮助。

2. 三库制度建立的必要性

(1)风险库为国有企业合规提供预警机制

国有企业合规管理过程中的风险识别与预警是合规管理的重要内容,也是最大限度降低合规风险的有效手段,而风险库的设立,可以使国有企业经营管理过程中可以直接预见相关事项可能存在的风险点,提前采取必要的防范措施降低相应的风险,保证国有企业的合规管理。

(2)案例库为国有企业合规提供直观行动参考

案例是国有企业开展相关活动过程中最直观的最形象的参照标准,具有极高的借鉴价值,通过案例库的形式对国有企业活动提供参考,对提高行为的可预见性和决策的科学性有非常积极的作用。这里的案例包括两大类,正向案例和反向案例。正向案例指导行为实践,反向案例提示不合规行为的法律后果,一正一反相得益彰,有效避免不合规行为的产生。

(3)专家库为国有企业合规提供决策科学性

专家库也是国有企业合规事项实施的一个重要手段。无论任何行业,具体事务执行过程中均存在差异性和特殊性。针对一些疑难问题,法律规定不明确或者存在信息差异的情况下，聘请相应的专家为国有企业提供全程的指导和咨询则显得非常重要。这里的专家包括理论专家、实践专家，包括集团公司体系内专家，也包括体系外专家。国有企业可以利用专家的专业性对其进行指导，降低行为的不确定性，保证国有企业的合法合规。

二、三库制度的建立与运行

（一）三库设立的方式

1. 风险库的形成

（1）风险库的设立步骤

违反合规义务，会产生合规风险。风险库是企业可能遇到的合规风险的集合。合规风险库所指的合规风险，既包括已发生的风险事件，也包括未发生的风险可能性。已发生的风险事件可以是本企业发生的，也可以是同类型企业或其他有关联企业发生的。未发生的风险可能性，可以根据数据、法律规定归纳得出，也可根据逻辑推导得出。合规风险，其实就是不合规造成的负面影响。合规管理是一种主动减轻、规避合规风险的过程。因此，合规管理要落地，必须学会识别、分析以及评价企业可能遭遇的合规风险。

第一步：识别企业交易循环中的可能的违反合规义务的情形，并记录下来。交易循环，是指企业运行中涉及的采购、销售、生产、研发、投资、财务、人力资源、信息传递等行为及其过程。

第二步：对已识别并记录下来的合规风险（清单）进行分析。这一步，是对合规风险进行进一步的筛查、确认和整理。分析的内容，包括对风险的来源进行分析，对风险发生的可能性进行分析，对风险发生的后果进行分析等。

第三步：在分析的基础上再进行评价。评价，是在分析的基础上，对合规风险再进行量化排序。分析，其实已包含一部分的量化工作。评价是更细致的量化，并用直观的方式展现出来，为合规风险管控措施落地打下扎实的基础。这一步骤的工作成果，部分专家喜欢表述成“合规热力图”。以某中央企业为例，其根据公司的主营业务，从输变电设备的采购到电网购电，再到居民用电服务，对各个环节可能存在的法律风险进行整理、分析、总结，形成了自己的合规风险库。

(2)风险来源的收集与分类统计

合规风险源是指组织活动中可能引发合规风险发生的内在的要素和组合叠加的要素。风险来源的收集可以分为两大类，一类是对已经发生的风险的收集，另一类是未发生的风险的收集。

对于已经发生的风险的收集，其风险收集主要来源于国有企业自身、其关联企业、同类型企业等。国有企业在开展经营过程中可以定期收集自身、关联方及同行业的合规事件，根据相应的合规事件不断完善自身的合规风险库。以某中央企业为例，其每月对电力行业及关联方的合规事件进行分类总结，将对企业有参考意义的事件的基本情况、处置措施、处置结果、启示等内容进行分类统计，不断完善自身的风险库。当然获取合规事件及相应信息的来源有多种，比如调查问卷、现场访谈、研习行业案例等。

对于尚未发生的风险的收集，根据数据、法律规定归纳得出。国有企业在开展经营过程中可以将相关业务所依据的法律法规及内部规章制度进行分类和总结，分析业务合规中的应为事项、不为事项，并对违反相关制度可能受到的处罚进行分析，从而完善尚未发生的风险的收集。某中央企业在律师的协助下，通过对相关行业相关法律法规进行分类和归纳，统计出数百条可能会发生的合规风险，并就每一条合规风险的防范方法进行完善，可以极大提供风险库的指导意义。

当然风险来源的分类方式还有很多，典型的方法还有本书第四章国有企业合规风险管理中的“企业八项权力识别模型”。其利用统计学的方法将企业可能发生的风险来源进行分类,归纳为八项权利,具体包括审批权、市场客服与销售权、人事权、采购权、放行权、计量权、财务资金权和拥有关键信息权。通过识别上述八个方面的权力在生产经营业务中岗位和流程中的分布情况,并逐一标识出来,就能够识别到企业分布各业务岗位和流程上的因为权力风险源引起的合规风险点。

(3)风险事项的更新与完善

企业合规所涉风险库内容不是一成不变的,风险事项及风险库需要进行不断的更新和完善,一方面,风险事项的积累需要一定的时间,企业在实践过程中会遇到不同的事项,产生不同的风险因素,企业需要不断的累积经验;另一方面,随着时间的推移,相应的法律法规会发生变更,导致风险事项、风险程度都会发生变化;最后,不同的行业政策监管环境也会对风险的大小产生影响,导致企业也需要根据不同的监管环境采取不同的合规应对措施。

风险库的完善参考某中央企业的案例可以从以下几个方面实施:定期收集各子企业、分支机构和同行业、境内外企业的合规风险事件,并进行分析,完善风险库风险储备;加强与行业监管机构的沟通,实时了解其监管动态和监管趋势,适时调整风险库中的风险预警等级;定期咨询行业专家,对相关政策进行解读和研判。

2. 专家库的设立

专家库具有联系广泛、人才荟萃、知识密集的优势。其可以从专业的角度,客观公正地提出咨询意见,为国有企业在相关领域的合规性管理提供智力支持。因此,探索建立咨询专家库,充分发挥专家库的作用,对提高国有企业决策的能力和决策水平,无疑都将起到积极的推动作用。

(1)专家库设立的总体原则

专家库的建设涉及专家推荐、聘用、调整、续聘,专家库管理、运行、架构更新,经费保障等多个环节、多项内容、多个步骤。因此,要结合各地工作实际,研究制定周密、具体、切实可行的工作方案。重点要做好以下几个方面:

①坚持因地制宜,明确建设目标。合规专家库的建立,应本着高层次、权威性和代表性的原则。既可以借鉴"合格供应商管理库"的有关做法,也可以参照各地仲裁机构选聘仲裁员,建立仲裁员库的做法。

②确定建设方法,注重持续发展。专家的邀请、推荐应以企业内部各工作部门推荐为基础,广泛邀请相关企事业单位、学术团体以及个人推荐合适的人选。具体推荐方式有三种:国有企业直接发函邀请;国有企业工作部门推荐;相关单位和个人推荐。在推选的基础上,由国有企业合规管理部门内部会议研究确定。对于筛选、确定的专家,采取发放聘书的方式,正式聘为专家库成员。在建设过程中,要注重构建平衡的专家群体结构,使专家的专业结构、区域结构、年龄结构趋于合理,避免专家结构单一、各组人数配备不合理等问题。同时,要注重培养和发展新的专家,优化专家结构,扩充专家数量。

③加强制度建设,建立长效机制。要研究制定专家库工作制度,对受聘专家的工作职责、提名与聘任、专家库的管理与更新、架构和任期等作出规定,配套研究制定关于专家库日常管理、活动形式、参与程序等细则。在任期方面,建议专家库的任期为2~3年,避免专家的频繁更换给国有企业带来的选聘压力,同时也能保证专家库能够及时吸收新鲜血液。

④确定运行方式,落实经费保障。以国有企业内部合规管理部门为主体,切实加强与专家的联系,积极会同专家做好有关问题的研究,充分借助专家的专长提升履职水平。专家也可以针对国有企业的相关事项主动提出意见和建议。要构建良好的交流制度和平台,加强专家间的互动交流。在经费保障方面,国有企业内部合规管理部门应积极落实工作经费,保障咨询活动的质量和水平。

（2）专家的资格要求

专家的高素质、高水准是咨询结果准确性和权威性的保证，遴选适合国有企业合规管理的专家，对开展好相关合规工作十分重要。以某中央企业为例，进入专家库中的人员，应该符合以下几个条件：①在电力、法律、财务、对外投资、环境保护等重点领域应具有较高水平的专业水平和理论研究能力；②在上述专业领域有较高知名度和丰富的实践经验；③具备良好的政治素质和职业道德，坚持实事求是，有社会责任感和严谨的工作态度，能保证参加相关咨询活动。

（3）专家遴选

以某中央企业为例，专家库成员的遴选采取的方法如下：依据电力行业关于合规管理的各个重点领域以及以自愿为原则征集到的专家名单，在每个重点领域中挑选 5 ~ 8 名专业人士，建立总人数在 60 ~ 80 人的专家库，上述专家中既有国有企业内部员工，也包括外部行业专家。依据所聘请专家的专业特长和研究方向，分为安全环保、电网建设、运营维护、招标采购、供电服务、调度交易、财务税收、劳动用工、知识产权、网络与数据安全、投资并购、商业伙伴管理 12 个类别，以突出综合性、专业性和针对性。

（4）专家工作方式

组建专家库可以采取“不求所有、但求所用”的灵活运作模式，有机整合专家资源，通常采取座谈会、咨询会、电话、电子邮件等一些行之有效的方式保持与专家之间的畅通交流。

3. 案例库的设立

（1）案例来源的收集和选取

合规案例是国有企业合规管理的重要参照标准，合规案例可以从以下几个方面进行收集。

一是通过检索各主管机关的信息公示栏获取相关案例，这里的主管机关主要包括税务机关、环保部门、反垄断局、住房和城乡建设部、最高人民法院、最高人民检察院等部门。一般主管机关披露的案例多为反面案例,这里的案例主要起到警示作用,每个案例应该包括案件基本情况、法律分析、处罚依据、启示等几个方面。

二是通过国有企业内部各部门对合规案例的收集也是案例的一个重要来源。国有企业内部各部门所收集的案例可能更具有代表性,尤其是对于某中央企业这种大型国有企业,各省公司、市公司和县公司通常会遇到相同的合规问题。因此,国有企业内部各部门收集的案例可能更具有代表性和实践操作性,案例的指导作用更强,国有企业业务开展过程中碰到的概率更高,这类案例的收集也是合规案例收集的重要部分。

三是通过向合规专家征集案例。如前文所述,专家库中的成员都在相关领域具有丰富的实践经验,国有企业可以向合规专家征集相应的案例,尤其是对一些有争议的事项,可以通过专家的经验和理论研究把握案例的选取,为国有企业合规管理提供指导和参考。

(2)案例的分类与统计

无论是风险库还是专家库,都需要对库中的基本要素进行分类统计,案例同样也不例外。案例库的分类主要是为了便于检索和查找,给后续国有企业参照提供便利。以某中央企业为例,其将案例按照合规的重点领域可以分为安全环保、电网建设、运营维护、招标采购、供电服务、调度交易、财务税收、劳动用工、知识产权、网络与数据安全、投资并购、商业伙伴管理12 个类别,这 12 个领域可以对应国有企业内部的各个条线或者各个部门,便于各部门的集中学习。

编者认为,案例库在设立过程中,可以对案例的关键词进行选取和总结,后续通过关键词检索的方式与需求进行匹配,从而帮助国有企业找到参考案例。

（二）三库制度的运行方式及机制

1. 相关制度与管理办法的制定与实施

三库制度的运行离不开相应的管理制度。对于案例库、风险库和专家库的设立及运行，国有企业需要建立相应的管理制度，才能保证实现三库制度设立的目的和意义。以某中央企业为例：

其一，对于风险库，制定了《合规风险归集管理办法》以及配套的《风险事项分析表》等文件，就风险库的设立、目的、意义、风险收集、职责分工等内容作了明确约定，通过该办法的实施初步形成了风险库的总体框架和运行机制。

其二，对于专家库，制定了《合规专家选聘管理办法》、《合规专家经费支付管理办法》以及配套的《风险事项分析表》等文件，就专家库的设立、目的、意义、专家选聘、职责分工等内容作了明确约定，通过该办法的实施初步形成了专家库的总体框架和运行机制。

其三，对于案例库，制定了《合规案例选取办法》以及配套的《合规案例分析表》等文件，就案例库的设立、目的、意义、案例收集等内容作了明确约定，通过该办法的实施初步形成了案例库的总体框架和运行机制。

2. 承办部门的职责与分工

关于三库制度的实施部门及相关分工，结合《央企合规办法》，以某中央企业为例，对于国有企业内部关于三库制度的职责和分工如下：

董事会和经理层根据权限划分负责审定三库相关管理制度；国有企业设立的合规委员会负责三库的建立，并推动相关制度的实施；合规管理委员会下设的办公室（公司经济法律部）负责相关制度的起草与实施的具体工作，负责执行相应的内控管理要求；国有企业内部各部门负责本部门领域内与三库制度有关的合规管理和方案实施。

三、三库制度的实施效果与改进建议

(一)三库制度对某中央企业所产生的影响与变化

1. 合规风险的降低

合规管理是企业稳健经营运行的内在要求,也是防范违规风险的基本前提。三库制度的建立和完善提供高了国有企业内控制度效能,使得某中央企业在预防风险、应对风险方面能够化被动为主动,通过案例、通过专家、通过合规风险预警等方式降低合规风险。

2. 提高了决策的科学性和时效性

三库制度的建立有效提高了国有企业决策层决策的科学性和实效性,有效防止了少数领导个人意愿导致的决策失误,最大限度地减少决策失误而带来的经营风险。尤其是案例库的作用不容小觑,案例库的设立和运行,给国有企业管理层和决策层提供了可以直接借鉴的依据,形成了决策必先看案例的风气。

(二)三库制度的完善建议

1. 适当提高外部专家的比例

专家库是三库的重要内容之一,而专家库的成员就是“专家”。如前文所述,专家既包括国有企业内部专家,也包括国有企业外部专家,而外部专家通常是在法律、财税、招投标、境外投资、数据安全、环境保护方面的具有丰富经验和理论功底的专业人士,其项目阅历和实践经验相较于国有企业内部专家而言可能更加丰富。因此,编者的建议是专家库中应适当提高外部专家的比例,可以让国有企业更加接近相关行业的前沿,及时掌握监管趋势和监管动态,避免国有企业内部的信息不对称。

2. 加强与律师事务所等中介机构的合作

三库制度建立与完善过程中，无论是根据法律规定总结相应的风险点，还是收集相应的案例，总结一定时期内的合规事件，都离不开专业律师等中介服务机构的支持。因此，国有企业在合规项目实施过程中，应该聘请相应的中介机构协助国有企业完善相关内控制度，建立三库制度，以最大限度地降低国有企业合规风险，实现国有资产的保值增值。

3. 增加对合规典型案例的宣传和奖励

三库制度的建立最大的作用是帮助国有企业识别风险并控制风险，建议国有企业加大对合规典型案例的宣传，建立相应的奖惩制度，最大限度利用好三库，以建立和完善国有企业合规管理的三道防线。

第三节

国有企业风险管理实务及落地要点——以债务风险为例

一、国有企业债务风险管控要求

2023 年 4 月 26 日，国务院国资委印发最新的《中央企业债券发行管理办法》（以下简称《债券发行管理办法》）。

《债券发行管理办法》旨在健全债券发行管理工作体系、提高债券发行审批效率、提升债券发行全流程管理水平、防范债券违约风险。同时承接了 2022 年 10 月 1 日生效的《央企合规办法》，推动中央企业将合规管理与债券管理深度融合，保障《债券发行管理办法》规定的各项举措能落地见效，主要在以下四个方面提出了要求。

一是着力健全债券发行管理工作体系。首先明确管理责任，国资委审核集团公司年度债券发行计划、推动中央企业强化债券风险防控，中央企业集团公司落实管理主体责任、健全债券发行管理制度、负责子公司债券发行及全流程管理。其次明确管理范围，将管理范围扩充为企业在各类债券市场发行的公司信用类债券，实现对各类债券品种的全覆盖。最后明确全流程管控要求，包括制度建设、债券发行计划制订、债券发行事前审核、存量债券动态监测、债券兑付安排、违规责任追究等内容。

二是着力提高债券发行审批效率。改变一事一批的方式，对中央企业债券发行实行年度计划管理，结合年度预算管理，国资委一次性审批中央企业集团公司年度债券发行计划，确定债券发行额度，中央企业集团公司据此自行决策具体发行事宜。央企子企业的发债事项，均由集团公司负责审批和管理。

三是着力提升债券发行全流程管理水平。首先严格限定发债主体，要求中央企业建立债券发行主体认定机制，确定可以发行债券的子企业标准或名单。其次优化债券融资结构，要求中央企业合理确定债券品种和债券期限，逐步提高中长期债券发行占比。最后用好债券创新品种，要求中央企业通过发行科技创新债券、碳中和碳达峰债券、乡村振兴债券等创新品种，有效服务国家重大战略。

四是着力防范债券违约风险。《债券发行管理办法》对各环节的风险防范工作提出了系统要求，包括年度债券发行计划制订及审核、重点风险企业管控、永续债管控、境外债券融资管理、信息披露、募集资金使用、债券在线监测、兑付风险管理、重大信息报告、违规责任追究等方面。

且原《中央企业债券发行管理暂行办法》仅仅规范中央企业发行企业债券、公司债券等中长期债券的行为，未涵盖众多创新的债券品种，也不涉及境外债券发行。而最新出台的《债券发行管理办法》覆盖面更广，将央企及其各级子企业在境内外债券市场发行的包括非金融企业债务融资工具、金融债在内的全部公司信用类债券一网打尽，实现对中央企业各层级、境内外发行各类债券品种的全覆盖管理。

附:年度债券发行计划表

集团名称:20　年度　　金额单位:　万元人民币

发债主体名称	上年末债券余额	本年度带息负债预算金额	本年度债券计划发行额			发债主体评级	产权层级
			其中:1. 本年度短期债券净增加额	2. 本年度中长期债券计划发行额	3. 本年度权益类债券计划发行额		
集团公司							
子企业 1							
子企业 2							
子企业 3							
子企业 4							
……							
合计							

注:按照《债券发行管理办法》第七条和第八条要求,如集团公司当年有债券发行计划,请一并填写集团公司及所属各级子企业债券发行计划;如集团公司当年无债券发行计划,请汇总填写所属各级子企业债券发行计划。

二、常态化合规审查机制的应用

2022 年 12 月 30 日,遵义道桥建设(集团)有限公司(以下简称遵义道桥)发布关于推进银行贷款重组事项的公告,引发城投债务投资者的关注。遵义道桥是贵州省遵义市全资控股的资产规模最大的国有企业,主营业务包括工程施工、城市基础设施建设、房地产销售和土地整治等。根据遵义道桥公告的重组协议，重组后银行贷款期限调整为20年，利率调整为3%/年至4.5%/年，前10年仅付息不还本，后10年分期还本。

此前，国务院《关于支持贵州在新时代西部大开发上闯新路的意见》（国发〔2022〕2号）、财政部《支持贵州加快提升财政治理能力奋力闯出高质量发展新路的实施方案的通知》（财预〔2022〕114号）先后印发，两个文件对于贵州的城投平台提供了债务化解的政策支持，遵义道桥得以通过时间来换取债务化解的空间。但遵义道桥的展期方案有政策文件支持，与银行等机构的协商才相对顺利，这在全国范围内难以复制。

因此，对于其他国有企业而言，为有效防控债务风险，可以将工作做在前面，充分应用常态化合规审查机制。

首先，坚持债券全流程管控，要求加强制度建设、债券发行计划制订、债券发行事前审核、存量债券动态监测、债券兑付安排等全过程管理，这就需要将债券合规管理审查机制嵌入经营管理流程。通过建立健全债券发行合规风险识别清单、岗位合规职责清单、流程管控清单（三张清单），推动合规管理与债券管理深度融合。

其次，建立风险识别预警机制，牢牢守住不发生系统性风险的底线。国有企业可以建立适合本企业的债务风险预警指标和长期财务风险预警系统，设置指标预警线、重点监管线，具体依据国务院国资委《企业绩效评价标准值》并适当调整确定。及时掌握反映企业经营动态变化的相关情况，密切关注企业异常信息，及时发现和识别各类潜在风险及其变动趋势，提高债务风险的预测能力，做到早识别、早预警、早处置。

再次，建立完善债务风险报告制度，强化债务日常报告，实行月度台账报送、季度统计分析、半年度和年度总结报告的"月、季、年"定期报告制度，提升企业定期分析研判的能力水平。同时，建立应急预案机制和专报机制，对于可能引发重大债务风险的事项，及时启动应急处置预案并形成专报，一事一报，提升紧急事项应急处置能力。

最后，建立风险应急处置机制，如特定预警指标异常变化显示债务风险，国有企业应当及时采取应对措施。一方面，坚持打好债务偿还提前量，统筹建立偿债资金提前备付机制，落实偿债资金来源，原则按照“提前3个月进入预警期、提前1个月落实资金来源、提前15天资金归集到位”的要求实行动态管理，确保债务按合同如期偿付。另一方面，及时向上级主管机关汇报相关情况及应急预案，将债务风险防控作为首要任务，采取严控或有负债、盘活存量资产、资金限额管理等措施，实现“限期降级”及时向上级主管机关汇报相关情况及应急预案，将债务风险防控作为首要任务，采取严控或有负债、盘活存量资产、资金限额管理等措施，实现“限期降级”。

三、国有企业债务风险管控要点

为有效防范化解企业重大债务风险，国务院国资委先后印发《关于加强地方国有企业债务风险管控工作的指导意见》与《债券发行管理办法》，均提出了相关管控措施，现概括七大要点如下：

（一）完善债务风险监测预警机制，精准识别高风险企业

加快建立健全国有企业债务风险监测预警机制，完善重点债务风险指标监测台账，逐月跟踪分析，充分利用信息化手段加强对各级企业债务风险的动态监测，做到早识别、早预警、早应对。可参照中央企业债务风险量化评估体系，结合地方实际情况，探索建立地方国有企业债务风险量化评估机制，综合债务水平、负债结构、盈利能力、现金保障、资产质量和隐性债务等，对企业债务风险进行精准识别，将债务风险突出的企业纳入重点管控范围，采取特别管控措施，督促企业“一企一策”制定债务风险处置工作

方案，确保稳妥化解债务风险。

（二）分类管控资产负债率，保持合理债务水平

参照中央企业资产负债率行业警戒线和管控线进行分类管控，对高负债企业实施负债规模和资产负债率双约束，“一企一策”确定管控目标，指导企业通过控投资、压负债、增积累、引战投、债转股等方式多措并举降杠杆减负债，推动高负债企业资产负债率尽快回归合理水平。督促指导企业转变过度依赖举债投资做大规模的发展理念，根据财务承受能力科学确定投资规模，从源头上防范债务风险。加强对企业隐性债务的管控，严控资产出表、表外融资等行为，指导企业合理使用权益类融资工具，对永续债券、永续保险、永续信托等权益类永续债和并表基金产品余额占净资产的比例进行限制，严格对外担保管理，对有产权关系的企业按股比提供担保，原则上不对无产权关系的企业提供担保，严控企业相互担保等捆绑式融资行为，防止债务风险交叉传导。规范平台公司重大项目的投融资管理，严控缺乏交易实质的变相融资行为。

（三）开展债券全生命周期管理，重点防控债券违约

把防范地方国有企业债券违约，作为债务风险管控的重中之重。探索实施债券发行年度计划管理，严格审核纳入债务风险重点管控范围企业的发行方案，严禁欺诈发行债券、虚假披露信息、操纵市场价格等违法违规行为，指导地方国有企业严格限定所属子企业债券发行条件。可参照中央企业债券发行管理有关规定，对纳入债务风险重点管控范围的企业实行比例限制，引导企业做好融资结构与资金安全的平衡、偿债时间与现金流量的匹配。将企业发债品种、规模、期限、用途、还款等关键信息纳入债务风险监测预警机制并实施滚动监测，重点关注信用评级低、集中到期债券规模大、现金流紧张、经营严重亏损企业的债券违约风险，督促指导企业提前做

好兑付资金接续安排。对于按期兑付确有困难的,各地方国资委要指导企业提前与债券持有人沟通确定处置方案,通过债券展期、置换等方式主动化解风险,也可借鉴央企信用保障基金模式,按照市场化、法治化方式妥善化解风险。

(四)依法处置债券违约风险,严禁恶意逃废债行为

对于已经发生债券违约的,各地方国资委要及时报告本级人民政府,在地方政府的统一领导下,切实履行属地责任,指导违约企业按照市场化、法治化、国际化原则妥善做好风险处置,通过盘活土地、出售股权等方式补充资金,积极主动与各方债权人沟通协调,努力达成和解方案,同时要努力挽回市场信心,防止发生风险踩踏和外溢。对于已无力化解风险、确需破产的,要督促企业依法合规履行破产程序,强化信息披露管理,及时、准确披露股东或实际控制人变更、资产划转、新增大额债务等重大事项,保障债权人、投资人合法利益。

(五)规范债务资金用途,确保投入主业实业

加强地方国有企业债务融资资金用途管控,督促企业将筹集的资金及时高效投放到战略安全、产业引领、国计民生、公共服务等关键领域和重要行业,原则上要确保投资项目的回报率高于资金成本,切实发挥资本市场服务实体经济的功能作用。督促企业严格执行国家金融监管政策,按照融资协议约定的用途安排资金,突出主业、聚焦实业,严禁过度融资形成资金无效淤积,严禁资金空转、脱实向虚,严禁挪用资金、违规套利。探索对企业重大资金支出开展动态监控,有效防范资金使用风险。

(六)全面推动国企深化改革,有效增强抗风险能力

立足地方国有企业债务风险管控长效机制建设,督促指导企业通过全

面深化改革破解风险难题。通过加强“两金”管控、亏损企业治理、低效无效资产处置、非主业非优势企业(业务)剥离等措施,提高企业资产质量和运行效率。严控低毛利贸易、金融衍生、PPP等高风险业务,严禁融资性贸易和“空转”、“走单”等虚假贸易业务,管住生产经营重大风险点。加快推进国有经济布局优化和结构调整,加速数字化、网络化、智能化转型升级,加快发展新技术、新模式、新业态,不断增强自主创新能力、市场核心竞争力和抗风险能力。

(七)发挥监管合力,完善国有企业债务风险管控工作体系

把加强地方国有企业债务风险管控作为一项系统性工程,从投资规划、财务监管、考核分配、资本预算、产权管理、内控管理、监督追责和干部任免等国资监管的各个环节综合施策,完善监管体系,发挥监管合力,筑牢风险底线。加强与当地人民银行分支机构和证监局等部门的合作,推动债务风险信息共享,共同预警防范企业重大债务风险。国务院国资委将按照推动构建国资监管大格局的要求,督促指导地方加强地方国有企业债务风险管控,加快建立工作联系机制、日常监测机制、风险评估指导机制和重大风险报告机制。

综上所述,国有企业应当提升债务风险防控意识,加强对债务风险的把控与管理,重点关注国有企业债务风险管控要点,提高债务风险防范能力,坚决守住依法合规经营底线。

第四节

国有企业董事、监事、高级管理人员的履职风险管控——以某国企为例

一、国有企业公司治理现状及主要特征

（一）国有企业公司治理现状

党的十八大以来，在以习近平同志为核心的党中央领导下，国有经济发生了根本性的变化，国资国企发展质量提升显著。国务院国资委数据显示，中央企业的资产总额从2012年的31.4万亿元增长到2022年年底的81万亿元；企业全员劳动生产率从每人38.2万元增长到每人76.3万元。2020年至2022年的国企改革三年行动强化了国有企业独立市场主体地位，在优化国有经济布局、健全完善企业治理机制及各项经营管理制度等方面取得了显著成效，推动中国特色现代企业制度和以管资本为主的国资监管体制走向更加成熟稳定的发展模式，提高了国有企业经营效率和创新活力，推动了国有企业与市场经济深度融合。

2013年11月召开的党的十八届三中全会提出，完善国有资产管理体制，以管资本为主加强国有资产监管，改革国有资本授权经营体制，组建若

干国有资本运营公司，支持有条件的国有企业改组为国有资本投资公司。国务院国资委落实国务院办公厅转发的《国务院国资委以管资本为主推进职能转变方案》要求，加快推进国资监管职能转变，以管资本为主加强国有资产监管，印发《国务院国资委关于以管资本为主加快国有资产监管职能转变的实施意见》，把监管重点放在管好资本布局、规范资本运作、提高资本回报、维护资本安全上。优化监管方式，动态调整权责清单，加大授权放权力度，通过法人治理结构履行出资人职责，维护企业法人财产权和经营自主权，更好地促进和保障国有企业成为独立的市场主体。

党的二十大就进一步深化国资国企改革作出了专门部署，强调要“深化国资国企改革，加快国有经济布局优化和结构调整，推动国有资本和国有企业做强做优做大，提升企业核心竞争力”。实施新一轮国企改革深化提升行动，对稳定国民经济、增强我国自主创新能力、提升发展安全性、加快构建新发展格局具有十分重要的意义。

2023 年 12 月 29 日《公司法》已由十四届全国人大常委会第七次会议修订通过，自 2024 年 7 月 1 日起施行。新修订的《公司法》第一百七十七条明确“国家出资公司应当依法建立健全内部监督管理和风险控制制度，加强内部合规管理。”该条款将国家出资企业的合规管理要求从此前国务院国资委的部门规章提升到法律层面，负有“合规管理义务”的公司范围进一步扩大至国家出资公司。

（二）国有企业治理的主要特征

1. 党的领导

党的领导内嵌到国有企业公司治理，是具有中国特色的一项制度安排。国有企业法人治理特殊的地方在于，除了传统“三会”（股东会、董事会、监事会），还存在另外“三会”（党委会、工会、职代会），而且后“三会”，特别是党委会，在发挥着实质性决策作用。

相关法律制度赋予了党组织在公司治理中的法定地位。《中国共产党章程》第五章第三十三条规定："国有企业党委(党组)发挥领导作用,把方向、管大局、保落实,依照规定讨论和决定企业重大事项。"这一规定使国有企业党组织参与公司治理具备了主体资格,也为新时代国有企业党委(党组)确立领导地位、发挥领导作用指明了方向。同时,《公司法》在第一章总则的第十八条中规定:"在公司中,根据中国共产党章程的规定,设立中国共产党的组织,开展党的活动。公司应当为党组织的活动提供必要条件。"此外,相关规章制度也对党组织参与公司治理的形式和规范作出了具体要求,包括"讨论前置"的决策体制、"双向进入、交叉任职"的领导体制以及"党管干部"的组织原则等。

2. 分类监管

竞争类国有企业以增强国有经济活力、放大国有资本功能、实现国有资产保值增值为主要目标。按混合所有制要求放开,以经济效益最大化为主要目标。公益类国有企业则以保障民生、服务社会、提供公共产品和服务为主要目标,在运营管理中则引入市场机制,不断提高公共服务效率和能力,必要的产品或服务价格可以由政府调控。对公益类国有企业而言,可以采取国有独资或国有绝对控股形式,以实现公共政策性目标,引入行业监督和社会评价,具备条件的也可以推行投资主体多元化,还可以通过购买服务、特许经营、委托代理等方式,鼓励非国有企业参与经营。功能类企业包含政府投融资平台、国有资本投资运营公司以及战略资源开发、重大基础设施建设行业的国有企业,保持国有独资或国有控股以实现战略目标或重大专项目标的同时兼顾经济效益。

3. 企业形态的多样性

当前的国有企业,既有国有全资公司,也有国有独资公司,还有国有控股公司、国有上市公司以及国有参股公司等多种企业形态。从业务范围看,既有国有产业集团公司,也有国有资本投资公司和国有资本运营公司。

就公司的盈利目标而言，既有竞争类国有企业，又有公益类国有企业，还有功能类国有企业。从监管主体归属看，既有中央管理的国有企业，也有地方管理的国有企业。国有企业不仅规模数量庞大、涉及面广，而且种类多元、千差万别。

二、国有企业董事、监事、高级管理人员的合规要求

（一）国有企业董监高的履职合规依据

国有企业董监高履职相关的现行法律法规主要包括《中华人民共和国公司法》《中华人民共和国证券法》《中华人民共和国企业国有资产法》《企业国有资产监督管理暂行条例》《关于深化国有企业改革的指导意见》《关于进一步完善国有企业法人治理结构的指导意见》《国有企业领导人员廉洁从业若干规定》《国有企业公司章程制定管理办法》《关于进一步推进国有企业贯彻落实"三重一大"决策制度的意见》《中央企业违规经营投资责任追究实施办法（试行）》《关于印发改革国有资本授权经营体制方案的通知》《中央企业合规管理指引（试行）》《中央企业董事会工作规则（试行）》《中央企业合规管理办法》《国务院办公厅关于上市公司独立董事制度改革的意见》等。

（二）国有企业董监高主要履职义务及合规要求

新《公司法》进一步加强了董监高的合规义务及相关履职责任，释明了忠实义务和勤勉义务的内涵和标准，明确了董监高执行职务造成他人损害的赔偿责任，明确了董监高确保公司资本充足的职责以及承担连带责任或赔偿责任的情形，明确了董事在清算中未尽责的赔偿责任，新增了董事因故意或重大过失损害他人应当承担赔偿责任的规定。对于上述法律要

求上的变化,董监高应当充分重视,以有效降低自身履职过程中的合规风险。

1. 履职义务

(1)忠实义务

董监高在履行职权时须忠于并维护公司利益,对公司应忠诚尽力。《公司法》第一百八十条第一款对于忠实义务做了细致规定:董事、监事、高级管理人员对公司负有忠实义务,应当采取措施避免自身利益与公司利益冲突,不得利用职权牟取不正当利益。

当董监高其自身利益与公司利益相冲突时,应以公司的利益为重,不得损公肥私,侵害公司和股东利益,不得有损害公司利益的主观故意,不得实施损害公司利益的客观行为。忠实义务是消极义务,也是董监高的底线要求。

(2)勤勉义务

《公司法》第一百八十条第二款对勤勉义务做出了明确要求:董事、监事、高级管理人员对公司负有勤勉义务,执行职务应当为公司的最大利益尽到管理者通常应有的合理注意。

勤勉义务是积极义务,董事、监事、高级管理人员应当持续关注公司的生产经营情况、财务状况和相关重大事件及其影响,应当保持职业敏感度和积极性,为公司利益积极履职。

(3)披露义务

对于已上市的国有企业来说,企业的董监高应当及时、真实、准确地向投资者和社会公众披露公司的经营情况和财务状况。披露义务的履行可以增强投资者的信任,提高企业的透明度和可持续发展能力。关于披露的内容,主要包括上市公司招股说明书、公司债券募集办法、财务会计报告、上市报告文件、年度报告、中期报告、临时报告以及其他信息披露资料等形式,向投资者和社会公众公开披露的信息及与公司相关的信息。

2. 国有企业董监高合规履职基本要求

(1)遵守法律法规、国资监管规定,切实维护国有企业权益;

(2)忠实履行职责,不以权谋私;

(3)正确履行经营管理职权;

(4)人事任免严格执行干部选拔任用规定;

(5)人员兼职严格履行审批程序;

(6)薪酬标准严格执行国资委要求、公司章程及企业内部各项规定。

三、国有企业董事、监事、高级管理人员主要履职风险及责任

(一)民事责任

1. 关联关系损害公司利益,可能承担民事赔偿责任

《公司法》第二十二条规定:"公司的控股股东、实际控制人、董事、监事、高级管理人员不得利用其关联关系损害公司利益。违反前款规定,给公司造成损失的,应当承担赔偿责任。"

2. 董监高违反忠实义务取得的收入归公司所有

《公司法》第一百八十一条规定:"董事、监事、高级管理人员不得有下列行为:(一)侵占公司财产、挪用公司资金;(二)将公司资金以其个人名义或者以其他个人名义开立账户存储;(三)利用职权贿赂或者收受其他非法收入;(四)接受他人与公司交易的佣金归为己有;(五)擅自披露公司秘密;(六)违反对公司忠实义务的其他行为。"

《公司法》第一百八十六条的规定:"董事、监事、高级管理人员违反本法第一百八十一条至第一百八十四条规定所得的收入应当归公司所有。"

3. 董监高未履行对公司股东出资监督义务的,应承担连带赔偿责任

《最高人民法院关于适用〈中华人民共和国公司法〉若干问题的规定

(三)》(以下简称《公司法司法解释(三)》)第十三条第四款规定:“股东在公司增资时未履行或者未全面履行出资义务,依照本条第一款或者第二款提起诉讼的原告,请求未尽公司法第一百四十七条第一款规定的义务而使出资未缴足的董事、高级管理人员承担相应责任的,人民法院应予支持;董事、高级管理人员承担责任后,可以向被告股东追偿。”

4. 股东抽逃出资时,董监高未尽忠实和勤勉义务,协助其抽逃的,应承担连带责任

《公司法》第五十三条规定:“公司成立后,股东不得抽逃出资。违反前款规定的,股东应当返还抽逃的出资;给公司造成损失的,负有责任的董事、监事、高级管理人员应当与该股东承担连带赔偿责任。”

5. 执行公司职务时违反法律、行政法规或者公司章程的董监高应当承担赔偿责任

因未及时办理股东变更登记造成受让股东损失,有过错的董监高应承担相应责任。

《公司法》第一百八十八条规定:“董事、监事、高级管理人员执行职务违反法律、行政法规或者公司章程的规定,给公司造成损失的,应当承担赔偿责任。”

6. 违法向股东分配利润,负有责任的董事、监事、高级管理人员应当承担赔偿责任

《公司法》第二百一十一条规定:“公司违反本法规定向股东分配利润的,股东应当将违反规定分配的利润退还公司;给公司造成损失的,股东及负有责任的董事、监事、高级管理人员应当承担赔偿责任。”

7. 在公司破产、清算过程中,董监高未尽到忠实勤勉义务的,应承担连带赔偿责任

(1)董事怠于履行义务导致公司主要财产、重要文件等灭失无法清算的,应对公司债务承担连带赔偿责任。

《最高人民法院关于适用〈中华人民共和国公司法〉若干问题的规定（二）》（以下简称《公司法司法解释（二）》）第十八条第二款规定："有限责任公司的股东、股份有限公司的董事和控股股东因怠于履行义务，导致公司主要财产、账册、重要文件等灭失，无法进行清算，债权人主张其对公司债务承担连带清偿责任的，人民法院应依法予以支持。"

（2）董事以及实际控制人未在法定期限内成立清算组，或者公司解散后恶意处置公司财产、以虚假清算报告骗取公司注销登记的，董事及实际控制人应向债权人承担责任。

《公司法》第二百三十二条规定："公司因本法第二百二十九条第一款第一项、第二项、第四项、第五项规定而解散的，应当清算。董事为公司清算义务人，应当在解散事由出现之日起十五日内组成清算组进行清算。清算组由董事组成，但是公司章程另有规定或者股东会决议另选他人的除外。清算义务人未及时履行清算义务，给公司或者债权人造成损失的，应当承担赔偿责任。"

（3）董监高作为清算组成员执行非法清算方案、履行清算事务时侵害债权人利益，应承担赔偿责任。

《公司法司法解释（二）》第十九条规定："有限责任公司的股东、股份有限公司的董事和控股股东，以及公司的实际控制人在公司解散后，恶意处置公司财产给债权人造成损失，或者未经依法清算，以虚假的清算报告骗取公司登记机关办理法人注销登记，债权人主张其对公司债务承担相应赔偿责任的，人民法院应依法予以支持。"

第二十条第一款规定："公司解散应当在依法清算完毕后，申请办理注销登记。公司未经清算即办理注销登记，导致公司无法进行清算，债权人主张有限责任公司的股东、股份有限公司的董事和控股股东，以及公司的实际控制人对公司债务承担清偿责任的，人民法院应依法予以支持。"

8. 信息披露信息存在虚假记载、误导性陈述或重大遗漏，给债券投资者造成损失的，应承担赔偿责任

《公司信用类债券信息披露管理办法》（以下简称《信息披露办法》）第七条第一款规定："企业应当及时、公平地履行信息披露义务。企业及其董事、监事、高级管理人员应当忠实、勤勉地履行信息披露职责，保证信息披露内容真实、准确、完整，不存在虚假记载、误导性陈述或重大遗漏。"

第三十九条规定："企业等信息披露义务人未按照规定履行信息披露义务或所披露信息存在虚假记载、误导性陈述或重大遗漏，给债券投资者造成损失的，应当依法承担赔偿责任。企业的控股股东、实际控制人、董事、监事、高级管理人员和其他直接责任人员，以及承销机构及其直接责任人员，应当依法与企业承担连带赔偿责任，但是能够证明自己没有过错的除外。"

9. 违规泄露内幕信息，给投资者造成损失的，承担赔偿责任

《中华人民共和国证券法》（以下简称《证券法》）第五十三条规定："证券交易内幕信息的知情人和非法获取内幕信息的人，在内幕信息公开前，不得买卖该公司的证券，或者泄露该信息，或者建议他人买卖该证券。持有或者通过协议、其他安排与他人共同持有公司百分之五以上股份的自然人、法人、非法人组织收购上市公司的股份，本法另有规定的，适用其规定。内幕交易行为给投资者造成损失的，应当依法承担赔偿责任。"

第五十四条规定："禁止证券交易场所、证券公司、证券登记结算机构、证券服务机构和其他金融机构的从业人员、有关监管部门或者行业协会的工作人员，利用因职务便利获取的内幕信息以外的其他未公开的信息，违反规定，从事与该信息相关的证券交易活动，或者明示、暗示他人从事相关交易活动。利用未公开信息进行交易给投资者造成损失的，应当依法承担赔偿责任。"

10. 编造、传播虚假信息或者误导性信息，扰乱证券市场的，承担赔偿责任

《证券法》第五十六条规定："禁止任何单位和个人编造、传播虚假信息或者误导性信息，扰乱证券市场。禁止证券交易场所、证券公司、证券登记结算机构、证券服务机构及其从业人员，证券业协会、证券监督管理机构及其工作人员，在证券交易活动中作出虚假陈述或者信息误导。各种传播媒介传播证券市场信息必须真实、客观，禁止误导。传播媒介及其从事证券市场信息报道的工作人员不得从事与其工作职责发生利益冲突的证券买卖。编造、传播虚假信息或者误导性信息，扰乱证券市场，给投资者造成损失的，应当依法承担赔偿责任。"

（二）行政责任

1. 公司设立时通过虚假材料或者隐瞒重要事实等手段取得登记的董监高面临行政处罚

《公司法》第二百五十条规定："违反本法规定，虚报注册资本、提交虚假材料或者采取其他欺诈手段隐瞒重要事实取得公司登记的，由公司登记机关责令改正，对虚报注册资本的公司，处以虚报注册资本金额百分之五以上百分之十五以下的罚款；对提交虚假材料或者采取其他欺诈手段隐瞒重要事实的公司，处以五万元以上二百万元以下的罚款；情节严重的，吊销营业执照；对直接负责的主管人员和其他直接责任人员处以三万元以上三十万元以下的罚款。"

2. 有关信息不公示或不实公示，董监高面临行政处罚

《公司法》第二百五十一条规定："公司未依照本法第四十条规定公示有关信息或者不如实公示有关信息的，由公司登记机关责令改正，可以处以一万元以上五万元以下的罚款。情节严重的，处以五万元以上二十万元以下的罚款；对直接负责的主管人员和其他直接责任人员处以一万元以上

十万元以下的罚款。”

3. 股东抽逃出资、虚假出资、未交付或未按期交付出资款或非货币资产的，董监高面临行政处罚

《公司法》第二百五十二条规定：“公司的发起人、股东虚假出资，未交付或者未按期交付作为出资的货币或者非货币财产的，由公司登记机关责令改正，可以处以五万元以上二十万元以下的罚款；情节严重的，处以虚假出资或者未出资金额百分之五以上百分之十五以下的罚款；对直接负责的主管人员和其他直接责任人员处以一万元以上十万元以下的罚款。”

《公司法》第二百五十三条规定：“公司的发起人、股东在公司成立后，抽逃其出资的，由公司登记机关责令改正，处以所抽逃出资金额百分之五以上百分之十五以下的罚款；对直接负责的主管人员和其他直接责任人员处以三万元以上三十万元以下的罚款。”

4. 另立会计账簿、虚假记载，隐瞒重要事实董监高面临行政处罚

《公司法》第二百五十四条规定：“有下列行为之一的，由县级以上人民政府财政部门依照《中华人民共和国会计法》等法律、行政法规的规定处罚：（一）在法定的会计账簿以外另立会计账簿；（二）提供存在虚假记载或者隐瞒重要事实的财务会计报告。”

5. 信息披露虚假记载、误导性陈述或重大遗漏的，董监高面临行政监管

《信息披露办法》第三十七条规定：“公司信用类债券监督管理机构可以对违反本办法规定的机构和人员采取责令改正、监管谈话、出具警示函、责令公开说明或定期报告等相关监管措施。”

6. 违规经营投资责任追究

《中央企业违规经营投资责任追究实施办法（试行）》（以下简称《违规经营投资责任追究实施办法》）第六条规定：“中央企业经营管理有关人员违反规定，未履行或未正确履行职责致使发生本办法第七条至第十七条

所列情形，造成国有资产损失或其他严重不良后果的，应当追究相应责任。”

其中主要的责任追究包括：集团管控，风险管理，购销管理，工程承包建设，资金管理，转让产权、上市公司股权、资产管理，固定资产投资，投资并购，改组改制，境外经营投资方面。

（三）刑事责任

《刑法》中董监高承担刑事法律责任的，主要涉及以下罪名。

1. 贪污罪

《刑法》第三百八十二条规定：“国家工作人员利用职务上的便利，侵吞、窃取、骗取或者以其他手段非法占有公共财物的，是贪污罪。受国家机关、国有公司、企业、事业单位、人民团体委托管理、经营国有财产的人员，利用职务上的便利，侵吞、窃取、骗取或者以其他手段非法占有国有财物的，以贪污论。与前两款所列人员勾结，伙同贪污的，以共犯论处。”

2. 受贿罪

《刑法》第三百八十五条规定：“国家工作人员利用职务上的便利，索取他人财物的，或者非法收受他人财物，为他人谋取利益的，是受贿罪。国家工作人员在经济往来中，违反国家规定，收受各种名义的回扣、手续费，归个人所有的，以受贿论处。”

3. 挪用公款罪

《刑法》第三百八十四条规定：“国家工作人员利用职务上的便利，挪用公款归个人使用，进行非法活动的，或者挪用公款数额较大、进行营利活动的，或者挪用公款数额较大、超过三个月未还的，是挪用公款罪，处五年以下有期徒刑或者拘役；情节严重的，处五年以上有期徒刑。挪用公款数额巨大不退还的，处十年以上有期徒刑或者无期徒刑。挪用用于救灾、抢险、防汛、优抚、扶贫、移民、救济款物归个人使用的，从重处罚。”

4. 私分国有资产罪

《刑法》第三百九十六条第一款规定："国家机关、国有公司、企业、事业单位、人民团体，违反国家规定，以单位名义将国有资产集体私分给个人，数额较大的，对其直接负责的主管人员和其他直接责任人员，处三年以下有期徒刑或者拘役，并处或者单处罚金；数额巨大的，处三年以上七年以下有期徒刑，并处罚金。"

5. 滥用职权罪

《刑法》第三百九十七条第一款规定："国家机关工作人员滥用职权或者玩忽职守，致使公共财产、国家和人民利益遭受重大损失的，处三年以下有期徒刑或者拘役；情节特别严重的，处三年以上七年以下有期徒刑。本法另有规定的，依照规定。"

6. 故意、过失泄露国家秘密罪

《刑法》第三百九十八条第一款规定："国家机关工作人员违反保守国家秘密法的规定，故意或者过失泄露国家秘密，情节严重的，处三年以下有期徒刑或者拘役；情节特别严重的，处三年以上七年以下有期徒刑。"

7. 违规披露、不披露重要信息罪

《刑法》第一百六十一条规定："依法负有信息披露义务的公司、企业向股东和社会公众提供虚假的或者隐瞒重要事实的财务会计报告，或者对依法应当披露的其他重要信息不按照规定披露，严重损害股东或者其他人利益，或者有其他严重情节的，对其直接负责的主管人员和其他直接责任人员，处五年以下有期徒刑或者拘役，并处或者单处罚金；情节特别严重的，处五年以上十年以下有期徒刑，并处罚金。前款规定的公司、企业的控股股东、实际控制人实施或者组织、指使实施前款行为的，或者隐瞒相关事项导致前款规定的情形发生的，依照前款的规定处罚。犯前款罪的控股股东、实际控制人是单位的，对单位判处罚金，并对其直接负责的主管人员和其他直接责任人员，依照第一款的规定处罚。"

8. 妨害清算罪

《刑法》第一百六十二条规定："公司、企业进行清算时，隐匿财产，对资产负债表或者财产清单作虚伪记载或者在未清偿债务前分配公司、企业财产，严重损害债权人或者其他人利益的，对其直接负责的主管人员和其他直接责任人员，处五年以下有期徒刑或者拘役，并处或者单处二万元以上二十万元以下罚金。"

9. 隐匿、故意销毁会计凭证、会计账簿、财务会计报告罪

《刑法》第一百六十二条之一规定："隐匿或者故意销毁依法应当保存的会计凭证、会计账簿、财务会计报告，情节严重的，处五年以下有期徒刑或者拘役，并处或者单处二万元以上二十万元以下罚金。单位犯前款罪的，对单位判处罚金，并对其直接负责的主管人员和其他直接责任人员，依照前款的规定处罚。"

10. 签订、履行合同失职被骗罪

《刑法》第一百六十七条规定："国有公司、企业、事业单位直接负责的主管人员，在签订、履行合同过程中，因严重不负责任被诈骗，致使国家利益遭受重大损失的，处三年以下有期徒刑或者拘役；致使国家利益遭受特别重大损失的，处三年以上七年以下有期徒刑。"

11. 国有公司、企业、事业单位人员失职、滥用职权罪

《刑法》第一百六十八条第一款规定："国有公司、企业的工作人员，由于严重不负责任或者滥用职权，造成国有公司、企业破产或者严重损失，致使国家利益遭受重大损失的，处三年以下有期徒刑或者拘役；致使国家利益遭受特别重大损失的，处三年以上七年以下有期徒刑。"

12. 徇私舞弊低价折股、出售国有资产罪

《刑法》第一百六十九条规定："国有公司、企业或者其上级主管部门直接负责的主管人员，徇私舞弊，将国有资产低价折股或者低价出售，致使国家利益遭受重大损失的，处三年以下有期徒刑或者拘役；致使国家利益

遭受特别重大损失的，处三年以上七年以下有期徒刑。”

13. 非法经营同类营业罪

《刑法修正案（十二）》[①]在刑法第一百六十五条中增加一款作为第二款，将该条修改为：“国有公司、企业的董事、监事、高级管理人员，利用职务便利，自己经营或者为他人经营与其所任职公司、企业同类的营业，获取非法利益，数额巨大的，处三年以下有期徒刑或者拘役，并处或者单处罚金；数额特别巨大的，处三年以上七年以下有期徒刑，并处罚金。其他公司、企业的董事、监事、高级管理人员违反法律、行政法规规定，实施前款行为，致使公司、企业利益遭受重大损失的，依照前款的规定处罚。”

本条款的修改与《公司法》第一百八十四条相呼应，进一步加大了公司利益保护力度。

14. 行贿罪

《刑法修正案（十二）》将刑法第三百九十条修改为：“对犯行贿罪的，处三年以下有期徒刑或者拘役，并处罚金；因行贿谋取不正当利益，情节严重的，或者使国家利益遭受重大损失的，处三年以上十年以下有期徒刑，并处罚金；情节特别严重的，或者使国家利益遭受特别重大损失的，处十年以上有期徒刑或者无期徒刑，并处罚金或者没收财产。

有下列情形之一的，从重处罚：（一）多次行贿或者向多人行贿的；（二）国家工作人员行贿的；（三）在国家重点工程、重大项目中行贿的；（四）为谋取职务、职级晋升、调整行贿的；（五）对监察、行政执法、司法工作人员行贿的；（六）在生态环境、财政金融、安全生产、食品药品、防灾救灾、社会保障、教育、医疗等领域行贿，实施违法犯罪活动的；（七）将违法所得用于行贿的。

行贿人在被追诉前主动交待行贿行为的，可以从轻或者减轻处罚。其

---

① 2023 年 12 月 29 日，第十四届全国人民代表大会常务委员会第七次会议通过《刑法修正案（十二）》。

中，犯罪较轻的，对调查突破、侦破重大案件起关键作用的，或者有重大立功表现的，可以减轻或者免除处罚。”

四、董事、监事、高级管理人员履职建议

《公司法》修订后，公司章程及各项管理制度需逐步进行修订，相应地，董监高在履职中应注意的事项也会发生重大变化。为确保公司董监高依法合规履职，减少因不合规事件给公司和个人带来的合规风险，建议董监高着重关注如下几方面：

（一）关注法律变化，提高法律意识

董监高关注包括新《公司法》、《刑法修正案（十二）》等重要法律变化对其合规义务的重要影响，通过公司法务人员或外部律师充分了解合规义务的具体要求和违规的法律后果，主动树立忠实勤勉履职的意识，掌握公司法、证券法等关于董监高义务的规定，特别是对于法律明令禁止的行为，董监高应树立底线意识、红线意识。

（二）全面梳理岗位合规义务，降低自身合规风险

董监高应根据《公司法》对公司章程及内部各项规章制度进行及时修订，特别是关于《公司法》本次修订中明确的出资期限、督促股东出资限期实缴等重要事项，结合公司合规管理体系建设对于自身岗位的合规义务及风险进行全面识别应对。具体内容包括高级管理人员的范围、是否有在《公司法》基础上细化的忠实勤勉义务、是否有审批权限规定等。还要注意程序合规，做到依法履职、有迹可循。

(三)集体决策、依规决策

董监高应根据章程及公司内部制度规定的程序进行集体决策,对于违反法律法规和公司章程行为的决策事项,应明确提出异议并记载于相关会议纪要。对于书面文件的签署应当注重过程留痕,主动调研核实公司经营决策事项,详细记录为审议工作所做的准备,决策过程提出的异议应以书面形式进行记载和保存。对于公司重大事项,可咨询第三方专业机构意见,以预防风险发生。

(四)注意劳动合同和竞业限制协议

董监高签订劳动合同及竞业限制协议时要注意合同中关于竞业限制义务的期限、违约责任等条款,约束自身的行为、防止竞业限制条款阻碍自身的职业规划,避免从事同类竞争行业导致高额违约金或赔偿,同时还应注意条款中对于竞业限制补偿的约定。

五、国有企业董事、监事、高级管理人员实务案例与分析

(一)上海大智慧股份有限公司诉公司董监高张某虹、王某、王某红、洪某等四被告损害公司利益责任纠纷案

上海大智慧股份有限公司(以下简称大智慧公司)系 A 股上市公司,因 2013 年年度报告存在虚增利润等信息披露违法行为,于 2016 年 7 月受到中国证监会行政处罚,一并被处罚的还包括张某虹、王某等时任董监高共 14 人及承担年报审计工作的立信会计师事务所等。此后,数千名投资者陆续以该虚假陈述行为造成其投资损失为由,对大智慧公司及相关责任人提起证券虚假陈述责任纠纷诉讼。

投服中心作为中国证监会依法设立的投资者保护机构，持有大智慧公司100股股票。2021年4月3日，投服中心向大智慧公司发送《股东质询建议函》，建议公司向相关责任人追偿，但大智慧公司未采取相应措施。投服中心遂依据《公司法》（2018年修正）第一百五十一条及《证券法》新增的第九十四条的规定，于2021年9月8日以股东身份代表大智慧公司向上海金融法院提起股东派生诉讼。

被告张某虹支付了此前大智慧公司全额已支付原告投服中心诉请的86万余元，并愿意承担大智慧公司已向投服中心支付的诉讼费、律师费。原告投服中心遂申请撤回起诉。同时，在大智慧公司提起的另案诉讼中，经法院主持调解，大智慧公司与张某虹等五被告达成调解协议，约定张某虹于2023年年底之前分四笔向公司全额支付该案诉请损失3.35亿元。

（二）云南泛亚农业合作开发有限公司虚假贸易案

赖某东作为云南泛亚农业开发合作有限公司总经理，在未经公司经营决策小组决定的情况下，擅自安排业务经理余某福与广东省茂名市居民张某开展贸易合作。一方面双方进行无实物交易的虚假贸易，另一方面公司在没有任何监管控制措施的情况下将货物转移张某控制。最终致使公司损失资金数亿元。在此期间，被告人赖某东、余某福以公司经营决策小组的名义超越审批权限违规审批资金支付或拆分合同支付金额规避审批权限限制，扩大总经理审批权限。当被告人赖某东、余某福发现张某潜逃，逾期账款无法收回时，不仅瞒报重大损失情况，被告人赖某东还安排被告人余某福于2015年9月9日以云南泛亚农业合作开发有限公司名义与葫芦岛鑫盛粮油食品有限公司签署虚假“购销合同”（合同编号：FYP20150909－072YM），并通过刘某2个人账户进行资金倒账，从而试图掩盖合同款项回款逾期的事实。上述倒账行为不仅未能挽回泛亚公司损失，还成为赖某东、余某福掩盖其犯罪的滥用职权行为。

本案中,泛亚公司的总经理赖某东本应当对其与张某签订的买卖合同进行审慎审核,并及时跟进货款到账情况,但他并未履行审慎核查的义务,反而超越权限,瞒报重大损失,签署虚假“购销合同”,滥用职权,以资金倒账的形式掩盖其犯罪行为。

最终,赖某东、余某福身为国有公司工作人员,由于滥用职权,致使国家利益遭受特别重大损失,其行为已构成国有公司人员滥用职权罪,赖某东判处有期徒刑七年,余某福判处有期徒刑五年。中国储备粮管理总公司给予赖某东行政降(职)级处分,撤销云南分公司党组成员职务处分,中国储备粮管理总公司云南分公司给予赖某东开除(解除劳动合同)处分,中共云南省纪委给予赖某东开除党籍处分,省政协第二十一次常委会议撤销赖某东委员资格。

(三)康美药业证券虚假陈述案

作为全国首例证券虚假陈述责任纠纷集体诉讼案,康美药业证券虚假陈述案影响深远。康美药业在2016年至2018年上半年的财务报告中存在重大虚假陈述,累计虚增货币资金886亿元,累计虚增营业收入291.28亿元,累计多计利息收入5.1亿元,累计虚增营业利润41亿元。康美药业使用虚假银行单据虚增存款,通过伪造业务凭证进行收入造假,部分资金转入关联方账户买卖本公司股票。

从合规管理的角度来看,康美药业未能建立有效的内部控制制度和风险防范机制,对财务数据和经营情况进行真实、完整、准确的披露。康美药业及其实际控制人和原高管人员利用职权和影响力操纵财务数据和信息披露,误导投资者和公众。康美药业及其独立董事未能履行对股东和投资者的忠实义务和勤勉尽责义务,对公司财务报告和信息披露进行有效监督和核查。

最终,广州市中级人民法院作出一审判决:康美药业作为上市公司,承担24.59亿元的赔偿责任；公司实际控制人马某田夫妇及邱某伟等4名原高管人员组织策划实施财务造假，属故意行为，承担100%的连带赔偿责任；另有13名高管人员按过错程度分别承担20%、10%、5%的连带赔偿责任；5名独立董事因未勤勉尽责导致上市公司发生证券虚假陈述行为给投资者造成损失的，承担5%的连带赔偿责任。

该案例是新《证券法》确立中国特色证券特别代表人诉讼制度后的首宗案件，也是迄今为止法院审理的原告人数最多、赔偿金额最高的上市公司虚假陈述民事赔偿案件。该案例体现了我国证券法律制度不断完善和司法保护投资者权益不断加强的趋势。该案例也提醒了上市公司及其董监高要严格遵守信息披露义务和诚信原则，加强内部控制和合规管理，防范财务风险和法律风险，否则将面临严厉的行政处罚和民事赔偿。

第五节

国有企业合规制度评价体系建设——以某国企为例

合规制度评价体系，是指在合规制度实施一段时间后，对合规制度的前期工作、实施情况及应用效果进行的再评价。其目的是通过对合规制度研究及应用全过程的综合研究，衡量和分析合规制度实施的实际情况及其与预计情况的差距，确定有关预测和判断是否正确并分析其原因，从而总结经验教训，为今后改进合规制度的决策、研究、管理等工作创造条件，并为改善合规制度应用效果提出切实可行的对策与措施。合规制度评价体系建设作为国有企业合规管理的重要举措，对国有企业合规管理具有重要的意义。

一、企业合规制度评价体系建设的背景和意义

随着《推进法治央企建设意见》《深化法治央企建设意见》《央企合规指引》《央企合规办法》等指导文件的纷纷出台，大部分国有企业均已根据自身实际情况，按照上级要求建立了合规管理体系，但实际发挥的效用如何，需要企业定期进行有效性评价。

目前,《合规管理体系有效性评价》(20205079 – T – 424)适用于国有企业对自身合规管理体系的有效性进行评价,另外,《合规要求及指南》、中国企业评价协会发布的《企业合规管理体系有效性评价指引》、中国中小企业协会发布的《中小企业合规管理体系有效性评价》、多部委联合发布的《涉案企业合规建设、评估和审查办法(试行)》等为不同类型的企业开展有效性评价提供了参考。

《央企合规办法》第二十七条规定:"中央企业应当定期开展合规管理体系有效性评价,针对重点业务合规管理情况适时开展专项评价,强化评价结果运用。"

因此,对于国有企业合规管理体系的有效性进行评价,已构成一项国有企业合规义务。建立企业合规管理制度评价体系,通过对已完成的合规制度的目的、执行过程、效益、作用和影响所进行的系统的、客观的分析,以确定预期的目标是否达到、规划是否合理有效、通过分析评价找出成功失败的原因和总结经验教训,不仅是完善国有企业合规制度的必由之路,也是国有企业合规建设的必然要求。

二、我国"后评价制度"确定的评价标准

目前,我国尚未出台专门的合规管理评价机制管理办法,与国有企业合规管理体系有效性评价的性质较为接近,且已有实际立法可供遵循的制度,主要是投资项目后评价制度和混合所有制改革后评价制度。

《中央企业投资监督管理办法》第二十一条规定:"中央企业应当每年选择部分已完成的重大投资项目开展后评价,形成后评价专项报告。通过项目后评价,完善企业投资决策机制,提高项目成功率和投资收益,总结投资经验,为后续投资活动提供参考,提高投资管理水平。国资委对中央企

业投资项目后评价工作进行监督和指导，选择部分重大投资项目开展后评价，并向企业通报后评价结果，对项目开展的有益经验进行推广。”

（一）投资项目后评价制度

投资项目后评价制度涉及的主要文件是2014年出台的《国家发展改革委关于印发中央政府投资项目后评价管理办法和中央政府投资项目后评价报告编制大纲（试行）的通知》。此外，部分省市也出台了本辖区内投资项目的后评价管理办法，如北京市人民政府国有资产监督管理委员会在2012年印发的《北京市国有企业投资项目后评价管理暂行办法》和深圳市发展和改革委员会在2018年印发的《深圳市政府投资项目后评价管理办法》。

根据以上文件，我国政府投资项目后评价，是指在根据项目的重要性、示范性和影响范围等因素，确定部分项目作为后评价项目后，由项目单位提交项目自我总结评价报告，由有关部门（如国家发改委）委托特定的工程咨询机构承担后评价任务和提交后评价报告，并由相关部门指导和督促有关方面保障后评价工作顺利开展和解决后评价中发现的问题，建立后评价信息管理系统和后评价成果反馈机制。

1. 项目单位编写报送自我总结评价报告

（1）时间和主体要求

项目单位应在项目竣工验收并投入使用或运营一年后两年内，报送自我总结评价报告，自我总结评价报告可由项目单位委托具有相应资质的工程咨询机构编写。

（2）内容要求

项目自我总结评价报告主要包括以下内容：

①项目概况：项目目标、建设内容、投资估算、前期审批情况、资金来源及到位情况、实施进度、批准概算及执行情况等；

②项目实施过程总结：前期准备、建设实施、项目运行等；

③项目效果评价：技术水平、财务及经济效益、社会效益、资源利用效率、环境影响、可持续能力等；

④项目目标评价：目标实现程度、差距及原因等；

⑤项目总结：评价结论、主要经验教训和相关建议。

(3)文件及资料要求

项目单位在提交自我总结评价报告时，应同时提供开展项目后评价所需要的以下文件及相关资料清单：

①项目审批文件。主要包括项目建议书、可行性研究报告、初步设计和概算、特殊情况下的开工报告、规划选址和土地预审报告、环境影响评价报告、安全预评价报告、节能评估报告、重大项目社会稳定风险评估报告、洪水影响评价报告、水资源论证报告、水土保持报告、金融机构出具的融资承诺文件等相关的资料，以及相关批复文件。

②项目实施文件。主要包括项目招投标文件、主要合同文本、年度投资计划、概算调整报告、施工图设计会审及变更资料、监理报告、竣工验收报告等相关资料，以及相关的批复文件。

③其他资料。主要包括项目结算和竣工财务决算报告及资料，项目运行和生产经营情况，财务报表以及其他相关资料，与项目有关的审计报告、稽查报告和统计资料等。

(4)完整性和深度要求

项目自我总结评价报告内容不完整或深度达不到相应要求的，应当要求项目单位限期补充完善。

2. 具备相应资质的工程咨询机构承担项目后评价任务

(1)独立性要求

参加过同一项目前期、建设实施工作或编写自我总结评价报告的工程咨询机构不得受托承担该项目的后评价任务。

(2)评价方法

承担项目后评价任务的工程咨询机构,在接受委托后,应组建满足专业评价要求的工作组,在现场调查、资料收集和社会访谈的基础上,结合项目自我总结评价报告,对照项目的可行性研究报告、初步设计(概算)文件及其审批文件的相关内容,对项目进行全面系统地分析评价。

3. 后评价内容

《中央政府投资项目后评价报告编制大纲(试行)》确定的评价标准较为复杂,且部分评价标准对于国有企业合规管理体系的有效性评价并无参考价值,因此,在此仅对其评价思路及部分具备参考性的评价指标进行阐述。

(1)对于项目前期决策的审查与评价

分析项目可行性研究报告、项目建议书、项目设计(含预算)的主要内容及批复意见,对于主要变化及其原因进行分析,并对于项目审批依据的充分性和审批手续的完备性进行审查。

(2)对于项目建设与运行期的审查与评价

第一,对于项目组织和机构设置以及管理制度的审查与评价。对于项目组织和机构设置的审查,包括评审管理主体及组织机构的适宜性、管理有效性、管理模式合理性,并审查各参与方工作职责、引入方式及程序等。对于管理制度的审查,包括评审管理制度的细目、重要的管理活动、管理活动的绩效等。

第二,对于信息管理制度和系统运行情况进行审查与评价。

第三,对于项目进度和质量进行审查与评价。

第四,对于项目资金的使用情况进行审查与评价。

第五,对于项目的重大变更进行审查与评价。

第六,针对投资项目,对于产品的产量、种类和质量(或服务的规模和服务水平)情况及其增长规律进行审查与评价。就对于国有企业合规管理体系的有效性评价事宜而言，项目实施后，国有企业及其员工的合规风险是否降低，涉及的合规风险事件是否减少，将是评价合规有效性的重要指标。

第七，各系统或环节之间的配合是否和谐正常。

第八，对于项目可持续性的评价。

（二）混合所有制改革后评价制度

混合所有制改革，是指国有企业通过符合《国务院关于国有企业发展混合所有制经济的意见》（国发〔2015〕54 号）规定方式，引入其他国有资本或各类非国有资本实施改革的行为。

2020 年 12 月，山东省国资委在全国率先出台《省属企业混合所有制改革后评价工作实施办法》。2021 年，浙江省国资委和辽宁省国资委等省级国资委也分别印发了《浙江省省属企业混合所有制改革后评价暂行办法》和《省属国有企业混合所有制改革操作指引》等省级的混合所有制改革后评价工作实施办法。

根据以上文件，混改后评价，是指在国有企业及其权属企业完成混改并运营一定时期后（其中完成混改以企业办理完市场主体变更登记为准），对混改实施效果、目标达成、存在问题等进行系统、客观的综合性分析评价，总结经验做法，找出问题和不足，提出改进措施，为后续推进改革提供有益借鉴。

1. 评价对象

浙江省国资委要求，每次根据后评价重点，选取 5 ~ 10 户已完成混改并运行满 1 个完整年度以上的企业开展后评价；山东省国资委要求，对于完成混改 2 ~ 3 年的国有企业选取 5 家开展后评价，3 ~ 5 年的选取 10 家，5 年以上的选取 5 家，样本选取标准应当兼顾企业功能界定与分类、资产规模、所处行业、管理层级、混改方式等。

因此,以某中央企业下属子公司某智能公司混改为例,通常开展后评价的对象并不是刚刚完成混合所有制改革的国有企业,而是完成混改并已运行至少 1 个年度以上的企业,以便评价混改的持续性效果。某智能公司自 2019 年年初实施混改,2020 年年初完成混改增资工商变更登记,2021 年 6 月开始对其混改进行后评价,混改运行时间超过了 1 年。

2. 评价内容

以某中央企业下属子公司某智能公司混改为例,混改后评价主要围绕企业主体评价、投资者评价、员工评价、客户评价四个维度展开。其中,对于国有企业合规管理体系的评价具备参考性的主要是企业主体评价、企业员工评价、客户评价三项评价维度。

(1)企业主体评价

①完善治理

评价企业在党建引领、治理能力优化、制度体系优化、资本结构优化、监管机制优化等方面情况。

②强化激励

评价企业在团队能力建设、人才培育引进、激励措施、激发创新等方面情况。

③突出主业

评价企业在战略实现、协同发展、国有资本保值增值、品牌提升等方面情况。

④提高效率

评价企业在财务绩效提升、管理效能提升、市场化经营机制提升、市场竞争力增强等方面情况。

(2)企业员工评价

从公司管理层、中层和职工代表三个层面中,均匀随机选取企业员工代表(总数不少于 10 名),对混改前后企业在文化认同、管理效能、工作满意度等方面变化情况进行评价。

①文化认同。由企业员工对企业文化、企业愿景、使命价值观、管理方式等方面认同情况进行评价。

②管理效能。由企业员工对企业管理效能、运行效率、经营效益、团队建设等方面情况进行评价。

③工作满意度。由企业员工对企业薪酬分配、工作满意度、人文关怀等方面满意度进行评价。

(3)客户评价

按照公司业务收入占比靠前和随机抽取两种类型,选取客户代表(合计不少于10人),对混改前后企业及员工在满意度等方面变化情况进行评价。主要包括对企业承诺履约、形象口碑、客户信赖、产品(服务)质量等方面是否满意进行评价。

3. 后评价保障和要求

(1)组织保障。某中央企业负责统筹、协调、指导后评价工作,开展后评价工作当年,由某中央企业公开选聘1家专业咨询机构,对所选取的被评价企业开展混改后评价。相关费用申请列入当年预算经费。

(2)纪律要求。参与混改后评价工作的机关工作人员及聘请的专业咨询机构必须严格遵守工作纪律,签订保密协议,对后评价过程中获悉的企业相关信息或商业秘密予以保密。同时,严格执行中央八项规定精神和委机关党员干部廉洁自律“十不准”要求,积极稳妥推进后评价工作。

(3)评价资料真实性和有效性要求。被评价企业要及时、准确、完整地向后评价机构提供所需评价资料,确保评价资料的真实、有效。要根据后评价反馈意见认真组织整改落实,促进混改企业高质量发展。

三、我国现行标准中对合规制度评价的要求

国家标准《合规要求及指南》、团体标准《企业合规管理体系有效性评价指引》、团体标准《中小企业合规管理体系有效性评价》等为企业开展有效性评价提供了参考。

(一)评价原则

根据《企业合规管理体系有效性评价指引》,合规管理体系评价应遵循以下原则和方法路径:

1. 符合性与有效性相结合原则

评价内容与指标体系既要考虑合规管理过程中各项制度、文件、措施的符合性,又要考虑合规管理实施所产生的结果。

2. 全面性原则

合规管理体系有效性工作评价的范围,应覆盖企业合规管理体系规定的经营管理活动的全员、全域和全过程的所有内容。

3. 企业自评与专业性相结合的原则

首先,由企业进行内部审核交叉检查,开展自我评价,重点是业务与合规的契合度;其次,由外部专业机构在企业完成自评的基础上,进行系统全面的专业评价,得出最终评价结论。

4. 独立客观原则

第三方评价机构和人员应与被评价企业保持相对独立,评价过程不受其他组织干扰;此外,评价人员应基于证据性文件提供的客观证据进行评价,不能进行任何延展性联想或推断。

（二）评价内容

根据《合规要求及指南》，企业对合规管理制度的绩效评价应从以下三个方面进行：

1. 监视、测量、分析和评价合规管理体系的绩效和有效性

企业是否制定了合规监测方案；企业是否建立合规反馈机制、建立并维护相应信息渠道；企业是否制定相应指标，以评估合规目标实现程度；企业是否定期评审合规指标内容，以确保其适宜性和有效性，等等。

企业应开发、实施和维护适当的指标，以帮助评价其合规目标的实现情况并评估合规绩效，一些可参考的指标包括：经过有效培训的员工比例；监管机构介入的频率；反馈机制的使用。反应性指标包括：按类型、区域和频率报告的已识别的问题和不合规；不合规的后果，包括对经济补偿、罚款和其他处罚、补救成本、声誉或员工时间成本影响的估价；报告和采取纠正措施所花费的时间。预测性指标包括：以随着时间推移目标的潜在损失/收益（收入、健康和安全、声誉等）测量的不合规的风险；不合规趋势（基于过去趋势的预期合规率）。

企业应建立合规报告制度，合规报告宜包括企业按要求向任何监管机构通报的任何事项、合规义务变更及其对企业的影响、对合规绩效的测量（包括不合规和持续改进）、可能的不合规的数量和详细内容，以及随后对它们的分析、采取的纠正措施，等等。

2. 按策划开展内部审核

企业是否制定相应规范建立内部审核机制；是否按规范要求实施内部审核；内部审核是否并形成明确的审核结果，应用于相应问题的整改及管理体系的改进，等等。

企业应实施内部审核，根据相关过程的重要性和以往审核的结果，确立内部审核方案。治理机构和最高管理者应对企业的合规管理体系进行

评审,以确保合规管理体系持续的适宜性,充分性和有效性。

3. 按策划进行管理评审

企业是否建立了管理评审机制;是否定期针对上一年度合规管理措施实施情况报告、风险评估报告、合规目标评估结果、目标完成情况分析、内控总结报告、年度合规计划等内容开展管理评审并有明确的评审结果,等等。

管理评审应包括:以往管理评审所采取措施的状况;与合规管理体系有关的外部和内部事项的变化;与合规管理体系有关的相关方需要和期望的变化;关于合规绩效的信息;持续改进的机会。

附录一　国有企业合规管理相关规定

一、中央企业合规管理办法

（2022年8月23日国务院国有资产监督管理委员会令
第42号公布　自2022年10月1日起施行）

第一章　总　　则

第一条　为深入贯彻习近平法治思想，落实全面依法治国战略部署，深化法治央企建设，推动中央企业加强合规管理，切实防控风险，有力保障深化改革与高质量发展，根据《中华人民共和国公司法》《中华人民共和国企业国有资产法》等有关法律法规，制定本办法。

第二条　本办法适用于国务院国有资产监督管理委员会（以下简称国资委）根据国务院授权履行出资人职责的中央企业。

第三条　本办法所称合规，是指企业经营管理行为和员工履职行为符合国家法律法规、监管规定、行业准则和国际条约、规则，以及公司章程、相关规章制度等要求。

本办法所称合规风险，是指企业及其员工在经营管理过程中因违规行为引发法律责任、造成经济或者声誉损失以及其他负面影响的可能性。

本办法所称合规管理，是指企业以有效防控合规风险为目的，以提升依法合规经营管理水平为导向，以企业经营管理行为和员工履职行为为对象，开展的包括建立合规制度、完善运行机制、培育合规文化、强化监督问责等有组织、有计划的管理活动。

第四条　国资委负责指导、监督中央企业合规管理工作，对合规管理体系建设情况及其有效性进行考核评价，依据相关规定对违规行为开展责任追究。

第五条　中央企业合规管理工作应当遵循以下原则：

（一）坚持党的领导。充分发挥企业党委（党组）领导作用，落实全面依法治国战略部署有关要求，把党的领导贯穿合规管理全过程。

（二）坚持全面覆盖。将合规要求嵌入经营管理各领域各环节，贯穿决策、执行、监督全过程，落实到各部门、各单位和全体员工，实现多方联动、上下贯通。

（三）坚持权责清晰。按照“管业务必须管合规”要求，明确业务及职能部门、合规管理部门和监督部门职责，严格落实员工合规责任，对违规行为严肃问责。

（四）坚持务实高效。建立健全符合企业实际的合规管理体系，突出对重点领域、关键环节和重要人员的管理，充分利用大数据等信息化手段，切实提高管理效能。

第六条 中央企业应当在机构、人员、经费、技术等方面为合规管理工作提供必要条件，保障相关工作有序开展。

第二章 组织和职责

第七条 中央企业党委（党组）发挥把方向、管大局、促落实的领导作用，推动合规要求在本企业得到严格遵循和落实，不断提升依法合规经营管理水平。

中央企业应当严格遵守党内法规制度，企业党建工作机构在党委（党组）领导下，按照有关规定履行相应职责，推动相关党内法规制度有效贯彻落实。

第八条 中央企业董事会发挥定战略、作决策、防风险作用，主要履行以下职责：

（一）审议批准合规管理基本制度、体系建设方案和年度报告等。

（二）研究决定合规管理重大事项。

（三）推动完善合规管理体系并对其有效性进行评价。

（四）决定合规管理部门设置及职责。

第九条 中央企业经理层发挥谋经营、抓落实、强管理作用，主要履行以下职责：

（一）拟订合规管理体系建设方案，经董事会批准后组织实施。

（二）拟订合规管理基本制度，批准年度计划等，组织制定合规管理具体制度。

（三）组织应对重大合规风险事件。

（四）指导监督各部门和所属单位合规管理工作。

第十条 中央企业主要负责人作为推进法治建设第一责任人，应当切实履行依法合规经营管理重要组织者、推动者和实践者的职责，积极推进合规管理各项工作。

第十一条 中央企业设立合规委员会，可以与法治建设领导机构等合署办公，统筹协调合规管理工作，定期召开会议，研究解决重点难点问题。

第十二条 中央企业应当结合实际设立首席合规官，不新增领导岗位和职数，由总法律顾问兼任，对企业主要负责人负责，领导合规管理部门组织开展相关工作，指导所属单位加强合规管理。

第十三条 中央企业业务及职能部门承担合规管理主体责任，主要履行以下职责：

（一）建立健全本部门业务合规管理制度和流程，开展合规风险识别评估，编制风险清单和应对预案。

（二）定期梳理重点岗位合规风险，将合规要求纳入岗位职责。

（三）负责本部门经营管理行为的合规审查。

（四）及时报告合规风险，组织或者配合开展应对处置。

（五）组织或者配合开展违规问题调查和整改。

中央企业应当在业务及职能部门设置合规管理员，由业务骨干担任，接受合规管理部门业务指导和培训。

第十四条 中央企业合规管理部门牵头负责本企业合规管理工作，主要履行以下职责：

（一）组织起草合规管理基本制度、具体制度、年度计划和工作报告等。

（二）负责规章制度、经济合同、重大决策合规审查。

（三）组织开展合规风险识别、预警和应对处置，根据董事会授权开展合规管理体系有效性评价。

（四）受理职责范围内的违规举报，提出分类处置意见，组织或者参与对违规行为的调查。

（五）组织或者协助业务及职能部门开展合规培训，受理合规咨询，推进合规管理信息化建设。

中央企业应当配备与经营规模、业务范围、风险水平相适应的专职合规管理人员，加强业务培训，提升专业化水平。

第十五条 中央企业纪检监察机构和审计、巡视巡察、监督追责等部门依据有关规定，在职权范围内对合规要求落实情况进行监督，对违规行为进行调查，按照规定开展责任追究。

第三章 制度建设

第十六条 中央企业应当建立健全合规管理制度，根据适用范围、效力层级等，构建分级分类的合规管理制度体系。

第十七条 中央企业应当制定合规管理基本制度，明确总体目标、机构职责、运行机制、考核评价、监督问责等内容。

第十八条 中央企业应当针对反垄断、反商业贿赂、生态环保、安全生产、劳动用工、税务管理、数据保护等重点领域，以及合规风险较高的业务，制定合规管理具体制度或者专项指南。

中央企业应当针对涉外业务重要领域，根据所在国家（地区）法律法规等，结合实际制定专项合规管理制度。

第十九条 中央企业应当根据法律法规、监管政策等变化情况，及时对规章制度进行修订完善，对执行落实情况进行检查。

第四章 运行机制

第二十条 中央企业应当建立合规风险识别评估预警机制，全面梳理经营管理活动中的合规风险，建立并定期更新合规风险数据库，对风险发生的可能性、影响程度、潜在后果等进行分析，对典型性、普遍性或者可能产生严重后果的风险及时预警。

第二十一条 中央企业应当将合规审查作为必经程序嵌入经营管理流程，重大决策事项的合规审查意见应当由首席合规官签字，对决策事项的合规性提出明确意见。业务及职能部门、合规管理部门依据职责权限完善审查标准、流程、重点等，定期对审查情况开展后评估。

第二十二条 中央企业发生合规风险，相关业务及职能部门应当及时采取应对措施，并按照规定向合规管理部门报告。

中央企业因违规行为引发重大法律纠纷案件、重大行政处罚、刑事案件，或者被国际组织制裁等重大合规风险事件，造成或者可能造成企业重大资产损失或者严重不良影响的，应当由首席合规官牵头，合规管理部门统筹协调，相关部门协同配合，及时采取措施妥善应对。

中央企业发生重大合规风险事件，应当按照相关规定及时向国资委报告。

第二十三条 中央企业应当建立违规问题整改机制，通过健全规章制度、优化业务流程等，堵塞管理漏洞，提升依法合规经营管理水平。

第二十四条 中央企业应当设立违规举报平台，公布举报电话、邮箱或者信箱，相关部门按照职责权限受理违规举报，并就举报问题进行调查和处理，对造成资产损失或者严重不良后果的，移交责任追究部门；对涉嫌违纪违法的，按照规定移交纪检监察等相关部门或者机构。

中央企业应当对举报人的身份和举报事项严格保密，对举报属实的举报人可以给予适当奖励。任何单位和个人不得以任何形式对举报人进行打击报复。

第二十五条 中央企业应当完善违规行为追责问责机制，明确责任范围，细化问责标准，针对问题和线索及时开展调查，按照有关规定严肃追究违规人员责任。

中央企业应当建立所属单位经营管理和员工履职违规行为记录制度，将违规行为性质、发生次数、危害程度等作为考核评价、职级评定等工作的重要依据。

第二十六条 中央企业应当结合实际建立健全合规管理与法务管理、内部控制、风险管理等协同运作机制，加强统筹协调，避免交叉重复，提高管理效能。

第二十七条 中央企业应当定期开展合规管理体系有效性评价，针对重点业务合规管理情况适时开展专项评价，强化评价结果运用。

第二十八条 中央企业应当将合规管理作为法治建设重要内容，纳入对所属单位的考核评价。

第五章 合规文化

第二十九条 中央企业应当将合规管理纳入党委（党组）法治专题学习，推动企业领导人员强化合规意识，带头依法依规开展经营管理活动。

第三十条 中央企业应当建立常态化合规培训机制，制定年度培训计划，将合规管理作为管理人员、重点岗位人员和新入职人员培训必修内容。

第三十一条 中央企业应当加强合规宣传教育，及时发布合规手册，组织签订合规承诺，强化全员守法诚信、合规经营意识。

第三十二条 中央企业应当引导全体员工自觉践行合规理念，遵守合规要求，接受合规培训，对自身行为合规性负责，培育具有企业特色的合规文化。

第六章 信息化建设

第三十三条 中央企业应当加强合规管理信息化建设，结合实际将合规制度、典型案例、合规培训、违规行为记录等纳入信息系统。

第三十四条 中央企业应当定期梳理业务流程，查找合规风险点，运用信息化手段将合规要求和防控措施嵌入流程，针对关键节点加强合规审查，强化过程管控。

第三十五条 中央企业应当加强合规管理信息系统与财务、投资、采购等其他信息系统的互联互通，实现数据共用共享。

第三十六条 中央企业应当利用大数据等技术，加强对重点领域、关键节点的实时动态监测，实现合规风险即时预警、快速处置。

第七章 监督问责

第三十七条 中央企业违反本办法规定，因合规管理不到位引发违规行为的，国资委可以约谈相关企业并责成整改；造成损失或者不良影响的，国资委根据相关规定开展责任追究。

第三十八条 中央企业应当对在履职过程中因故意或者重大过失应当发现而未发现违规问题，或者发现违规问题存在失职渎职行为，给企业造成损失或者不良影响的单位和人员开展责任追究。

第八章 附则

第三十九条 中央企业应当根据本办法，结合实际制定完善合规管理制度，推动所属单位建立健全合规管理体系。

第四十条 地方国有资产监督管理机构参照本办法，指导所出资企业加强合规管理工作。

第四十一条 本办法由国资委负责解释。

第四十二条 本办法自2022年10月1日起施行。

二、中央企业合规管理指引(试行)

(国资发法规〔2018〕106号)

第一章　总　　则

第一条　为推动中央企业全面加强合规管理,加快提升依法合规经营管理水平,着力打造法治央企,保障企业持续健康发展,根据《中华人民共和国公司法》、《中华人民共和国企业国有资产法》等有关法律法规规定,制定本指引。

第二条　本指引所称中央企业,是指国务院国有资产监督管理委员会(以下简称国资委)履行出资人职责的国家出资企业。

本指引所称合规,是指中央企业及其员工的经营管理行为符合法律法规、监管规定、行业准则和企业章程、规章制度以及国际条约、规则等要求。

本指引所称合规风险,是指中央企业及其员工因不合规行为,引发法律责任、受到相关处罚、造成经济或声誉损失以及其他负面影响的可能性。

本指引所称合规管理,是指以有效防控合规风险为目的,以企业和员工经营管理行为为对象,开展包括制度制定、风险识别、合规审查、风险应对、责任追究、考核评价、合规培训等有组织、有计划的管理活动。

第三条　国资委负责指导监督中央企业合规管理工作。

第四条　中央企业应当按照以下原则加快建立健全合规管理体系:

(一)全面覆盖。坚持将合规要求覆盖各业务领域、各部门、各级子企业和分支机构、全体员工,贯穿决策、执行、监督全流程。

(二)强化责任。把加强合规管理作为企业主要负责人履行推进法治建设第一责任人职责的重要内容。建立全员合规责任制,明确管理人员和各岗位员工的合规责任并督促有效落实。

(三)协同联动。推动合规管理与法律风险防范、监察、审计、内控、风险管理等工作相统筹、相衔接，确保合规管理体系有效运行。

（四）客观独立。严格依照法律法规等规定对企业和员工行为进行客观评价和处理。合规管理牵头部门独立履行职责，不受其他部门和人员的干涉。

第二章　合规管理职责

第五条　董事会的合规管理职责主要包括：

（一）批准企业合规管理战略规划、基本制度和年度报告；

（二）推动完善合规管理体系；

（三）决定合规管理负责人的任免；

（四）决定合规管理牵头部门的设置和职能；

（五）研究决定合规管理有关重大事项；

（六）按照权限决定有关违规人员的处理事项。

第六条　监事会的合规管理职责主要包括：

（一）监督董事会的决策与流程是否合规；

（二）监督董事和高级管理人员合规管理职责履行情况；

（三）对引发重大合规风险负有主要责任的董事、高级管理人员提出罢免建议；

（四）向董事会提出撤换公司合规管理负责人的建议。

第七条　经理层的合规管理职责主要包括：

（一）根据董事会决定，建立健全合规管理组织架构；

（二）批准合规管理具体制度规定；

（三）批准合规管理计划，采取措施确保合规制度得到有效执行；

（四）明确合规管理流程，确保合规要求融入业务领域；

（五）及时制止并纠正不合规的经营行为，按照权限对违规人员进行责任追究或提出处理建议；

（六）经董事会授权的其他事项。

第八条　中央企业设立合规委员会，与企业法治建设领导小组或风险控制委员会等合署，承担合规管理的组织领导和统筹协调工作，定期召开会议，研究决定合规管理重大事项或提出意见建议，指导、监督和评价合规管理工作。

第九条　中央企业相关负责人或总法律顾问担任合规管理负责人，主要职责包括：

（一）组织制订合规管理战略规划；

（二）参与企业重大决策并提出合规意见；

（三）领导合规管理牵头部门开展工作；

（四）向董事会和总经理汇报合规管理重大事项；

(五)组织起草合规管理年度报告。

第十条 法律事务机构或其他相关机构为合规管理牵头部门,组织、协调和监督合规管理工作,为其他部门提供合规支持,主要职责包括:

(一)研究起草合规管理计划、基本制度和具体制度规定;

(二)持续关注法律法规等规则变化,组织开展合规风险识别和预警,参与企业重大事项合规审查和风险应对;

(三)组织开展合规检查与考核,对制度和流程进行合规性评价,督促违规整改和持续改进;

(四)指导所属单位合规管理工作;

(五)受理职责范围内的违规举报,组织或参与对违规事件的调查,并提出处理建议;

(六)组织或协助业务部门、人事部门开展合规培训。

第十一条 业务部门负责本领域的日常合规管理工作,按照合规要求完善业务管理制度和流程,主动开展合规风险识别和隐患排查,发布合规预警,组织合规审查,及时向合规管理牵头部门通报风险事项,妥善应对合规风险事件,做好本领域合规培训和商业伙伴合规调查等工作,组织或配合进行违规问题调查并及时整改。

监察、审计、法律、内控、风险管理、安全生产、质量环保等相关部门,在职权范围内履行合规管理职责。

第三章 合规管理重点

第十二条 中央企业应当根据外部环境变化,结合自身实际,在全面推进合规管理的基础上,突出重点领域、重点环节和重点人员,切实防范合规风险。

第十三条 加强对以下重点领域的合规管理:

(一)市场交易。完善交易管理制度,严格履行决策批准程序,建立健全自律诚信体系,突出反商业贿赂、反垄断、反不正当竞争,规范资产交易、招投标等活动;

(二)安全环保。严格执行国家安全生产、环境保护法律法规,完善企业生产规范和安全环保制度,加强监督检查,及时发现并整改违规问题;

(三)产品质量。完善质量体系,加强过程控制,严把各环节质量关,提供优质产品和服务;

(四)劳动用工。严格遵守劳动法律法规,健全完善劳动合同管理制度,规范劳动合同签订、履行、变更和解除,切实维护劳动者合法权益;

(五)财务税收。健全完善财务内部控制体系,严格执行财务事项操作和审批流程,严守财经纪律,强化依法纳税意识,严格遵守税收法律政策;

(六)知识产权。及时申请注册知识产权成果,规范实施许可和转让,加强对商业秘密和商标的保护，依法规范使用他人知识产权，防止侵权行为；

（七）商业伙伴。对重要商业伙伴开展合规调查，通过签订合规协议、要求作出合规承诺等方式促进商业伙伴行为合规；

（八）其他需要重点关注的领域。

第十四条 加强对以下重点环节的合规管理：

（一）制度制定环节。强化对规章制度、改革方案等重要文件的合规审查，确保符合法律法规、监管规定等要求；

（二）经营决策环节。严格落实“三重一大”决策制度，细化各层级决策事项和权限，加强对决策事项的合规论证把关，保障决策依法合规；

（三）生产运营环节。严格执行合规制度，加强对重点流程的监督检查，确保生产经营过程中照章办事、按章操作；

（四）其他需要重点关注的环节。

第十五条 加强对以下重点人员的合规管理：

（一）管理人员。促进管理人员切实提高合规意识，带头依法依规开展经营管理活动，认真履行承担的合规管理职责，强化考核与监督问责；

（二）重要风险岗位人员。根据合规风险评估情况明确界定重要风险岗位，有针对性加大培训力度，使重要风险岗位人员熟悉并严格遵守业务涉及的各项规定，加强监督检查和违规行为追责；

（三）海外人员。将合规培训作为海外人员任职、上岗的必备条件，确保遵守我国和所在国法律法规等相关规定；

（四）其他需要重点关注的人员。

第十六条 强化海外投资经营行为的合规管理：

（一）深入研究投资所在国法律法规及相关国际规则，全面掌握禁止性规定，明确海外投资经营行为的红线、底线；

（二）健全海外合规经营的制度、体系、流程，重视开展项目的合规论证和尽职调查，依法加强对境外机构的管控，规范经营管理行为。

（三）定期排查梳理海外投资经营业务的风险状况，重点关注重大决策、重大合同、大额资金管控和境外子企业公司治理等方面存在的合规风险，妥善处理、及时报告，防止扩大蔓延。

第四章 合规管理运行

第十七条 建立健全合规管理制度，制定全员普遍遵守的合规行为规范，针对重点领域制定专项合规管理制度，并根据法律法规变化和监管动态，及时将外部有关合规要求转化为内部规章制度。

第十八条 建立合规风险识别预警机制，全面系统梳理经营管理活动中存在的合规风险，对风险发生的可能性、影响程度、潜在后果等进行系统分析，对于典型性、普遍性和可能产生较严重后果的风险及时发布预警。

第十九条 加强合规风险应对，针对发现的风险制定预案，采取有效措施，及时应对处置。对于重大合规风险事件，合规委员会统筹领导，合规管理负责人牵头，相关部门协同配合，最大限度化解风险、降低损失。

第二十条 建立健全合规审查机制，将合规审查作为规章制度制定、重大事项决策、重要合同签订、重大项目运营等经营管理行为的必经程序，及时对不合规的内容提出修改建议，未经合规审查不得实施。

第二十一条 强化违规问责，完善违规行为处罚机制，明晰违规责任范围，细化惩处标准。畅通举报渠道，针对反映的问题和线索，及时开展调查，严肃追究违规人员责任。

第二十二条 开展合规管理评估，定期对合规管理体系的有效性进行分析，对重大或反复出现的合规风险和违规问题，深入查找根源，完善相关制度，堵塞管理漏洞，强化过程管控，持续改进提升。

第五章 合规管理保障

第二十三条 加强合规考核评价，把合规经营管理情况纳入对各部门和所属企业负责人的年度综合考核，细化评价指标。对所属单位和员工合规职责履行情况进行评价，并将结果作为员工考核、干部任用、评先选优等工作的重要依据。

第二十四条 强化合规管理信息化建设，通过信息化手段优化管理流程，记录和保存相关信息。运用大数据等工具，加强对经营管理行为依法合规情况的实时在线监控和风险分析，实现信息集成与共享。

第二十五条 建立专业化、高素质的合规管理队伍，根据业务规模、合规风险水平等因素配备合规管理人员，持续加强业务培训，提升队伍能力水平。

海外经营重要地区、重点项目应当明确合规管理机构或配备专职人员，切实防范合规风险。

第二十六条 重视合规培训，结合法治宣传教育，建立制度化、常态化培训机制，确保员工理解、遵循企业合规目标和要求。

第二十七条 积极培育合规文化，通过制定发放合规手册、签订合规承诺书等方式，强化全员安全、质量、诚信和廉洁等意识，树立依法合规、守法诚信的价值观，筑牢合规经营的思想基础。

第二十八条 建立合规报告制度，发生较大合规风险事件，合规管理牵头部门和相关部门应当及时向合规管理负责人、分管领导报告。重大合规风险事件应当向国资委和有关部门报告。

合规管理牵头部门于每年年底全面总结合规管理工作情况，起草年度报告，经董事会审议通过后及时报送国资委。

第六章　附　　则

第二十九条　中央企业根据本指引，结合实际制定合规管理实施细则。

地方国有资产监督管理机构可以参照本指引，积极推进所出资企业合规管理工作。

第三十条　本指引由国资委负责解释。

第三十一条　本指引自公布之日起施行。

三、企业境外经营合规管理指引

第一章　总　　则

第一条　目的及依据

为更好服务企业开展境外经营业务，推动企业持续加强合规管理，根据国家有关法律法规和政策规定，参考GB/T35770—2017《合规管理体系指南》及有关国际合规规则，制定本指引。

第二条　适用范围

本指引适用于开展对外贸易、境外投资、对外承包工程等“走出去”相关业务的中国境内企业及其境外子公司、分公司、代表机构等境外分支机构（以下简称“企业”）。

法律法规对企业合规管理另有专门规定的，从其规定。行业监管部门对企业境外经营合规管理另有专门规定的，有关行业企业应当遵守其规定。

第三条　基本概念

本指引所称合规，是指企业及其员工的经营管理行为符合有关法律法规、国际条约、监管规定、行业准则、商业惯例、道德规范和企业依法制定的章程及规章制度等要求。

第四条　合规管理框架

企业应以倡导合规经营价值观为导向，明确合规管理工作内容，健全合规管理架构，制定合规管理制度，完善合规运行机制，加强合规风险识别、评估与处置，开展合规评审与改进，培育合规文化，形成重视合规经营的企业氛围。

第五条　合规管理原则

（一）独立性原则。企业合规管理应从制度设计、机构设置、岗位安排以及汇报路径等方面保证独立性。合规管理机构及人员承担的其他职责不应与合规职责产生利益冲突。

（二）适用性原则。企业合规管理应从经营范围、组织结构和业务规模等实际出发，兼顾成本与效率，强化合规管理制度的可操作性，提高合规管理的有效性。同时，企业应随着内外部环境的变化持续调整和改进合规管理体系。

(三)全面性原则。企业合规管理应覆盖所有境外业务领域、部门和员工,贯穿决策、执行、监督、反馈等各个环节,体现于决策机制、内部控制、业务流程等各个方面。

第二章 合规管理要求

第六条 对外贸易中的合规要求

企业开展对外货物和服务贸易,应确保经营活动全流程、全方位合规,全面掌握关于贸易管制、质量安全与技术标准、知识产权保护等方面的具体要求,关注业务所涉国家(地区)开展的贸易救济调查,包括反倾销、反补贴、保障措施调查等。

第七条 境外投资中的合规要求

企业开展境外投资,应确保经营活动全流程、全方位合规,全面掌握关于市场准入、贸易管制、国家安全审查、行业监管、外汇管理、反垄断、反洗钱、反恐怖融资等方面的具体要求。

第八条 对外承包工程中的合规要求

企业开展对外承包工程,应确保经营活动全流程、全方位合规,全面掌握关于投标管理、合同管理、项目履约、劳工权利保护、环境保护、连带风险管理、债务管理、捐赠与赞助、反腐败、反贿赂等方面的具体要求。

第九条 境外日常经营中的合规要求

企业开展境外日常经营,应确保经营活动全流程、全方位合规,全面掌握关于劳工权利保护、环境保护、数据和隐私保护、知识产权保护、反腐败、反贿赂、反垄断、反洗钱、反恐怖融资、贸易管制、财务税收等方面的具体要求。

第三章 合规管理架构

第十条 合规治理结构

企业可结合发展需要建立权责清晰的合规治理结构,在决策、管理、执行三个层级上划分相应的合规管理责任。

(一)企业的决策层应以保证企业合规经营为目的,通过原则性顶层设计,解决合规管理工作中的权力配置问题。

(二)企业的高级管理层应分配充足的资源建立、制定、实施、评价、维护和改进合规管理体系。

(三)企业的各执行部门及境外分支机构应及时识别归口管理领域的合规要求,改进合规管理措施,执行合规管理制度和程序,收集合规风险信息,落实相关工作要求。

第十一条 合规管理机构

企业可根据业务性质、地域范围、监管要求等设置相应的合规管理机构。合规管理机构一般由合规委员会、合规负责人和合规管理部门组成。尚不具备条件设立专门合规管理机构的企业,可由相关部门(如法律事务部门、风险防控部门等)履行合规管理职责,同时明确合规负责人。

(一)合规委员会

企业可结合实际设立合规委员会,作为企业合规管理体系的最高负责机构。合规委员会一般应履行以下合规职责:

1. 确认合规管理战略,明确合规管理目标。

2. 建立和完善企业合规管理体系,审批合规管理制度、程序和重大合规风险管理方案。

3. 听取合规管理工作汇报,指导、监督、评价合规管理工作。

(二)合规负责人

企业可结合实际任命专职的首席合规官,也可由法律事务负责人或风险防控负责人等担任合规负责人。首席合规官或合规负责人是企业合规管理工作具体实施的负责人和日常监督者,不应分管与合规管理相冲突的部门。首席合规官或合规负责人一般应履行以下合规职责:

1. 贯彻执行企业决策层对合规管理工作的各项要求,全面负责企业的合规管理工作。

2. 协调合规管理与企业各项业务之间的关系,监督合规管理执行情况,及时解决合规管理中出现的重大问题。

3. 领导合规管理部门,加强合规管理队伍建设,做好人员选聘培养,监督合规管理部门认真有效地开展工作。

(三)合规管理部门

企业可结合实际设置专职的合规管理部门,或者由具有合规管理职能的相关部门承担合规管理职责。合规管理部门一般应履行以下合规职责:

1. 持续关注我国及业务所涉国家(地区)法律法规、监管要求和国际规则的最新发展,及时提供合规建议。

2. 制定企业的合规管理制度和年度合规管理计划,并推动其贯彻落实。

3. 审查评价企业规章制度和业务流程的合规性,组织、协调和监督各业务部门对规章制度和业务流程进行梳理和修订。

4. 组织或协助业务部门、人事部门开展合规培训,并向员工提供合规咨询。

5. 积极主动识别和评估与企业境外经营相关的合规风险,并监管与供应商、代理商、分销商、咨询顾问和承包商等第三方(以下简称"第三方")相关的合规风险。为新产品和新业务的开发提供必要的合规性审查和测试,识别和评估新业务的拓展、新客户关系的建立以及客户关系发生重大变化等所产生的合规风险,并制定应对措施。

6. 实施充分且具有代表性的合规风险评估和测试，查找规章制度和业务流程存在的缺陷，并进行相应的调查。对已发生的合规风险或合规测试发现的合规缺陷，应提出整改意见并监督有关部门进行整改。

7. 针对合规举报信息制定调查方案并开展调查。

8. 推动将合规责任纳入岗位职责和员工绩效管理流程。建立合规绩效指标，监控和衡量合规绩效，识别改进需求。

9. 建立合规报告和记录的台账，制定合规资料管理流程。

10. 建立并保持与境内外监管机构日常的工作联系，跟踪和评估监管意见和监管要求的落实情况。

第十二条 合规管理协调

（一）合规管理部门与业务部门分工协作

合规管理需要合规管理部门和业务部门密切配合。境外经营相关业务部门应主动进行日常合规管理工作，识别业务范围内的合规要求，制定并落实业务管理制度和风险防范措施，组织或配合合规管理部门进行合规审查和风险评估，组织或监督违规调查及整改工作。

（二）合规管理部门与其他监督部门分工协作

合规管理部门与其他具有合规管理职能的监督部门（如审计部门、监察部门等）应建立明确的合作和信息交流机制，加强协调配合，形成管理合力。企业应根据风险防控需要以及各监督部门的职责分工划分合规管理职责，确保各业务系统合规运营。

（三）企业与外部监管机构沟通协调

企业应积极与境内外监管机构建立沟通渠道，了解监管机构期望的合规流程，制定符合监管机构要求的合规制度，降低在报告义务和行政处罚等方面的风险。

（四）企业与第三方沟通协调

企业与第三方合作时，应做好相关的国别风险研究和项目尽职调查，深入了解第三方合规管理情况。企业应当向重要的第三方传达自身的合规要求和对对方的合规要求，并在商务合同中明确约定。

第四章　合规管理制度

第十三条 合规行为准则

合规行为准则是最重要、最基本的合规制度，是其他合规制度的基础和依据，适用于所有境外经营相关部门和员工，以及代表企业从事境外经营活动的第三方。合规行为准则应规定境外经营活动中必须遵守的基本原则和标准，包括但不限于企业核心价值观、合规目标、合规的内涵、行为准则的适用范围和地位、企业及员工适用的合规行事标准、违规的应对方式和后果等。

第十四条 合规管理办法

企业应在合规行为准则的基础上，针对特定主题或特定风险领域制定具体的合规管理办法，包括但不限于礼品及招待、赞助及捐赠、利益冲突管理、举报管理和内部调查、人力资源管理、税务管理、商业伙伴合规管理等内容。

企业还应针对特定行业或地区的合规要求，结合企业自身的特点和发展需要，制定相应的合规风险管理办法。例如金融业及有关行业的反洗钱及反恐怖融资政策，银行、通信、医疗等行业的数据和隐私保护政策等。

第十五条 合规操作流程

企业可结合境外经营实际，就合规行为准则和管理办法制定相应的合规操作流程，进一步细化标准和要求。也可将具体的标准和要求融入到现有的业务流程当中，便于员工理解和落实，确保各项经营行为合规。

第五章 合规管理运行机制

第十六条 合规培训

企业应将合规培训纳入员工培训计划，培训内容需随企业内外部环境变化进行动态调整。境外经营相关部门和境外分支机构的所有员工，均应接受合规培训，了解并掌握企业的合规管理制度和风险防控要求。决策层和高级管理层应带头接受合规培训，高风险领域、关键岗位员工应接受有针对性的专题合规培训。合规培训应做好记录留存。

第十七条 合规汇报

合规负责人和合规管理部门应享有通畅的合规汇报渠道。

合规管理部门应当定期向决策层和高级管理层汇报合规管理情况。汇报内容一般包括但不限于合规风险评估情况，合规培训的组织情况和效果评估，发现的违规行为以及处理情况，违规行为可能给组织带来的合规风险，已识别的合规漏洞或缺陷，建议采取的纠正措施，合规管理工作的整体评价和分析等。

如发生性质严重或可能给企业带来重大合规风险的违规行为，合规负责人或合规管理部门应当及时向决策层和高级管理层汇报，提出风险警示，并采取纠正措施。

第十八条 合规考核

合规考核应全面覆盖企业的各项管理工作。合规考核结果应作为企业绩效考核的重要依据，与评优评先、职务任免、职务晋升以及薪酬待遇等挂钩。

境外经营相关部门和境外分支机构可以制定单独的合规绩效考核机制，也可将合规考核标准融入到总体的绩效管理体系中。考核内容包括但不限于按时参加合规培训，严格执行合规管理制度，积极支持和配合合规管理机构工作，及时汇报合规风险等。

第十九条 合规咨询与审核

境外经营相关部门和境外分支机构及其员工在履职过程中遇到合规风险事项,应及时主动寻求合规咨询或审核支持。

企业应针对高合规风险领域规定强制合规咨询范围。在涉及重点领域或重要业务环节时,业务部门应主动咨询合规管理部门意见。合规管理部门应在合理时间内答复或启动合规审核流程。

对于复杂或专业性强且存在重大合规风险的事项,合规管理部门应按照制度规定听取法律顾问、公司律师意见,或委托专业机构召开论证会后再形成审核意见。

第二十条 合规信息举报与调查

企业应根据自身特点和实际情况建立和完善合规信息举报体系。员工、客户和第三方均有权进行举报和投诉,企业应充分保护举报人。

合规管理部门或其他受理举报的监督部门应针对举报信息制定调查方案并开展调查。形成调查结论以后,企业应按照相关管理制度对违规行为进行处理。

第二十一条 合规问责

企业应建立全面有效的合规问责制度,明晰合规责任范围,细化违规惩处标准,严格认定和追究违规行为责任。

第六章 合规风险识别、评估与处置

第二十二条 合规风险

合规风险,是指企业或其员工因违规行为遭受法律制裁、监管处罚、重大财产损失或声誉损失以及其他负面影响的可能性。

第二十三条 合规风险识别

企业应当建立必要的制度和流程,识别新的和变更的合规要求。企业可围绕关键岗位或者核心业务流程,通过合规咨询、审核、考核和违规查处等内部途径识别合规风险,也可通过外部法律顾问咨询、持续跟踪监管机构有关信息、参加行业组织研讨等方式获悉外部监管要求的变化,识别合规风险。

企业境外分支机构可通过聘请法律顾问、梳理行业合规案例等方式动态了解掌握业务所涉国家(地区)政治经济和法律环境的变化,及时采取应对措施,有效识别各类合规风险。

第二十四条 合规风险评估

企业可通过分析违规或可能造成违规的原因、来源、发生的可能性、后果的严重性等进行合规风险评估。

企业可根据企业的规模、目标、市场环境及风险状况确定合规风险评估的标准和合规风险管理的优先级。

企业进行合规风险评估后应形成评估报告，供决策层、高级管理层和业务部门等使用。评估报告内容包括风险评估实施概况、合规风险基本评价、原因机制、可能的损失、处置建议、应对措施等。

第二十五条 合规风险处置

企业应建立健全合规风险应对机制，对识别评估的各类合规风险采取恰当的控制和处置措施。发生重大合规风险时，企业合规管理机构和其他相关部门应协同配合，依法及时采取补救措施，最大程度降低损失。必要时，应及时报告有关监管机构。

第七章 合规评审与改进

第二十六条 合规审计

企业合规管理职能应与内部审计职能分离。企业审计部门应对企业合规管理的执行情况、合规管理体系的适当性和有效性等进行独立审计。审计部门应将合规审计结果告知合规管理部门，合规管理部门也可根据合规风险的识别和评估情况向审计部门提出开展审计工作的建议。

第二十七条 合规管理体系评价

企业应定期对合规管理体系进行系统全面的评价，发现和纠正合规管理贯彻执行中存在的问题，促进合规体系的不断完善。合规管理体系评价可由企业合规管理相关部门组织开展或委托外部专业机构开展。

企业在开展效果评价时，应考虑企业面临的合规要求变化情况，不断调整合规管理目标，更新合规风险管理措施，以满足内外部合规管理要求。

第二十八条 持续改进

企业应根据合规审计和体系评价情况，进入合规风险再识别和合规制度再制定的持续改进阶段，保障合规管理体系全环节的稳健运行。

企业应积极配合监管机构的监督检查，并根据监管要求及时改进合规管理体系，提高合规管理水平。

第八章 合规文化建设

第二十九条 合规文化培育

企业应将合规文化作为企业文化建设的重要内容。企业决策层和高级管理层应确立企业合规理念，注重身体力行。企业应践行依法合规、诚信经营的价值观，不断增强员工的合规意识和行为自觉，营造依规办事、按章操作的文化氛围。

第三十条 合规文化推广

企业应将合规作为企业经营理念和社会责任的重要内容,并将合规文化传递至利益相关方。企业应树立积极正面的合规形象,促进行业合规文化发展,营造和谐健康的境外经营环境。

四、关于全面推进法治央企建设的意见

党的十八届三中、四中全会作出全面深化改革和全面推进依法治国的重大战略部署。习近平总书记强调,要把全面依法治国放在“四个全面”战略布局中来把握。中央企业是我国国民经济的重要支柱,是落实全面依法治国战略的重要主体,应当在建设社会主义法治国家中发挥重要作用。近年来,中央企业深入推进法治建设,依法经营管理水平不断提升,依法治企能力明显增强,为改革发展提供了重要的支撑保障。但与此同时,中央企业法治工作与全面依法治国的要求相比还有不小差距。新形势下,全面建设法治央企,是贯彻落实全面依法治国战略的重要内容,是进一步深化国企改革的必然要求,也是提升企业核心竞争力,做强做优做大中央企业的迫切需要。为此,现就全面推进法治央企建设提出以下意见:

一、总体要求

(一)指导思想。认真贯彻落实党的十八届三中、四中、五中全会精神和习近平总书记系列重要讲话精神,按照全面依法治国战略部署,围绕中央企业改革发展总体目标,适应市场化、现代化、国际化发展需要,坚持依法治理、依法经营、依法管理共同推进,坚持法治体系、法治能力、法治文化一体建设,加强制度创新,以健全公司法人治理结构为基础,以促进依法经营管理为重点,以提升企业法律管理能力为手段,切实加强对企业法治建设的组织领导,大力推动企业治理体系和治理能力现代化,促进中央企业健康可持续发展。

(二)基本原则。

坚持围绕中心,服务发展大局。紧紧围绕中央企业改革发展中心任务,充分发挥法治在推进分类改革、完善现代企业制度、发展混合所有制经济、强化监督防止国有资产流失等重点改革任务中的重要作用,支撑企业实施自主创新、转型升级等重大发展战略,为中央企业改革发展提供坚实的法治保障。

坚持全面覆盖,突出工作重点。把依法治企要求全面融入企业决策运营各个环节,贯穿各业务领域、各管理层级、各工作岗位,努力实现法治工作全流程、全覆盖,同时突出依法治理、依法合规经营、依法规范管理等重点领域法治建设。

坚持权责明确，强化协同配合。切实加强对法治央企建设的组织领导，明确企业主要负责人、总法律顾问、法律事务机构、其他部门在推进法治建设中的责任，有效整合资源，增强工作合力，形成上下联动、部门协同的法治建设大格局。

坚持领导带头，确保全员参与。牢牢抓住领导干部这个“关键少数”，大力提升领导干部的法治思维和依法办事能力，充分发挥领导干部尊法学法守法用法的示范作用，进一步强化普法宣传教育，提高全员法治素养，充分调动职工的积极性和主动性，努力形成全员守法的良好氛围。

（三）总体目标。到2020年，中央企业依法治理能力进一步增强，依法合规经营水平显著提升，依法规范管理能力不断强化，全员法治素质明显提高，企业法治文化更加浓厚，依法治企能力达到国际同行业先进水平，努力成为治理完善、经营合规、管理规范、守法诚信的法治央企。

二、切实增强依法治理能力

（四）充分发挥章程在公司治理中的统领作用。根据企业行业特点、管理架构等实际，依法完善公司章程，合理配置股东权利义务，明确议事规则和决策机制。突出章程在规范各治理主体权责关系中的基础性作用，依法厘清股东（大）会、董事会、监事会、经理层的职责边界，明确履职程序。依据章程建立健全企业各项基本制度、管理机制和工作体系，细化董事会、经理层工作规则等配套办法。把加强党的领导和完善公司治理统一起来，明确党组织在公司治理结构中的法定地位，将党建工作总体要求纳入公司章程。加强对章程落实情况的监督，坚决纠正与章程不符的规定和行为。高度重视子企业章程制定工作，依法依章程对子企业规范行使股东权，处理好维护出资人权益与尊重子企业经营自主权的关系。充分发挥总法律顾问和法律事务机构在章程制定、执行和监督中的重要作用，确保章程依法制定、依法实施。

（五）完善各治理主体依法履职保障机制。按照《公司法》、《企业国有资产法》等法律法规，进一步完善公司法人治理结构，提升治理主体依法履职能力。优化董事会知识结构，通过加强法律培训、选拔法律专业人员担任董事等方式，提升董事会依法决策水平。明确负责推进企业法治建设的专门委员会，对经理层依法治企情况进行监督，并将企业法治建设情况作为董事会年度工作报告的重要内容。董事会审议事项涉及法律问题的，总法律顾问应列席会议并提出法律意见。加大监事会对依法治企情况和董事、高级管理人员依法履职情况的监督力度，配备具有法律专业背景的专职监事，将企业合规经营、依法管理作为当期监督的重要内容。总法律顾问应当全面参与经理层的经营管理活动，充分发挥法律审核把关作用。健全党组织参与重大决策机制，强化党组织对企业领导人员依法行权履职的监督，确保企业决策部署及其执行过程符合党和国家方针政策、法律法规。

三、着力强化依法合规经营

（六）健全依法决策机制。进一步完善“三重一大”等决策制度，细化各层级决策范围、事项和权限。健全依法决策程序，严格落实职工参与、专家论证、风险评估、法律审核、集体决策等程序要求。完善重大决策合法性审查机制，未经合法性审查或者经审查不合法的，不得提交决策会议讨论。高度重视对重大改革事项的法律论证，切实防范法律风险，确保各项改革措施于法有据。中央企业报请国资委审批事项涉及法律问题的，应当出具总法律顾问签字的法律意见书。依法健全以职工代表大会为基本形式的企业民主管理制度，规范职工董事、职工监事产生的程序，切实发挥其在参与决策和公司治理中的作用。

（七）依法参与市场竞争。严格执行有关反垄断、安全生产、环境保护、节能减排、产品质量、知识产权、劳动用工等国家法律法规和市场规则，坚决杜绝违法违规行为。崇尚契约精神，重合同、守信用，公平参与市场竞争，自觉维护市场秩序。认真履行社会责任，切实维护消费者和其他利益相关方的合法权益。明确法律事务机构的合同管理职责，严格落实合同法律审核制度，充分发挥法律审核在规范市场竞争、防止违法违规行为中的重要作用。提升依法维权能力，加大对侵权行为的追责力度，妥善解决法律纠纷案件，切实维护自身合法权益。

（八）依法开展国际化经营。在实施走出去战略、参与“一带一路”建设、推进国际产能和装备制造合作过程中，严格按照国际规则、所在国法律和我国相关法律法规开展境外业务，有效防范法律风险。建立境外重大项目法律顾问提前介入工作机制，将法律论证与市场论证、技术论证、财务论证有机结合，实现从可行性论证到立项决策、从谈判签约到项目实施全程参与，确保法律风险防范全覆盖。突出境外法律风险防范重点，高度重视国家安全审查、反垄断审查、反倾销反补贴调查和知识产权等领域的法律风险，深入做好尽职调查，组织拟定防范预案。建立健全涉外重大法律纠纷案件预警和应对机制。完善境外法治工作组织体系，推动境外重要子企业或业务相对集中的区域设立法律事务机构或配备专职法律顾问。

四、进一步加强依法规范管理

（九）完善企业规章制度体系。根据国家法律法规和国有资产监管制度，结合企业实际，进一步完善财务管理、劳动用工、物资采购等各项规章制度。完善规章制度制定工作机制，广泛吸纳业务骨干、专家学者等共同参与规章制度的研究制定，加强对规章制度的法律审核，确保各项制度依法合规。健全规章制度实施机制，提高制度执行力，通过加强宣贯培训、纳入业务流程、明确岗位守则等方式，确保各项制度得到有效落实。探索建立规章制度评估机制，定期开展规章制度梳理工作，对规章制度执行情况进行评价，及时堵塞制度漏洞，形成制度体系完整闭环。强化规章制度落实监督机制，法律、审计、纪检和相关业务部门定期对制度落实情况进行监督检查，对违规行为严格督促整改、开展责任追究。

（十）依法规范重点领域和关键环节管理。加强对企业投资融资、改制重组、对外担保、产权流转、物资采购、招标投标等重点领域的管理，通过信息化手段，确保流程规范、公开透明，坚决杜绝暗箱操作。在推进混合所有制、员工持股、股权激励等改革过程中，坚持依法规范操作，确保法律事务机构全程参与，严控法律风险，防止国有资产流失。高度重视对企业内部审批、执行等关键环节的管理，强化对权力集中、资金密集、资源富集、资产聚集的部门和岗位的监督，实行分事行权、分岗设权、分级授权，定期轮岗，强化内部流程控制，防止权力滥用。严格执行信息披露制度，依法加大信息公开力度，积极打造阳光央企。完善企业内部监督体系，形成法律与审计、纪检监察、巡视、财务等部门的监督合力。

（十一）大力提升法律管理水平。进一步深化法律风险防范机制，加快促进法律管理与经营管理的深度融合，将法律审核嵌入管理流程，使法律审核成为经营管理的必经环节，在确保规章制度、经济合同、重要决策法律审核率100%的同时，通过开展后评估等方式，不断提高审核质量。加快提升合规管理能力，建立由总法律顾问领导，法律事务机构作为牵头部门，相关部门共同参与、齐抓共管的合规管理工作体系，研究制定统一有效、全面覆盖、内容明确的合规制度准则，加强合规教育培训，努力形成全员合规的良性机制。探索建立法律、合规、风险、内控一体化管理平台。加强知识产权管理，强化知识产权保护，为企业自主创新、转型升级、品牌建设提供有力支撑。健全完善法律风险防范、纠纷案件处理等各项法律管理制度，探索创新法律管理方式方法，大力推进信息化建设，提高管理效能。

五、加强组织领导

（十二）强化领导责任。企业主要负责人充分发挥“关键少数”作用，认真履行推进本企业法治建设第一责任人职责，把法治建设作为谋划部署全局工作的重要内容，对工作中的重点难点问题，亲自研究、亲自部署、亲自协调、亲自督办。明确法治建设领导机构，加快形成企业主要负责人负总责、总法律顾问牵头推进、法律事务机构具体实施、各部门共同参与的工作机制。研究制定本企业法治央企建设实施方案，将中央企业法制工作新五年规划各项要求作为重要内容，与企业“十三五”规划相衔接，同步实施、同步推进。积极为企业法治建设提供必要的制度、人员、机构和经费等保障。

（十三）完善激励约束机制。将合规经营等依法治企情况纳入对中央企业领导人员的考核体系。完善企业领导班子知识结构，在相同条件下，优先提拔使用法治素养好、依法办事能力强的干部。建立法治工作激励机制,对于在法治建设中作出突出贡献,有效防范重大法律风险、避免或挽回重大损失的集体或个人,应当予以表彰和奖励。落实问责制度,企业重大经营活动因未经法律审核,或者虽经审核但未采纳正确法律意见而造成重大损失的,追究企业相关领导人员责任;经过法律审核,但因重大失职未发现严重法律风险造成重大损失的,追究相关法律工作人员责任。对因违法违规发生重大法律纠纷案件造成企业重大损失的,或者违反规定、未履行或未正确履行职责造成企业资产损失的,在业绩考核中扣减分值,并按照有关规定追究相关人员责任。实行重大法律风险事项报告制度,中央企业对可能引发重大法律纠纷案件、造成重大资产损失的法律风险事项,应当及时向国资委报告。

(十四)加强法治工作队伍建设。在中央企业及其重要子企业全面推行总法律顾问制度,并在公司章程中予以明确。总法律顾问应当具有法学专业背景或者法律相关职业资格。设立董事会的中央企业,总法律顾问可以由董事会聘任。总法律顾问作为企业高级管理人员,全面领导企业法律管理工作,统一协调处理经营管理中的法律事务,全面参与重大经营决策,领导企业法律事务机构开展相关工作。建立健全总法律顾问述职制度。对标同行业世界一流企业,加快健全企业法治工作体系,中央企业及其重要子企业设立独立的法律事务机构,配备与经营管理需求相适应的企业法律顾问。建立健全企业法律顾问职业发展规划,将企业法律顾问纳入人才培养体系,提升企业法律顾问队伍专职化、专业化水平。建立健全企业法律顾问专业人员评价体系,完善职业岗位等级评审制度,实行与职级和专业技术等级相匹配的差异化薪酬分配办法。

(十五)打造企业法治文化。大力推进法治文化建设,弘扬法治精神,增强法治理念,努力使全体员工成为法治的忠实崇尚者、自觉践行者、坚定捍卫者。全面开展普法宣传教育,加强法律、宣传与各业务部门的协同联动,推进法治宣传教育制度化、常态化。完善学法用法制度,将法治学习作为企业党委(党组)中心组学习、管理培训、员工教育的必修课,形成全员尊法学法守法用法的良好氛围。积极树立推进法治央企建设中涌现出的优秀企业、集体和个人典型,充分发挥引领带动作用。

地方国有资产监督管理机构参照本意见,积极推进所出资企业法治建设。

五、关于进一步深化法治央企建设的意见

为深入学习贯彻习近平法治思想，认真落实全面依法治国战略部署，持续深化法治央企建设，更好发挥法治工作对“十四五”时期中央企业改革发展的支撑保障作用，根据《法治中国建设规划(2020—2025年)》、《法治社会建设实施纲要(2020—2025年)》等文件精神，现就进一步做好中央企业法治工作提出如下意见：

一、总体要求

(一)指导思想。坚持以习近平新时代中国特色社会主义思想为指导，认真落实习近平法治思想，深入贯彻党的十九大和十九届二中、三中、四中、五中全会精神，按照中央全面依法治国工作会议部署，立足新发展阶段，贯彻新发展理念，构建新发展格局，紧紧围绕国企改革三年行动和中央企业“十四五”发展规划，着力健全领导责任体系、依法治理体系、规章制度体系、合规管理体系、工作组织体系，持续提升法治工作引领支撑能力、风险管控能力、涉外保障能力、主动维权能力和数字化管理能力，不断深化治理完善、经营合规、管理规范、守法诚信的法治央企建设，为加快建设世界一流企业筑牢坚实法治基础。

(二)基本原则。

坚持融入中心、服务大局。以服务国企改革三年行动和中央企业“十四五”发展规划为目标，牢固树立全局意识和系统观念，法治工作全面融入完善中国特色现代企业制度、深化混合所有制改革、科技创新、国际化经营等重点任务，充分发挥支撑保障作用。

坚持完善制度、夯基固本。以强化制度建设为基础，坚持尊法、学法、守法、用法，将行之有效的经验做法，及时转化为企业规章制度，嵌入业务流程，加强制度执行情况监督检查，强化制度刚性约束。

坚持突出重点、全面深化。以落实法治建设第一责任人职责、完善总法律顾问制度、健全法律风险防范机制、强化合规管理为重点，坚持问题导向，在做深做细做实上下更大功夫，真正发挥强管理、促经营、防风险、创价值作用。

坚持勇于创新、拓展升级。以适应市场化、法治化、国际化发展需要为方向，结合实际

拓宽法治工作领域，探索优化法务管理职能，创新工作方式，加快提升信息化、数字化、智能化水平。

（三）总体目标。“十四五”时期，中央企业法治理念更加强化、治理机制更加完善、制度体系更加优化、组织机构更加健全、管理方式更加科学、作用发挥更加有效，法治建设取得更大进展，部分企业率先达到世界一流水平，为企业深化改革、高质量发展提供更加有力的支撑保障。

二、着力健全法治工作体系

（四）着力健全领导责任体系。坚持企业党委（党组）对依法治企工作的全面领导，不断完善党委（党组）定期专题学法、定期听取工作汇报、干部任前法治谈话、述职必述法等制度，切实发挥党委（党组）把方向、管大局、促落实作用。强化董事会定战略、作决策、防风险职能，明确专门委员会推进法治建设职责，把法治建设纳入整体工作统筹谋划，将进展情况作为年度工作报告的重要内容。健全中央企业主要负责人履行推进法治建设第一责任人职责工作机制，党委（党组）书记、董事长、总经理各司其职，对重点问题亲自研究、部署协调、推动解决。将第一责任人职责要求向子企业延伸，把落实情况纳入领导人员综合考核评价体系，将法治素养和依法履职情况作为考察使用干部的重要内容。

（五）着力健全依法治理体系。高度重视章程在公司治理中的统领地位，切实发挥总法律顾问和法务管理机构专业审核把关作用，科学配置各治理主体权利、义务和责任，明晰履职程序和要求，保障章程依法制定、依法实施。多元投资主体企业严格依据法律法规、国有资产监管规定和公司章程，明确股东权利义务、股东会定位与职权，规范议事决策方式和程序，完善运作制度机制，强化决议执行和监督，切实维护股东合法权益。优化董事会知识结构，通过选聘法律专业背景人员担任董事、加强法律培训等方式，提升董事会依法决策水平。落实总法律顾问列席党委（党组）会、董事会参与研究讨论或审议涉及法律合规相关议题，参加总经理办公会等重要决策会议制度，将合法合规性审查和重大风险评估作为重大决策事项必经前置程序。依法对子企业规范行使股东权，认真研究制定子企业章程，严格按照公司治理结构，通过股东（大）会决议、派出董事监事、推荐高级管理人员等方式行权履职，切实防范公司人格混同等风险。

（六）着力健全规章制度体系。明确法务管理机构归口管理职责，健全规章制度制定、执行、评估、改进等工作机制，加强法律审核把关，强化对制度的全生命周期管理。根据适用范围、重要程度、管理幅度等，构建分层分类的制度体系框架，确保结构清晰、内容完整，相互衔接、有效协同，切实提高科学性和系统性。定期开展制度梳理，编制立改废计划，完善重点改革任务配套制度，及时修订重要领域管理规范，不断增强针对性和实效性。加强对规章制度的宣贯培训，定期对执行情况开展监督检查和综合评价，增强制度刚性约束，推动制度有效落实。

（七）着力健全合规管理体系。持续完善合规管理工作机制，健全企业主要负责人领导、总法律顾问牵头、法务管理机构归口、相关部门协同联动的合规管理体系。发挥法务管理机构统筹协调、组织推动、督促落实作用，加强合规制度建设，开展合规审查与考核，保障体系有效运行。强化业务部门、经营单位和项目一线主体责任，通过设置兼职合规管理员、将合规要求嵌入岗位职责和业务流程、抓好重点领域合规管理等措施，有效防范、及时处置合规风险。探索构建法律、合规、内控、风险管理协同运作机制，加强统筹协调，提高管理效能。推动合规要求向各级子企业延伸，加大基层单位特别是涉外机构合规管理力度，到2025年中央企业基本建立全面覆盖、有效运行的合规管理体系。

（八）着力健全工作组织体系。加大企业法律专业领导干部培养选拔力度，在市场化国际化程度较高、法律服务需求大的国有大型骨干企业，推进符合条件的具有法律教育背景或法律职业资格的专业人才进入领导班子。持续完善总法律顾问制度，2022年中央企业及其重要子企业全面写入章程，明确高级管理人员定位，由董事会聘任，领导法务管理机构开展工作。坚持总法律顾问专职化、专业化方向，直接向企业主要负责人负责，2025年中央企业及其重要子企业全面配备到位，具有法律教育背景或法律职业资格的比例达到80%。加强法务管理机构建设，中央企业及其重要子企业原则上独立设置，充实专业力量，配备与企业规模和需求相适应的法治工作队伍。健全法务管理职能，持续完善合同管理、案件管理、普法宣传等职能，积极拓展制度管理、合规管理等业务领域。加强队伍建设，拓宽法务人员职业发展通道，完善高素质法治人才市场化选聘、管理和薪酬制度，采取有效激励方式充分调动积极性、主动性。

三、全面提升依法治企能力

（九）着力提升引领支撑能力。坚持运用法治思维和法治方式深化改革、推动发展，紧盯国企改革三年行动、中央企业“十四五”发展规划重点工作，深入分析对企业提出的新任务新要求，提前研究可能出现的法律合规问题，及时制定应对方案和防范措施。法务人员全程参与混合所有制改革、投资并购等重大项目，加强法律审核把关，坚持依法依规操作，严控法律合规风险。加强对等法律法规的学习研究，深入分析对企业生产经营、业务模式可能产生的影响，推动从健全制度、强化管理等方面及时作出调整。结合企业、行业实际，对相关立法研究提出完善建议，为改革发展创造良好政策环境。

（十）着力提升风险管控能力。持续巩固规章制度、经济合同、重要决策法律审核制度，在确保100%审核率的同时，通过跟进采纳情况、完善后评估机制，反向查找工作不足，持续提升审核质量。常态化开展风险隐患排查处置，针对共性风险通过提示函、案件通报、法律建议书等形式及时开展预警，有效防范化解。加强知识产权管理，完善专利、商标、商号、商业秘密等保护制度,坚决打击侵权行为,切实维护企业无形资产安全和合法权益。严格落实重大法律合规风险事件报告制度,中央企业发生重大法律合规风险事件,应当及时向国资委报告。

(十一)着力提升涉外保障能力。加强涉外法律合规风险防范,健全工作机制,推动在境外投资经营规模较大、风险较高的重点企业、区域或项目设置专门机构,配备专职法务人员,具备条件的设立总法律顾问。完善涉外重大项目和重要业务法务人员全程参与制度,形成事前审核把关、事中跟踪控制、事后监督评估的管理闭环。深入研究、掌握运用所在国法律,加强国际规则学习研究,密切关注高风险国家和地区法律法规与政策变化,提前做好预案,切实防范风险。重视涉外法治人才培养,强化顶层设计,健全市场化选聘和激励制度,形成重视人才、吸引人才、留住人才的良好机制。

(十二)着力提升主动维权能力。加大法律纠纷案件处置力度,综合运用诉讼、仲裁、调解等多种手段妥善解决,探索建立集团内部纠纷调解机制。加强积案清理,健全激励机制,力争2025年中央企业历史遗留重大法律纠纷案件得到妥善解决。深化案件管理"压存控增、提质创效"专项工作,加强典型案件分析,及时发现管理问题,堵塞管理漏洞,推动"以案促管、以管创效"。严格落实案件报告制度,中央企业发生重大法律纠纷案件应当及时报告,按时报送年度法律纠纷案件综合分析报告。

(十三)着力提升数字化管理能力。运用区块链、大数据、云计算、人工智能等新一代信息技术,推动法务管理从信息化向数字化升级,探索智能化应用场景,有效提高管理效能。深化合同管理、案件管理、合规管理等重点领域信息化、数字化建设,将法律审核嵌入重大决策、重要业务管理流程,通过大数据等手段,实现法律合规风险在线识别、分析、评估、防控。推动法务管理系统向各级子企业和重要项目延伸,2025年实现上下贯通、全面覆盖。推动法务管理系统与财务、产权、投资等系统的互联互通,做好与国资国企在线监管系统的对接,促进业务数据相互融合、风险防范共同响应。

四、保障任务顺利完成

(十四)加强组织领导。充分发挥法治建设领导机构作用,将法治工作纳入中央企业"十四五"发展规划和年度计划统筹谋划、同步推进,加强部门协同,强化人员、资金等保障,形成工作合力。制定本企业未来五年法治建设实施方案,与"十四五"规划相衔接,提出目标任务,明确责任分工,细化工作措施。建立法治工作专项考评制度,将法治建设成效纳入对子企业考核体系。统筹推进法治工作与违规经营投资责任追究等监督工作,完善内部协同机制,提高责任追究体系效能。加大问责力度,对未经法律审核或未采纳正确法律意见、违法违规经营投资决策造成损失或其他严重不良后果的,严肃追究责任。

(十五)持续深化对标。综合分析国际大企业优秀实践,研究归纳世界一流企业法务管理基本要素和具体指标。立足行业特点、发展阶段、管理基础等实际，有针对性地制定对标举措，确保目标量化、任务明确、措施有力。将法务管理对标工作纳入本企业对标世界一流管理提升行动。国资委创建世界一流示范企业和国有资本投资、运营公司要充分发挥引领作用，率先在法治工作上达到世界一流水平。其他中央企业要全面开展对标，努力补齐短板，加快提升依法合规经营管理水平。

（十六）强化指导交流。国资委将根据企业法治建设实施方案，定期组织调研督导，深入了解落实情况，推动解决难点问题。完善法治讲堂、协作组等学习交流机制，聚焦重点难点，创新方式方法，增强交流实效。中央企业要进一步加强对子企业法治建设的督促指导，通过加大考核力度、细化工作要求、定期开展调研等方式，层层传导压力，确保目标任务在子企业真正落实到位。

（十七）厚植法治文化。深入学习宣传习近平法治思想，将培育法治文化作为法治建设的基础工程，使依法合规、守法诚信成为全体员工的自觉行为和基本准则。落实“八五”普法要求，进一步推进法治宣传教育制度化、常态化、多样化，将法治学习作为干部职工入职学习、职业培训、继续教育的必修课，广泛宣传与企业经营管理和职工切身利益密切相关的法律法规。总结法治建设典型做法、成功经验和进展成果，通过开展选树典型、评比表彰、集中宣传等形式，营造学习先进、争当先进、赶超先进的良好氛围。

地方国有资产监督管理机构参照本意见，积极推进所出资企业法治建设。

六、中央企业全面风险管理指引

第一章　总　　则

第一条　为指导国务院国有资产监督管理委员会(以下简称国资委)履行出资人职责的企业(以下简称中央企业)开展全面风险管理工作,增强企业竞争力,提高投资回报,促进企业持续、健康、稳定发展,根据《中华人民共和国公司法》、《企业国有资产监督管理暂行条例》等法律法规,制定本指引。

第二条　中央企业根据自身实际情况贯彻执行本指引。中央企业中的国有独资公司董事会负责督导本指引的实施;国有控股企业由国资委和国资委提名的董事通过股东(大)会和董事会按照法定程序负责督导本指引的实施。

第三条　本指引所称企业风险,指未来的不确定性对企业实现其经营目标的影响。企业风险一般可分为战略风险、财务风险、市场风险、运营风险、法律风险等;也可以能否为企业带来盈利等机会为标志,将风险分为纯粹风险(只有带来损失一种可能性)和机会风险(带来损失和盈利的可能性并存)。

第四条　本指引所称全面风险管理,指企业围绕总体经营目标,通过在企业管理的各个环节和经营过程中执行风险管理的基本流程,培育良好的风险管理文化,建立健全全面风险管理体系,包括风险管理策略、风险理财措施、风险管理的组织职能体系、风险管理信息系统和内部控制系统,从而为实现风险管理的总体目标提供合理保证的过程和方法。

第五条　本指引所称风险管理基本流程包括以下主要工作:

(一)收集风险管理初始信息;

(二)进行风险评估;

(三)制定风险管理策略;

(四)提出和实施风险管理解决方案;

(五)风险管理的监督与改进。

第六条　本指引所称内部控制系统,指围绕风险管理策略目标,针对企业战略、规划、产品研发、投融资、市场运营、财务、内部审计、法律事务、人力资源、采购、加工制造、销售、物流、质量、安全生产、环境保护等各项业务管理及其重要业务流程，通过执行风险管理基本流程，制定并执行的规章制度、程序和措施。

第七条 企业开展全面风险管理要努力实现以下风险管理总体目标：

（一）确保将风险控制在与总体目标相适应并可承受的范围内；

（二）确保内外部，尤其是企业与股东之间实现真实、可靠的信息沟通，包括编制和提供真实、可靠的财务报告；

（三）确保遵守有关法律法规；

（四）确保企业有关规章制度和为实现经营目标而采取重大措施的贯彻执行，保障经营管理的有效性，提高经营活动的效率和效果，降低实现经营目标的不确定性；

（五）确保企业建立针对各项重大风险发生后的危机处理计划，保护企业不因灾害性风险或人为失误而遭受重大损失。

第八条 企业开展全面风险管理工作，应注重防范和控制风险可能给企业造成损失和危害，也应把机会风险视为企业的特殊资源，通过对其管理，为企业创造价值，促进经营目标的实现。

第九条 企业应本着从实际出发，务求实效的原则，以对重大风险、重大事件（指重大风险发生后的事实）的管理和重要流程的内部控制为重点，积极开展全面风险管理工作。具备条件的企业应全面推进，尽快建立全面风险管理体系；其他企业应制定开展全面风险管理的总体规划，分步实施，可先选择发展战略、投资收购、财务报告、内部审计、衍生产品交易、法律事务、安全生产、应收账款管理等一项或多项业务开展风险管理工作，建立单项或多项内部控制子系统。通过积累经验，培养人才，逐步建立健全全面风险管理体系。

第十条 企业开展全面风险管理工作应与其他管理工作紧密结合，把风险管理的各项要求融入企业管理和业务流程中。具备条件的企业可建立风险管理三道防线，即各有关职能部门和业务单位为第一道防线；风险管理职能部门和董事会下设的风险管理委员会为第二道防线；内部审计部门和董事会下设的审计委员会为第三道防线。

第二章 风险管理初始信息

第十一条 实施全面风险管理，企业应广泛、持续不断地收集与本企业风险和风险管理相关的内部、外部初始信息，包括历史数据和未来预测。应把收集初始信息的职责分工落实到各有关职能部门和业务单位。

第十二条 在战略风险方面，企业应广泛收集国内外企业战略风险失控导致企业蒙受损失的案例，并至少收集与本企业相关的以下重要信息：

（一）国内外宏观经济政策以及经济运行情况、本行业状况、国家产业政策；

（二）科技进步、技术创新的有关内容；

（三）市场对本企业产品或服务的需求；

（四）与企业战略合作伙伴的关系，未来寻求战略合作伙伴的可能性；

（五）本企业主要客户、供应商及竞争对手的有关情况；

（六）与主要竞争对手相比，本企业实力与差距；

（七）本企业发展战略和规划、投融资计划、年度经营目标、经营战略，以及编制这些战略、规划、计划、目标的有关依据；

（八）本企业对外投融资流程中曾发生或易发生错误的业务流程或环节。

第十三条 在财务风险方面，企业应广泛收集国内外企业财务风险失控导致危机的案例，并至少收集本企业的以下重要信息（其中有行业平均指标或先进指标的，也应尽可能收集）：

（一）负债、或有负债、负债率、偿债能力；

（二）现金流、应收账款及其占销售收入的比重、资金周转率；

（三）产品存货及其占销售成本的比重、应付账款及其占购货额的比重；

（四）制造成本和管理费用、财务费用、营业费用；

（五）盈利能力；

（六）成本核算、资金结算和现金管理业务中曾发生或易发生错误的业务流程或环节；

（七）与本企业相关的行业会计政策、会计估算、与国际会计制度的差异与调节（如退休金、递延税项等）等信息。

第十四条 在市场风险方面，企业应广泛收集国内外企业忽视市场风险、缺乏应对措施导致企业蒙受损失的案例，并至少收集与本企业相关的以下重要信息：

（一）产品或服务的价格及供需变化；

（二）能源、原材料、配件等物资供应的充足性、稳定性和价格变化；

（三）主要客户、主要供应商的信用情况；

（四）税收政策和利率、汇率、股票价格指数的变化；

（五）潜在竞争者、竞争者及其主要产品、替代品情况。

第十五条 在运营风险方面，企业应至少收集与本企业、本行业相关的以下信息：

（一）产品结构、新产品研发；

（二）新市场开发，市场营销策略，包括产品或服务定价与销售渠道，市场营销环境状况等；

（三）企业组织效能、管理现状、企业文化，高、中层管理人员和重要业务流程中专业人员的知识结构、专业经验；

（四）期货等衍生产品业务中曾发生或易发生失误的流程和环节；

（五）质量、安全、环保、信息安全等管理中曾发生或易发生失误的业务流程或环节；

（六）因企业内、外部人员的道德风险致使企业遭受损失或业务控制系统失灵；

（七）给企业造成损失的自然灾害以及除上述有关情形之外的其他纯粹风险；

（八）对现有业务流程和信息系统操作运行情况的监管、运行评价及持续改进能力；

（九）企业风险管理的现状和能力。

第十六条　在法律风险方面，企业应广泛收集国内外企业忽视法律法规风险、缺乏应对措施导致企业蒙受损失的案例，并至少收集与本企业相关的以下信息：

（一）国内外与本企业相关的政治、法律环境；

（二）影响企业的新法律法规和政策；

（三）员工道德操守的遵从性；

（四）本企业签订的重大协议和有关贸易合同；

（五）本企业发生重大法律纠纷案件的情况；

（六）企业和竞争对手的知识产权情况。

第十七条　企业对收集的初始信息应进行必要的筛选、提炼、对比、分类、组合，以便进行风险评估。

第三章　风险评估

第十八条　企业应对收集的风险管理初始信息和企业各项业务管理及其重要业务流程进行风险评估。风险评估包括风险辨识、风险分析、风险评价三个步骤。

第十九条　风险评估应由企业组织有关职能部门和业务单位实施，也可聘请有资质、信誉好、风险管理专业能力强的中介机构协助实施。

第二十条　风险辨识是指查找企业各业务单元、各项重要经营活动及其重要业务流程中有无风险，有哪些风险。风险分析是对辨识出的风险及其特征进行明确的定义描述，分析和描述风险发生可能性的高低、风险发生的条件。风险评价是评估风险对企业实现目标的影响程度、风险的价值等。

第二十一条　进行风险辨识、分析、评价，应将定性与定量方法相结合。定性方法可采用问卷调查、集体讨论、专家咨询、情景分析、政策分析、行业标杆比较、管理层访谈、由专人主持的工作访谈和调查研究等。定量方法可采用统计推论（如集中趋势法）、计算机模拟（如蒙特卡罗分析法）、失效模式与影响分析、事件树分析等。

第二十二条　进行风险定量评估时，应统一制定各风险的度量单位和风险度量模型，并通过测试等方法，确保评估系统的假设前提、参数、数据来源和定量评估程序的合理性和准确性。要根据环境的变化，定期对假设前提和参数进行复核和修改，并将定量评估系统的估算结果与实际效果对比，据此对有关参数进行调整和改进。

第二十三条 风险分析应包括风险之间的关系分析，以便发现各风险之间的自然对冲、风险事件发生的正负相关性等组合效应，从风险策略上对风险进行统一集中管理。

第二十四条 企业在评估多项风险时，应根据对风险发生可能性的高低和对目标的影响程度的评估，绘制风险坐标图，对各项风险进行比较，初步确定对各项风险的管理优先顺序和策略。

第二十五条 企业应对风险管理信息实行动态管理，定期或不定期实施风险辨识、分析、评价，以便对新的风险和原有风险的变化重新评估。

第四章 风险管理策略

第二十六条 本指引所称风险管理策略，指企业根据自身条件和外部环境，围绕企业发展战略，确定风险偏好、风险承受度、风险管理有效性标准，选择风险承担、风险规避、风险转移、风险转换、风险对冲、风险补偿、风险控制等适合的风险管理工具的总体策略，并确定风险管理所需人力和财力资源的配置原则。

第二十七条 一般情况下，对战略、财务、运营和法律风险，可采取风险承担、风险规避、风险转换、风险控制等方法。对能够通过保险、期货、对冲等金融手段进行理财的风险，可以采用风险转移、风险对冲、风险补偿等方法。

第二十八条 企业应根据不同业务特点统一确定风险偏好和风险承受度，即企业愿意承担哪些风险，明确风险的最低限度和不能超过的最高限度，并据此确定风险的预警线及相应采取的对策。确定风险偏好和风险承受度，要正确认识和把握风险与收益的平衡，防止和纠正忽视风险，片面追求收益而不讲条件、范围，认为风险越大、收益越高的观念和做法；同时，也要防止单纯为规避风险而放弃发展机遇。

第二十九条 企业应根据风险与收益相平衡的原则以及各风险在风险坐标图上的位置，进一步确定风险管理的优选顺序，明确风险管理成本的资金预算和控制风险的组织体系、人力资源、应对措施等总体安排。

第三十条 企业应定期总结和分析已制定的风险管理策略的有效性和合理性，结合实际不断修订和完善。其中，应重点检查依据风险偏好、风险承受度和风险控制预警线实施的结果是否有效，并提出定性或定量的有效性标准。

第五章 风险管理解决方案

第三十一条 企业应根据风险管理策略，针对各类风险或每一项重大风险制定风险管理解决方案。方案一般应包括风险解决的具体目标，所需的组织领导，所涉及的管理及业务流程，所需的条件、手段等资源，风险事件发生前、中、后所采取的具体应对措施以及风险管理工具（如：关键风险指标管理、损失事件管理等）。

第三十二条 企业制定风险管理解决的外包方案，应注重成本与收益的平衡、外包工作的质量、自身商业秘密的保护以及防止自身对风险解决外包产生依赖性风险等，并制定相应的预防和控制措施。

第三十三条 企业制定风险解决的内控方案，应满足合规的要求，坚持经营战略与风险策略一致、风险控制与运营效率及效果相平衡的原则，针对重大风险所涉及的各管理及业务流程，制定涵盖各个环节的全流程控制措施；对其他风险所涉及的业务流程，要把关键环节作为控制点，采取相应的控制措施。

第三十四条 企业制定内控措施，一般至少包括以下内容：

（一）建立内控岗位授权制度。对内控所涉及的各岗位明确规定授权的对象、条件、范围和额度等，任何组织和个人不得超越授权做出风险性决定；

（二）建立内控报告制度。明确规定报告人与接受报告人，报告的时间、内容、频率、传递路线、负责处理报告的部门和人员等；

（三）建立内控批准制度。对内控所涉及的重要事项，明确规定批准的程序、条件、范围和额度、必备文件以及有权批准的部门和人员及其相应责任；

（四）建立内控责任制度。按照权利、义务和责任相统一的原则，明确规定各有关部门和业务单位、岗位、人员应负的责任和奖惩制度；

（五）建立内控审计检查制度。结合内控的有关要求、方法、标准与流程，明确规定审计检查的对象、内容、方式和负责审计检查的部门等；

（六）建立内控考核评价制度。具备条件的企业应把各业务单位风险管理执行情况与绩效薪酬挂钩；

（七）建立重大风险预警制度。对重大风险进行持续不断的监测，及时发布预警信息，制定应急预案，并根据情况变化调整控制措施；

（八）建立健全以总法律顾问制度为核心的企业法律顾问制度。大力加强企业法律风险防范机制建设，形成由企业决策层主导、企业总法律顾问牵头、企业法律顾问提供业务保障、全体员工共同参与的法律风险责任体系。完善企业重大法律纠纷案件的备案管理制度；

（九）建立重要岗位权力制衡制度，明确规定不相容职责的分离。主要包括：授权批准、业务经办、会计记录、财产保管和稽核检查等职责。对内控所涉及的重要岗位可设置一岗双人、双职、双责，相互制约；明确该岗位的上级部门或人员对其应采取的监督措施和应负的监督责任；将该岗位作为内部审计的重点等。

第三十五条 企业应当按照各有关部门和业务单位的职责分工，认真组织实施风险管理解决方案，确保各项措施落实到位。

第六章　风险管理的监督与改进

第三十六条　企业应以重大风险、重大事件和重大决策、重要管理及业务流程为重点，对风险管理初始信息、风险评估、风险管理策略、关键控制活动及风险管理解决方案的实施情况进行监督，采用压力测试、返回测试、穿行测试以及风险控制自我评估等方法对风险管理的有效性进行检验，根据变化情况和存在的缺陷及时加以改进。

第三十七条　企业应建立贯穿于整个风险管理基本流程，连接各上下级、各部门和业务单位的风险管理信息沟通渠道，确保信息沟通的及时、准确、完整，为风险管理监督与改进奠定基础。

第三十八条　企业各有关部门和业务单位应定期对风险管理工作进行自查和检验，及时发现缺陷并改进，其检查、检验报告应及时报送企业风险管理职能部门。

第三十九条　企业风险管理职能部门应定期对各部门和业务单位风险管理工作实施情况和有效性进行检查和检验，要根据本指引第三十条要求对风险管理策略进行评估，对跨部门和业务单位的风险管理解决方案进行评价，提出调整或改进建议，出具评价和建议报告，及时报送企业总经理或其委托分管风险管理工作的高级管理人员。

第四十条　企业内部审计部门应至少每年一次对包括风险管理职能部门在内的各有关部门和业务单位能否按照有关规定开展风险管理工作及其工作效果进行监督评价，监督评价报告应直接报送董事会或董事会下设的风险管理委员会和审计委员会。此项工作也可结合年度审计、任期审计或专项审计工作一并开展。

第四十一条　企业可聘请有资质、信誉好、风险管理专业能力强的中介机构对企业全面风险管理工作进行评价，出具风险管理评估和建议专项报告。报告一般应包括以下几方面的实施情况、存在缺陷和改进建议：

（一）风险管理基本流程与风险管理策略；

（二）企业重大风险、重大事件和重要管理及业务流程的风险管理及内部控制系统的建设；

（三）风险管理组织体系与信息系统；

（四）全面风险管理总体目标。

第七章　风险管理组织体系

第四十二条　企业应建立健全风险管理组织体系，主要包括规范的公司法人治理结构，风险管理职能部门、内部审计部门和法律事务部门以及其他有关职能部门、业务单位的组织领导机构及其职责。

第四十三条　企业应建立健全规范的公司法人治理结构，股东（大）会（对于国有独资公司或国有独资企业，即指国资委，下同）、董事会、监事会、经理层依法履行职责，形成高效运转、有效制衡的监督约束机制。

第四十四条 国有独资公司和国有控股公司应建立外部董事、独立董事制度，外部董事、独立董事人数应超过董事会全部成员的半数，以保证董事会能够在重大决策、重大风险管理等方面作出独立于经理层的判断和选择。

第四十五条 董事会就全面风险管理工作的有效性对股东（大）会负责。董事会在全面风险管理方面主要履行以下职责：

（一）审议并向股东（大）会提交企业全面风险管理年度工作报告；

（二）确定企业风险管理总体目标、风险偏好、风险承受度，批准风险管理策略和重大风险管理解决方案；

（三）了解和掌握企业面临的各项重大风险及其风险管理现状，做出有效控制风险的决策；

（四）批准重大决策、重大风险、重大事件和重要业务流程的判断标准或判断机制；

（五）批准重大决策的风险评估报告；

（六）批准内部审计部门提交的风险管理监督评价审计报告；

（七）批准风险管理组织机构设置及其职责方案；

（八）批准风险管理措施，纠正和处理任何组织或个人超越风险管理制度做出的风险性决定的行为；

（九）督导企业风险管理文化的培育；

（十）全面风险管理其他重大事项。

第四十六条 具备条件的企业，董事会可下设风险管理委员会。该委员会的召集人应由不兼任总经理的董事长担任；董事长兼任总经理的，召集人应由外部董事或独立董事担任。该委员会成员中需有熟悉企业重要管理及业务流程的董事，以及具备风险管理监管知识或经验、具有一定法律知识的董事。

第四十七条 风险管理委员会对董事会负责，主要履行以下职责：

（一）提交全面风险管理年度报告；

（二）审议风险管理策略和重大风险管理解决方案；

（三）审议重大决策、重大风险、重大事件和重要业务流程的判断标准或判断机制，以及重大决策的风险评估报告；

（四）审议内部审计部门提交的风险管理监督评价审计综合报告；

（五）审议风险管理组织机构设置及其职责方案；

（六）办理董事会授权的有关全面风险管理的其他事项。

第四十八条 企业总经理对全面风险管理工作的有效性向董事会负责。总经理或总经理委托的高级管理人员，负责主持全面风险管理的日常工作，负责组织拟订企业风险管理组织机构设置及其职责方案。

第四十九条 企业应设立专职部门或确定相关职能部门履行全面风险管理的职责。该部门对总经理或其委托的高级管理人员负责，主要履行以下职责：

（一）研究提出全面风险管理工作报告；

（二）研究提出跨职能部门的重大决策、重大风险、重大事件和重要业务流程的判断标准或判断机制；

（三）研究提出跨职能部门的重大决策风险评估报告；

（四）研究提出风险管理策略和跨职能部门的重大风险管理解决方案，并负责该方案的组织实施和对该风险的日常监控；

（五）负责对全面风险管理有效性评估，研究提出全面风险管理的改进方案；

（六）负责组织建立风险管理信息系统；

（七）负责组织协调全面风险管理日常工作；

（八）负责指导、监督有关职能部门、各业务单位以及全资、控股子企业开展全面风险管理工作；

（九）办理风险管理其他有关工作。

第五十条 企业应在董事会下设立审计委员会，企业内部审计部门对审计委员会负责。审计委员会和内部审计部门的职责应符合《中央企业内部审计管理暂行办法》（国资委令第8号）的有关规定。内部审计部门在风险管理方面，主要负责研究提出全面风险管理监督评价体系，制定监督评价相关制度，开展监督与评价，出具监督评价审计报告。

第五十一条 企业其他职能部门及各业务单位在全面风险管理工作中，应接受风险管理职能部门和内部审计部门的组织、协调、指导和监督，主要履行以下职责：

（一）执行风险管理基本流程；

（二）研究提出本职能部门或业务单位重大决策、重大风险、重大事件和重要业务流程的判断标准或判断机制；

（三）研究提出本职能部门或业务单位的重大决策风险评估报告；

（四）做好本职能部门或业务单位建立风险管理信息系统的工作；

（五）做好培育风险管理文化的有关工作；

（六）建立健全本职能部门或业务单位的风险管理内部控制子系统；

（七）办理风险管理其他有关工作。

第五十二条 企业应通过法定程序，指导和监督其全资、控股子企业建立与企业相适应或符合全资、控股子企业自身特点、能有效发挥作用的风险管理组织体系。

第八章　风险管理信息系统

第五十三条　企业应将信息技术应用于风险管理的各项工作,建立涵盖风险管理基本流程和内部控制系统各环节的风险管理信息系统,包括信息的采集、存储、加工、分析、测试、传递、报告、披露等。

第五十四条　企业应采取措施确保向风险管理信息系统输入的业务数据和风险量化值的一致性、准确性、及时性、可用性和完整性。对输入信息系统的数据,未经批准,不得更改。

第五十五条　风险管理信息系统应能够进行对各种风险的计量和定量分析、定量测试;能够实时反映风险矩阵和排序频谱、重大风险和重要业务流程的监控状态;能够对超过风险预警上限的重大风险实施信息报警;能够满足风险管理内部信息报告制度和企业对外信息披露管理制度的要求。

第五十六条　风险管理信息系统应实现信息在各职能部门、业务单位之间的集成与共享,既能满足单项业务风险管理的要求,也能满足企业整体和跨职能部门、业务单位的风险管理综合要求。

第五十七条　企业应确保风险管理信息系统的稳定运行和安全,并根据实际需要不断进行改进、完善或更新。

第五十八条　已建立或基本建立企业管理信息系统的企业,应补充、调整、更新已有的管理流程和管理程序,建立完善的风险管理信息系统;尚未建立企业管理信息系统的,应将风险管理与企业各项管理业务流程、管理软件统一规划、统一设计、统一实施、同步运行。

第九章　风险管理文化

第五十九条　企业应注重建立具有风险意识的企业文化,促进企业风险管理水平、员工风险管理素质的提升,保障企业风险管理目标的实现。

第六十条　风险管理文化建设应融入企业文化建设全过程。大力培育和塑造良好的风险管理文化,树立正确的风险管理理念,增强员工风险管理意识,将风险管理意识转化为员工的共同认识和自觉行动,促进企业建立系统、规范、高效的风险管理机制。

第六十一条　企业应在内部各个层面营造风险管理文化氛围。董事会应高度重视风险管理文化的培育,总经理负责培育风险管理文化的日常工作。董事和高级管理人员应在培育风险管理文化中起表率作用。重要管理及业务流程和风险控制点的管理人员和业务操作人员应成为培育风险管理文化的骨干。

第六十二条　企业应大力加强员工法律素质教育,制定员工道德诚信准则,形成人人讲道德诚信、合法合规经营的风险管理文化。对于不遵守国家法律法规和企业规章制度、弄虚作假、徇私舞弊等违法及违反道德诚信准则的行为,企业应严肃查处。

第六十三条 企业全体员工尤其是各级管理人员和业务操作人员应通过多种形式,努力传播企业风险管理文化,牢固树立风险无处不在、风险无时不在、严格防控纯粹风险、审慎处置机会风险、岗位风险管理责任重大等意识和理念。

第六十四条 风险管理文化建设应与薪酬制度和人事制度相结合,有利于增强各级管理人员特别是高级管理人员风险意识,防止盲目扩张、片面追求业绩、忽视风险等行为的发生。

第六十五条 企业应建立重要管理及业务流程、风险控制点的管理人员和业务操作人员岗前风险管理培训制度。采取多种途径和形式,加强对风险管理理念、知识、流程、管控核心内容的培训,培养风险管理人才,培育风险管理文化。

第十章 附 则

第六十六条 中央企业中未设立董事会的国有独资企业,由经理办公会议代行本指引中有关董事会的职责,总经理对本指引的贯彻执行负责。

第六十七条 本指引在中央企业投资、财务报告、衍生产品交易等方面的风险管理配套文件另行下发。

第六十八条 本指引的《附录》对本指引所涉及的有关技术方法和专业术语进行了说明。

第六十九条 本指引由国务院国有资产监督管理委员会负责解释。

第七十条 本指引自印发之日起施行。

附录:

风险管理常用技术方法简介

一、风险坐标图

风险坐标图是把风险发生可能性的高低、风险发生后对目标的影响程度,作为两个维度绘制在同一个平面上(即绘制成直角坐标系)。对风险发生可能性的高低、风险对目标影响程度的评估有定性、定量等方法。定性方法是直接用文字描述风险发生可能性的高低、风险对目标的影响程度,如“极低”、“低”、“中等”、“高”、“极高”等。定量方法是对风险发生可能性的高低、风险对目标影响程度用具有实际意义的数量描述,如对风险发生可能性的高低用概率来表示，对目标影响程度用损失金额来表示。

下表列出某公司对风险发生可能性的定性、定量评估标准及其相互对应关系，供实际操作中参考。

定量方法一	评分	1	2	3	4	5
定量方法二	一定时期发生的概率	10%以下	10%～30%	30%～70%	70%～90%	90%以上
定性方法	文字描述一	极低	低	中等	高	极高
	文字描述二	一般情况下不会发生	极少情况下才发生	某些情况下发生	较多情况下发生	常常会发生
	文字描述三	今后10年内发生的可能少于1次	今后5～10年内可能发生1次	今后2～5年内可能发生1次	今后1年内可能发生1次	今后1年内至少发生1次

下表列出某公司关于风险发生后对目标影响程度的定性、定量评估标准及其相互对应关系，供实际操作中参考。

适用于所有行业	定量方法一	评分	1	2	3	4	5
	定量方法二	企业财务损失占税前利润的百分比（%）	1%以下	1%～5%	6%～10%	11%～20%	20%以上
	定性方法	文字描述一	极轻微的	轻微的	中等的	重大的	灾难性的
		文字描述二	极低	低	中等	高	极高

续表

适用于所有行业	定性方法	文字描述三	企业日常运行	不受影响	轻度影响（造成轻微的人身伤害，情况立刻受到控制）	中度影响（造成一定人身伤害，需要医疗救援，情况需要外部支持才能得到控制）	严重影响（企业失去一些业务能力，造成严重人身伤害，情况失控，但无致命影响）	重大影响（重大业务失误，造成重大人身伤亡，情况失控，给企业致命影响）
			财务损失	较低的财务损失	轻微的财务损失	中等的财务损失	重大的财务损失	极大的财务损失
			企业声誉	负面消息在企业内部流传，企业声誉没有受损	负面消息在当地局部流传，对企业声誉造成轻微损害	负面消息在某区域流传，对企业声誉造成中等损害	负面消息在全国各地流传，对企业声誉造成重大损害	负面消息流传世界各地，政府或监管机构进行调查，引起公众关注，对企业声誉造成无法弥补的损害

续表

适用于开采业、制造业	定性与定量结合	安全	短暂影响职工或公民的健康	严重影响一位职工或公民健康	严重影响多位职工或公民健康	导致一位职工或公民死亡	引致多位职工或公民死亡
		营运	－对营运影响微弱 －在时间、人力或成本方面不超出预算1%	－对营运影响轻微 －受到监管者责难 －在时间、人力或成本方面超出预算1%～5%	－减慢营业运作 －受到法规惩罚或被罚款等 －在时间、人力或成本方面超出预算6%～10%	－无法达到部分营运目标或关键业绩指标 －受到监管者的限制 －在时间、人力或成本方面超出预算11%～20%	－无法达到所有的营运目标或关键业绩指标 －违规操作使业务受到中止 －时间、人力或成本方面超出预算20%
		环境	－对环境或社会造成短暂的影响 －可不采取行动	－对环境或社会造成一定的影响 －应通知政府有关部门	－对环境造成中等影响 －需一定时间才能恢复 －出现个别投诉事件 －应执行一定程度的补救措施	－造成主要环境损害 －需要相当长的时间来恢复 －大规模的公众投诉 －应执行重大的补救措施	－无法弥补的灾难性环境损害 －激起公众的愤怒 －潜在的大规模的公众法律投诉

对风险发生可能性的高低和风险对目标影响程度进行定性或定量评估后，依据评估结果绘制风险坐标图。如：某公司对9项风险进行了定性评估，风险①发生的可能性为“低”，风险发生后对目标的影响程度为“极低”；……；风险⑨发生的可能性为“极低”，对目标的影响程度为“高”，则绘制风险坐标图如下：（图略）

如某公司对7项风险进行定量评估，其中：风险①发生的可能性为83%，发生后对企业造成的损失为2100万元；风险②发生的可能性为40%，发生后对企业造成的损失为3800万元；……；而风险⑦发生的可能性在55%到62%之间，发生后对企业造成的损失在

7500万元到9100万元之间，在风险坐标图上用一个区域来表示，则绘制风险坐标图如下：（图略）

绘制风险坐标图的目的在于对多项风险进行直观的比较，从而确定各风险管理的优先顺序和策略。如：某公司绘制了如下风险坐标图，并将该图划分为A、B、C三个区域，公司决定承担A区域中的各项风险且不再增加控制措施；严格控制B区域中的各项风险且专门补充制定各项控制措施；确保规避和转移C区域中的各项风险且优先安排实施各项防范措施。（图略）

二、蒙特卡罗方法

蒙特卡罗方法是一种随机模拟数学方法。该方法用来分析评估风险发生可能性、风险的成因、风险造成的损失或带来的机会等变量在未来变化的概率分布。具体操作步骤如下：

1. 量化风险。将需要分析评估的风险进行量化，明确其度量单位，得到风险变量，并收集历史相关数据。

2. 根据对历史数据的分析，借鉴常用建模方法，建立能描述该风险变量在未来变化的概率模型。建立概率模型的方法很多，例如：差分和微分方程方法，插值和拟合方法等。这些方法大致分为两类：一类是对风险变量之间的关系及其未来的情况作出假设，直接描述该风险变量在未来的分布类型（如正态分布），并确定其分布参数；另一类是对风险变量的变化过程作出假设，描述该风险变量在未来的分布类型。

3. 计算概率分布初步结果。利用随机数字发生器，将生成的随机数字代入上述概率模型，生成风险变量的概率分布初步结果。

4. 修正完善概率模型。通过对生成的概率分布初步结果进行分析，用实验数据验证模型的正确性，并在实践中不断修正和完善模型。

5. 利用该模型分析评估风险情况。

正态分布是蒙特卡罗风险方法中使用最广泛的一类模型。通常情况下，如果一个变量受很多相互独立的随机因素的影响，而其中每一个因素的影响都很小，则该变量服从正态分布。在自然界和社会中大量的变量都满足正态分布。描述正态分布需要两个特征值：均值和标准差。其密度函数和分布函数的一般形式：（公式略）

由于蒙特卡罗方法依赖于模型的选择，因此，模型本身的选择对于蒙特卡罗方法计算结果的精度影响甚大。蒙特卡罗方法计算量很大，通常借助计算机完成。

三、关键风险指标管理

一项风险事件发生可能有多种成因，但关键成因往往只有几种。关键风险指标管理是对引起风险事件发生的关键成因指标进行管理的方法。具体操作步骤如下：

1. 分析风险成因，从中找出关键成因。

2. 将关键成因量化，确定其度量，分析确定导致风险事件发生（或极有可能发生）时该成因的具体数值。

3. 以该具体数值为基础，以发出风险预警信息为目的，加上或减去一定数值后形成新的数值，该数值即为关键风险指标。

4. 建立风险预警系统，即当关键成因数值达到关键风险指标时，发出风险预警信息。

5. 制定出现风险预警信息时应采取的风险控制措施。

6. 跟踪监测关键成因数值的变化，一旦出现预警，即实施风险控制措施。

以易燃易爆危险品储存容器泄漏引发爆炸的风险管理为例。容器泄漏的成因有：使用时间过长、日常维护不够、人为破坏、气候变化等因素，但容器使用时间过长是关键成因。如容器使用最高期限为50年，人们发现当使用时间超过45年后，则易发生泄漏。该“45年”即为关键风险指标。为此，制定使用时间超过“45年”后需采取的风险控制措施，一旦使用时间接近或达到“45年”时，发出预警信息，即采取相应措施。

该方法既可以管理单项风险的多个关键成因指标，也可以管理影响企业主要目标的多个主要风险。使用该方法，要求风险关键成因分析准确，且易量化、易统计、易跟踪监测。

四、压力测试

压力测试是指在极端情景下，分析评估风险管理模型或内控流程的有效性，发现问题，制定改进措施的方法，目的是防止出现重大损失事件。具体操作步骤如下：

1. 针对某一风险管理模型或内控流程，假设可能会发生哪些极端情景。极端情景是指在非正常情况下，发生概率很小，而一旦发生，后果十分严重的事情。假设极端情景时，不仅要考虑本企业或与本企业类似的其他企业出现过的历史教训，还要考虑历史上不曾出现，但将来可能会出现的事情。

2. 评估极端情景发生时，该风险管理模型或内控流程是否有效，并分析对目标可能造成的损失。

3. 制定相应措施，进一步修改和完善风险管理模型或内控流程。

以信用风险管理为例。如：一个企业已有一个信用很好的交易伙伴，该交易伙伴除发生极端情景，一般不会违约。因此，在日常交易中，该企业只需“常规的风险管理策略和内控流程”即可。采用压力测试方法，是假设该交易伙伴将来发生极端情景（如其财产毁于地震、火灾、被盗），被迫违约对该企业造成了重大损失。而该企业“常规的风险管理策略和内控流程”在极端情景下不能有效防止重大损失事件，为此，该企业采取了购买保险或相应衍生产品、开发多个交易伙伴等措施。

风险管理专业术语解释

1. 风险理财:利用金融手段管理风险的方法,包括:预提风险准备金、购买保险或使用专业自保公司、衍生产品交易以及风险融资等。

2. 情景分析:通过假设、预测、模拟等手段生成未来情景,并分析其对目标产生影响的方法,包括:历史情景重演法、预期法、因素分解法、随机模拟法等方法。

3. 集中趋势法:指根据随机变量的分布情况,计算出该变量分布的集中特性值(均值、中数、众数等),从而预测未来情况的方法。它是数据推论方法的一种。

4. 失效模式与影响分析:通过辨识系统失去效用后的各种状况,分析其影响,并采取相应措施的方法。

5. 事件树分析:以树状图形方式分析风险事件间因果关系的方法。

6. 风险偏好:为了实现目标,企业在承担风险的种类、大小等方面的基本态度。

7. 风险承受度:企业愿意承担的风险限度,也是企业风险偏好的边界。

8. 风险对冲:通过承担多个风险,使相关风险能够互相抵消的方法。使用该方法,必须进行风险组合,而不是对单一风险进行规避、控制。如:资产组合、多种外币结算、战略上的分散经营、套期保值等。

9. 损失事件管理:对可能给企业造成重大损失的风险事件的事前、事中、事后管理的方法。损失包括企业的资金、声誉、技术、品牌、人才等。

10. 返回测试:将历史数据输入到风险管理模型或内控流程中,把结果与预测值对比,以检验其有效性的方法。

11. 穿行测试:在正常运行条件下,将初始数据输入内控流程,穿越全流程和所有关键环节,把运行结果与设计要求对比,以发现内控流程缺陷的方法。

七、中央企业法律纠纷案件管理办法

第一章 总 则

第一条 为深入贯彻习近平法治思想，落实全面依法治国战略部署，深化法治央企建设，加强中央企业法律纠纷案件管理，依法保障企业合法权益，切实维护国有资产安全，根据《中华人民共和国企业国有资产法》《企业国有资产监督管理暂行条例》等法律法规，结合中央企业实际，制定本办法。

第二条 本办法适用于国务院国有资产监督管理委员会（以下简称国务院国资委）根据国务院授权履行出资人职责的中央企业。

第三条 本办法所称法律纠纷案件是指中央企业及其所属单位在经营管理过程中发生的境内外诉讼、仲裁等（以下简称案件）。

第四条 中央企业应当持续加强案件管理，明确责任主体，完善管理制度，健全工作机制，积极主动维权，切实防止国有资产损失。建立健全以案促管机制，及时发现案件反映的管理问题，堵塞管理漏洞，提升管理水平，切实保障提质增效、稳健发展。

第五条 国务院国资委负责指导中央企业案件管理工作，建立健全法律、监督、追责等部门协同工作机制，加强对案件处理、备案等情况的监督检查，强化对重大案件的指导协调和督办。

第二章 组织职责

第六条 中央企业主要负责人切实履行法治建设第一责任人职责，加强对案件管理工作的领导，定期听取报告，强化机构、人员、经费等保障。

第七条 中央企业总法律顾问牵头案件管理工作，研究解决重点难点问题，领导法务管理部门完善工作机制，指导所属单位加强案件管理。

第八条 中央企业法务管理部门负责拟订案件管理制度，组织开展案件应对，对案件反映的管理问题提出完善建议，选聘和管理法律服务中介机构，推动案件管理信息化建设等工作。

第九条 中央企业业务和职能部门应当及时与法务管理部门沟通可能引发案件的有关情况,配合开展证据收集、案情分析、法律论证、案件执行等工作,针对案件反映的管理问题完善相关制度,改进工作机制,推动以案促管。

第十条 中央企业应当建立案件管理人才选拔培养机制,鼓励法务人员参与或者直接代理案件,持续提升案件管理工作水平。

第三章 管理机制

第十一条 中央企业应当结合实际健全案件管理相关制度,明确责任主体、职责范围、管控措施、监督问责等内容。

第十二条 中央企业应当定期开展法律纠纷风险排查,建立重大风险预警机制,分类制定防控策略,完善应对预案,有效防范案件风险。

第十三条 中央企业发生案件应当及时采取措施,全面调查了解案情,做好法律分析、证据收集等工作,规范参加庭审活动,加强舆情监测处置。

第十四条 中央企业应当结合国际化经营实际,建立健全涉外案件管理机制,加大涉外案件处理力度,切实维护境外国有资产安全。

第十五条 中央企业应当通过诉讼、仲裁、调解、和解等多元化纠纷解决机制妥善处理案件。同一中央企业所属单位之间发生法律纠纷,可以通过内部调解等方式解决。

第十六条 中央企业应当建立案件预警机制,针对典型性和普遍性案件深入分析发案原因、潜在后果等,及时进行预警提示,切实采取防控措施。

第十七条 中央企业应当加强历史遗留案件处理,研究制定处置方案,动态跟踪进展情况,积极采取有力措施,推动案件加快解决。

第十八条 中央企业应当对处理完毕的案件及时进行总结分析,梳理案件管理经验,查找经营管理薄弱环节,通过法律意见书、建议函等形式,指导有关部门或者所属单位完善管理制度,堵塞管理漏洞。

第十九条 中央企业应当将案件管理情况作为法治建设重要内容,纳入对所属单位的考核评价。

第二十条 中央企业应当建立上下贯通、全面覆盖、实时监测的案件管理信息系统,及时掌握案件情况,健全管理指标体系,加强数据统计分析,增强案件管理的针对性和有效性。

第二十一条 中央企业应当每年对案件情况进行汇总统计和研究分析,并于2月底前向国务院国资委报送上一年度案件综合分析报告。

第四章　重大案件管理

第二十二条　中央企业应当建立重大案件管理制度,结合自身实际明确重大案件标准,完善案件应对机制,加大处理力度,推动妥善解决。

第二十三条　中央企业发生以下重大案件,应当自立案、受理或者收到应诉通知书等材料之日起10个工作日内报国务院国资委备案:

(一)涉案金额达到5000万元人民币或者等值外币以上;

(二)涉案金额达到中央企业上一年度经审计净利润绝对值10%以上,且金额超过2000万元人民币或者等值外币;

(三)可能产生较大影响的群体性案件或者系列案件;

(四)涉及单位犯罪的刑事案件;

(五)其他涉及中央企业重大权益或者具有重大影响的案件。

第二十四条　中央企业重大案件报备应当包括以下内容:

(一)当事人、案由、涉案金额、主要事实等基本案情;

(二)争议焦点、结果预判等法律分析意见;

(三)采取的措施;

(四)下一步工作安排。

第二十五条　中央企业报备的重大案件处理完毕、取得生效法律文书后,应当在10个工作日内向国务院国资委书面报告。

第二十六条　中央企业应当将所属单位发生的、符合本办法第二十三条情形的重大案件当事人、涉案金额、工作进展等信息进行汇总,按月报国务院国资委备案。

第二十七条　中央企业应当建立重大案件督办机制,加强专业指导和监督检查,督促所属单位落实主体责任,妥善处理案件,依法维护权益。

第二十八条　中央企业之间发生重大案件,鼓励通过协商解决;协商不成的,可以报国务院国资委指导协调。

第五章　中介机构管理

第二十九条　中央企业应当完善法律服务中介机构管理制度,科学确定选聘方式,明确选聘条件、流程等,确保依法合规、公平公正。

第三十条　中央企业在案件处理过程中应当发挥主导作用,加强对法律服务中介机构的指导监督,有效整合内外部资源,及时掌握进展情况,切实强化对重大事项的审核把关,严格落实保密管理各项要求。

第三十一条　中央企业应当建立法律服务中介机构评价机制,根据专业能力、服务质量、工作效果、资信状况等进行动态管理,对不能胜任的及时调整。

第三十二条 中央企业应当严格按照有关规定,规范使用风险代理,明确审批权限和程序,综合考虑案件难易程度、涉案金额等,明晰风险责任,合理确定费用。

第六章 奖 惩

第三十三条 中央企业应当建立健全案件管理激励机制,明确条件和标准,对在案件处理过程中避免或者挽回损失的部门、人员给予表彰和奖励。

第三十四条 中央企业在案件处理过程中,发现相关部门或者个人在经营管理中存在违规行为,造成资产损失或者其他严重不良后果的,应当开展责任追究;对涉嫌违纪违法的,按照规定移交相关部门或者机构处理。

第三十五条 中央企业对有关人员在案件管理过程中玩忽职守、滥用职权、谋取私利,给企业造成资产损失或者其他严重不良后果的,应当按照规定追究相关人员责任。

第三十六条 国务院国资委对中央企业违反本办法规定,因案件管理不到位造成损失的,可以约谈相关企业并责令整改;对因违规行为引发重大案件并造成重大损失的,根据有关规定在中央企业负责人经营业绩考核中扣减相应分值,并对相关人员开展责任追究;对涉嫌违纪违法的,按照规定移交相关部门或者机构处理。

第七章 附 则

第三十七条 地方国有资产监督管理机构可参照本办法,指导所出资企业加强案件管理工作。

第三十八条 本办法由国务院国资委负责解释。

第三十九条 本办法自2023年8月1日起施行。《中央企业重大法律纠纷案件管理暂行办法》(国资委令第11号)同时废止。

八、中华人民共和国公司法

（1993年12月29日第八届全国人民代表大会常务委员会第五次会议通过　根据1999年12月25日第九届全国人民代表大会常务委员会第十三次会议《关于修改〈中华人民共和国公司法〉的决定》第一次修正　根据2004年8月28日第十届全国人民代表大会常务委员会第十一次会议《关于修改〈中华人民共和国公司法〉的决定》第二次修正　2005年10月27日第十届全国人民代表大会常务委员会第十八次会议第一次修订　根据2013年12月28日第十二届全国人民代表大会常务委员会第六次会议《关于修改〈中华人民共和国海洋环境保护法〉等七部法律的决定》第三次修正　根据2018年10月26日第十三届全国人民代表大会常务委员会第六次会议《关于修改〈中华人民共和国公司法〉的决定》第四次修正　2023年12月29日第十四届全国人民代表大会常务委员会第七次会议第二次修订）

目　　录

第一章　总　　则

第一条　为了规范公司的组织和行为，保护公司、股东、职工和债权人的合法权益，完善中国特色现代企业制度，弘扬企业家精神，维护社会经济秩序，促进社会主义市场经济的发展，根据宪法，制定本法。

第二条　本法所称公司，是指依照本法在中华人民共和国境内设立的有限责任公司和股份有限公司。

第三条　公司是企业法人，有独立的法人财产，享有法人财产权。公司以其全部财产对公司的债务承担责任。

公司的合法权益受法律保护，不受侵犯。

第四条　有限责任公司的股东以其认缴的出资额为限对公司承担责任；股份有限公司的股东以其认购的股份为限对公司承担责任。

公司股东对公司依法享有资产收益、参与重大决策和选择管理者等权利。

第五条　设立公司应当依法制定公司章程。公司章程对公司、股东、董事、监事、高级管理人员具有约束力。

第六条　公司应当有自己的名称。公司名称应当符合国家有关规定。

公司的名称权受法律保护。

第七条　依照本法设立的有限责任公司，应当在公司名称中标明有限责任公司或者有限公司字样。

依照本法设立的股份有限公司，应当在公司名称中标明股份有限公司或者股份公司字样。

第八条　公司以其主要办事机构所在地为住所。

第九条　公司的经营范围由公司章程规定。公司可以修改公司章程，变更经营范围。

公司的经营范围中属于法律、行政法规规定须经批准的项目，应当依法经过批准。

第十条 公司的法定代表人按照公司章程的规定，由代表公司执行公司事务的董事或者经理担任。

担任法定代表人的董事或者经理辞任的，视为同时辞去法定代表人。

法定代表人辞任的，公司应当在法定代表人辞任之日起三十日内确定新的法定代表人。

第十一条 法定代表人以公司名义从事的民事活动，其法律后果由公司承受。

公司章程或者股东会对法定代表人职权的限制，不得对抗善意相对人。

法定代表人因执行职务造成他人损害的，由公司承担民事责任。公司承担民事责任后，依照法律或者公司章程的规定，可以向有过错的法定代表人追偿。

第十二条 有限责任公司变更为股份有限公司，应当符合本法规定的股份有限公司的条件。股份有限公司变更为有限责任公司，应当符合本法规定的有限责任公司的条件。

有限责任公司变更为股份有限公司的，或者股份有限公司变更为有限责任公司的，公司变更前的债权、债务由变更后的公司承继。

第十三条 公司可以设立子公司。子公司具有法人资格，依法独立承担民事责任。

公司可以设立分公司。分公司不具有法人资格，其民事责任由公司承担。

第十四条 公司可以向其他企业投资。

法律规定公司不得成为对所投资企业的债务承担连带责任的出资人的，从其规定。

第十五条 公司向其他企业投资或者为他人提供担保，按照公司章程的规定，由董事会或者股东会决议；公司章程对投资或者担保的总额及单项投资或者担保的数额有限额规定的，不得超过规定的限额。

公司为公司股东或者实际控制人提供担保的，应当经股东会决议。

前款规定的股东或者受前款规定的实际控制人支配的股东，不得参加前款规定事项的表决。该项表决由出席会议的其他股东所持表决权的过半数通过。

第十六条 公司应当保护职工的合法权益，依法与职工签订劳动合同，参加社会保险，加强劳动保护，实现安全生产。

公司应当采用多种形式，加强公司职工的职业教育和岗位培训，提高职工素质。

第十七条 公司职工依照《中华人民共和国工会法》组织工会，开展工会活动，维护职工合法权益。公司应当为本公司工会提供必要的活动条件。公司工会代表职工就职工的劳动报酬、工作时间、休息休假、劳动安全卫生和保险福利等事项依法与公司签订集体合同。

公司依照宪法和有关法律的规定，建立健全以职工代表大会为基本形式的民主管理制度，通过职工代表大会或者其他形式，实行民主管理。

公司研究决定改制、解散、申请破产以及经营方面的重大问题、制定重要的规章制度时,应当听取公司工会的意见,并通过职工代表大会或者其他形式听取职工的意见和建议。

第十八条 在公司中,根据中国共产党章程的规定,设立中国共产党的组织,开展党的活动。公司应当为党组织的活动提供必要条件。

第十九条 公司从事经营活动,应当遵守法律法规,遵守社会公德、商业道德,诚实守信,接受政府和社会公众的监督。

第二十条 公司从事经营活动,应当充分考虑公司职工、消费者等利益相关者的利益以及生态环境保护等社会公共利益,承担社会责任。

国家鼓励公司参与社会公益活动,公布社会责任报告。

第二十一条 公司股东应当遵守法律、行政法规和公司章程,依法行使股东权利,不得滥用股东权利损害公司或者其他股东的利益。

公司股东滥用股东权利给公司或者其他股东造成损失的,应当承担赔偿责任。

第二十二条 公司的控股股东、实际控制人、董事、监事、高级管理人员不得利用关联关系损害公司利益。

违反前款规定,给公司造成损失的,应当承担赔偿责任。

第二十三条 公司股东滥用公司法人独立地位和股东有限责任,逃避债务,严重损害公司债权人利益的,应当对公司债务承担连带责任。

股东利用其控制的两个以上公司实施前款规定行为的,各公司应当对任一公司的债务承担连带责任。

只有一个股东的公司,股东不能证明公司财产独立于股东自己的财产的,应当对公司债务承担连带责任。

第二十四条 公司股东会、董事会、监事会召开会议和表决可以采用电子通信方式,公司章程另有规定的除外。

第二十五条 公司股东会、董事会的决议内容违反法律、行政法规的无效。

第二十六条 公司股东会、董事会的会议召集程序、表决方式违反法律、行政法规或者公司章程,或者决议内容违反公司章程的,股东自决议作出之日起六十日内,可以请求人民法院撤销。但是,股东会、董事会的会议召集程序或者表决方式仅有轻微瑕疵,对决议未产生实质影响的除外。

未被通知参加股东会会议的股东自知道或者应当知道股东会决议作出之日起六十日内,可以请求人民法院撤销;自决议作出之日起一年内没有行使撤销权的,撤销权消灭。

第二十七条 有下列情形之一的,公司股东会、董事会的决议不成立:

(一)未召开股东会、董事会会议作出决议;

（二）股东会、董事会会议未对决议事项进行表决；

（三）出席会议的人数或者所持表决权数未达到本法或者公司章程规定的人数或者所持表决权数；

（四）同意决议事项的人数或者所持表决权数未达到本法或者公司章程规定的人数或者所持表决权数。

第二十八条 公司股东会、董事会决议被人民法院宣告无效、撤销或者确认不成立的，公司应当向公司登记机关申请撤销根据该决议已办理的登记。

股东会、董事会决议被人民法院宣告无效、撤销或者确认不成立的，公司根据该决议与善意相对人形成的民事法律关系不受影响。

第二章 公司登记

第二十九条 设立公司，应当依法向公司登记机关申请设立登记。

法律、行政法规规定设立公司必须报经批准的，应当在公司登记前依法办理批准手续。

第三十条 申请设立公司，应当提交设立登记申请书、公司章程等文件，提交的相关材料应当真实、合法和有效。

申请材料不齐全或者不符合法定形式的，公司登记机关应当一次性告知需要补正的材料。

第三十一条 申请设立公司，符合本法规定的设立条件的，由公司登记机关分别登记为有限责任公司或者股份有限公司；不符合本法规定的设立条件的，不得登记为有限责任公司或者股份有限公司。

第三十二条 公司登记事项包括：

（一）名称；

（二）住所；

（三）注册资本；

（四）经营范围；

（五）法定代表人的姓名；

（六）有限责任公司股东、股份有限公司发起人的姓名或者名称。

公司登记机关应当将前款规定的公司登记事项通过国家企业信用信息公示系统向社会公示。

第三十三条 依法设立的公司，由公司登记机关发给公司营业执照。公司营业执照签发日期为公司成立日期。

公司营业执照应当载明公司的名称、住所、注册资本、经营范围、法定代表人姓名等事项。

公司登记机关可以发给电子营业执照。电子营业执照与纸质营业执照具有同等法律效力。

第三十四条 公司登记事项发生变更的,应当依法办理变更登记。

公司登记事项未经登记或者未经变更登记,不得对抗善意相对人。

第三十五条 公司申请变更登记,应当向公司登记机关提交公司法定代表人签署的变更登记申请书、依法作出的变更决议或者决定等文件。

公司变更登记事项涉及修改公司章程的,应当提交修改后的公司章程。

公司变更法定代表人的,变更登记申请书由变更后的法定代表人签署。

第三十六条 公司营业执照记载的事项发生变更的,公司办理变更登记后,由公司登记机关换发营业执照。

第三十七条 公司因解散、被宣告破产或者其他法定事由需要终止的,应当依法向公司登记机关申请注销登记,由公司登记机关公告公司终止。

第三十八条 公司设立分公司,应当向公司登记机关申请登记,领取营业执照。

第三十九条 虚报注册资本、提交虚假材料或者采取其他欺诈手段隐瞒重要事实取得公司设立登记的,公司登记机关应当依照法律、行政法规的规定予以撤销。

第四十条 公司应当按照规定通过国家企业信用信息公示系统公示下列事项:

(一)有限责任公司股东认缴和实缴的出资额、出资方式和出资日期,股份有限公司发起人认购的股份数;

(二)有限责任公司股东、股份有限公司发起人的股权、股份变更信息;

(三)行政许可取得、变更、注销等信息;

(四)法律、行政法规规定的其他信息。

公司应当确保前款公示信息真实、准确、完整。

第四十一条 公司登记机关应当优化公司登记办理流程,提高公司登记效率,加强信息化建设,推行网上办理等便捷方式,提升公司登记便利化水平。

国务院市场监督管理部门根据本法和有关法律、行政法规的规定,制定公司登记注册的具体办法。

第三章 有限责任公司的设立和组织机构

第一节 设 立

第四十二条 有限责任公司由一个以上五十个以下股东出资设立。

第四十三条 有限责任公司设立时的股东可以签订设立协议,明确各自在公司设立过程中的权利和义务。

第四十四条　有限责任公司设立时的股东为设立公司从事的民事活动，其法律后果由公司承受。

公司未成立的，其法律后果由公司设立时的股东承受；设立时的股东为二人以上的，享有连带债权，承担连带债务。

设立时的股东为设立公司以自己的名义从事民事活动产生的民事责任，第三人有权选择请求公司或者公司设立时的股东承担。

设立时的股东因履行公司设立职责造成他人损害的，公司或者无过错的股东承担赔偿责任后，可以向有过错的股东追偿。

第四十五条　设立有限责任公司，应当由股东共同制定公司章程。

第四十六条　有限责任公司章程应当载明下列事项：

（一）公司名称和住所；

（二）公司经营范围；

（三）公司注册资本；

（四）股东的姓名或者名称；

（五）股东的出资额、出资方式和出资日期；

（六）公司的机构及其产生办法、职权、议事规则；

（七）公司法定代表人的产生、变更办法；

（八）股东会认为需要规定的其他事项。

股东应当在公司章程上签名或者盖章。

第四十七条　有限责任公司的注册资本为在公司登记机关登记的全体股东认缴的出资额。全体股东认缴的出资额由股东按照公司章程的规定自公司成立之日起五年内缴足。

法律、行政法规以及国务院决定对有限责任公司注册资本实缴、注册资本最低限额、股东出资期限另有规定的，从其规定。

第四十八条　股东可以用货币出资，也可以用实物、知识产权、土地使用权、股权、债权等可以用货币估价并可以依法转让的非货币财产作价出资；但是，法律、行政法规规定不得作为出资的财产除外。

对作为出资的非货币财产应当评估作价，核实财产，不得高估或者低估作价。法律、行政法规对评估作价有规定的，从其规定。

第四十九条　股东应当按期足额缴纳公司章程规定的各自所认缴的出资额。

股东以货币出资的，应当将货币出资足额存入有限责任公司在银行开设的账户；以非货币财产出资的，应当依法办理其财产权的转移手续。

股东未按期足额缴纳出资的，除应当向公司足额缴纳外，还应当对给公司造成的损失承担赔偿责任。

第五十条 有限责任公司设立时,股东未按照公司章程规定实际缴纳出资,或者实际出资的非货币财产的实际价额显著低于所认缴的出资额的,设立时的其他股东与该股东在出资不足的范围内承担连带责任。

第五十一条 有限责任公司成立后,董事会应当对股东的出资情况进行核查,发现股东未按期足额缴纳公司章程规定的出资的,应当由公司向该股东发出书面催缴书,催缴出资。

未及时履行前款规定的义务,给公司造成损失的,负有责任的董事应当承担赔偿责任。

第五十二条 股东未按照公司章程规定的出资日期缴纳出资,公司依照前条第一款规定发出书面催缴书催缴出资的,可以载明缴纳出资的宽限期;宽限期自公司发出催缴书之日起,不得少于六十日。宽限期届满,股东仍未履行出资义务的,公司经董事会决议可以向该股东发出失权通知,通知应当以书面形式发出。自通知发出之日起,该股东丧失其未缴纳出资的股权。

依照前款规定丧失的股权应当依法转让,或者相应减少注册资本并注销该股权;六个月内未转让或者注销的,由公司其他股东按照其出资比例足额缴纳相应出资。

股东对失权有异议的,应当自接到失权通知之日起三十日内,向人民法院提起诉讼。

第五十三条 公司成立后,股东不得抽逃出资。

违反前款规定的,股东应当返还抽逃的出资;给公司造成损失的,负有责任的董事、监事、高级管理人员应当与该股东承担连带赔偿责任。

第五十四条 公司不能清偿到期债务的,公司或者已到期债权的债权人有权要求已认缴出资但未届出资期限的股东提前缴纳出资。

第五十五条 有限责任公司成立后,应当向股东签发出资证明书,记载下列事项:

(一)公司名称;

(二)公司成立日期;

(三)公司注册资本;

(四)股东的姓名或者名称、认缴和实缴的出资额、出资方式和出资日期;

(五)出资证明书的编号和核发日期。

出资证明书由法定代表人签名,并由公司盖章。

第五十六条 有限责任公司应当置备股东名册,记载下列事项:

(一)股东的姓名或者名称及住所;

(二)股东认缴和实缴的出资额、出资方式和出资日期;

(三)出资证明书编号;

（四）取得和丧失股东资格的日期。

记载于股东名册的股东，可以依股东名册主张行使股东权利。

第五十七条 股东有权查阅、复制公司章程、股东名册、股东会会议记录、董事会会议决议、监事会会议决议和财务会计报告。

股东可以要求查阅公司会计账簿、会计凭证。股东要求查阅公司会计账簿、会计凭证的，应当向公司提出书面请求，说明目的。公司有合理根据认为股东查阅会计账簿、会计凭证有不正当目的，可能损害公司合法利益的，可以拒绝提供查阅，并应当自股东提出书面请求之日起十五日内书面答复股东并说明理由。公司拒绝提供查阅的，股东可以向人民法院提起诉讼。

股东查阅前款规定的材料，可以委托会计师事务所、律师事务所等中介机构进行。

股东及其委托的会计师事务所、律师事务所等中介机构查阅、复制有关材料，应当遵守有关保护国家秘密、商业秘密、个人隐私、个人信息等法律、行政法规的规定。

股东要求查阅、复制公司全资子公司相关材料的，适用前四款的规定。

第二节 组织机构

第五十八条 有限责任公司股东会由全体股东组成。股东会是公司的权力机构，依照本法行使职权。

第五十九条 股东会行使下列职权：

（一）选举和更换董事、监事，决定有关董事、监事的报酬事项；

（二）审议批准董事会的报告；

（三）审议批准监事会的报告；

（四）审议批准公司的利润分配方案和弥补亏损方案；

（五）对公司增加或者减少注册资本作出决议；

（六）对发行公司债券作出决议；

（七）对公司合并、分立、解散、清算或者变更公司形式作出决议；

（八）修改公司章程；

（九）公司章程规定的其他职权。

股东会可以授权董事会对发行公司债券作出决议。

对本条第一款所列事项股东以书面形式一致表示同意的，可以不召开股东会会议，直接作出决定，并由全体股东在决定文件上签名或者盖章。

第六十条 只有一个股东的有限责任公司不设股东会。股东作出前条第一款所列事项的决定时，应当采用书面形式，并由股东签名或者盖章后置备于公司。

第六十一条 首次股东会会议由出资最多的股东召集和主持，依照本法规定行使职权。

第六十二条 股东会会议分为定期会议和临时会议。

定期会议应当按照公司章程的规定按时召开。代表十分之一以上表决权的股东、三分之一以上的董事或者监事会提议召开临时会议的,应当召开临时会议。

第六十三条 股东会会议由董事会召集,董事长主持;董事长不能履行职务或者不履行职务的,由副董事长主持;副董事长不能履行职务或者不履行职务的,由过半数的董事共同推举一名董事主持。

董事会不能履行或者不履行召集股东会会议职责的,由监事会召集和主持;监事会不召集和主持的,代表十分之一以上表决权的股东可以自行召集和主持。

第六十四条 召开股东会会议,应当于会议召开十五日前通知全体股东;但是,公司章程另有规定或者全体股东另有约定的除外。

股东会应当对所议事项的决定作成会议记录,出席会议的股东应当在会议记录上签名或者盖章。

第六十五条 股东会会议由股东按照出资比例行使表决权;但是,公司章程另有规定的除外。

第六十六条 股东会的议事方式和表决程序,除本法有规定的外,由公司章程规定。

股东会作出决议,应当经代表过半数表决权的股东通过。

股东会作出修改公司章程、增加或者减少注册资本的决议,以及公司合并、分立、解散或者变更公司形式的决议,应当经代表三分之二以上表决权的股东通过。

第六十七条 有限责任公司设董事会,本法第七十五条另有规定的除外。

董事会行使下列职权:

(一)召集股东会会议,并向股东会报告工作;

(二)执行股东会的决议;

(三)决定公司的经营计划和投资方案;

(四)制订公司的利润分配方案和弥补亏损方案;

(五)制订公司增加或者减少注册资本以及发行公司债券的方案;

(六)制订公司合并、分立、解散或者变更公司形式的方案;

(七)决定公司内部管理机构的设置;

(八)决定聘任或者解聘公司经理及其报酬事项,并根据经理的提名决定聘任或者解聘公司副经理、财务负责人及其报酬事项;

(九)制定公司的基本管理制度;

(十)公司章程规定或者股东会授予的其他职权。

公司章程对董事会职权的限制不得对抗善意相对人。

第六十八条 有限责任公司董事会成员为三人以上，其成员中可以有公司职工代表。职工人数三百人以上的有限责任公司，除依法设监事会并有公司职工代表的外，其董事会成员中应当有公司职工代表。董事会中的职工代表由公司职工通过职工代表大会、职工大会或者其他形式民主选举产生。

董事会设董事长一人，可以设副董事长。董事长、副董事长的产生办法由公司章程规定。

第六十九条 有限责任公司可以按照公司章程的规定在董事会中设置由董事组成的审计委员会，行使本法规定的监事会的职权，不设监事会或者监事。公司董事会成员中的职工代表可以成为审计委员会成员。

第七十条 董事任期由公司章程规定，但每届任期不得超过三年。董事任期届满，连选可以连任。

董事任期届满未及时改选，或者董事在任期内辞任导致董事会成员低于法定人数的，在改选出的董事就任前，原董事仍应当依照法律、行政法规和公司章程的规定，履行董事职务。

董事辞任的，应当以书面形式通知公司，公司收到通知之日辞任生效，但存在前款规定情形的，董事应当继续履行职务。

第七十一条 股东会可以决议解任董事，决议作出之日解任生效。

无正当理由，在任期届满前解任董事的，该董事可以要求公司予以赔偿。

第七十二条 董事会会议由董事长召集和主持；董事长不能履行职务或者不履行职务的，由副董事长召集和主持；副董事长不能履行职务或者不履行职务的，由过半数的董事共同推举一名董事召集和主持。

第七十三条 董事会的议事方式和表决程序，除本法有规定的外，由公司章程规定。

董事会会议应当有过半数的董事出席方可举行。董事会作出决议，应当经全体董事的过半数通过。

董事会决议的表决，应当一人一票。

董事会应当对所议事项的决定作成会议记录，出席会议的董事应当在会议记录上签名。

第七十四条 有限责任公司可以设经理，由董事会决定聘任或者解聘。

经理对董事会负责，根据公司章程的规定或者董事会的授权行使职权。经理列席董事会会议。

第七十五条 规模较小或者股东人数较少的有限责任公司，可以不设董事会，设一名董事，行使本法规定的董事会的职权。该董事可以兼任公司经理。

第七十六条 有限责任公司设监事会，本法第六十九条、第八十三条另有规定的除外。

监事会成员为三人以上。监事会成员应当包括股东代表和适当比例的公司职工代表，其中职工代表的比例不得低于三分之一，具体比例由公司章程规定。监事会中的职工代表由公司职工通过职工代表大会、职工大会或者其他形式民主选举产生。

监事会设主席一人，由全体监事过半数选举产生。监事会主席召集和主持监事会会议；监事会主席不能履行职务或者不履行职务的，由过半数的监事共同推举一名监事召集和主持监事会会议。

董事、高级管理人员不得兼任监事。

第七十七条 监事的任期每届为三年。监事任期届满，连选可以连任。

监事任期届满未及时改选，或者监事在任期内辞任导致监事会成员低于法定人数的，在改选出的监事就任前，原监事仍应当依照法律、行政法规和公司章程的规定，履行监事职务。

第七十八条 监事会行使下列职权：

（一）检查公司财务；

（二）对董事、高级管理人员执行职务的行为进行监督，对违反法律、行政法规、公司章程或者股东会决议的董事、高级管理人员提出解任的建议；

（三）当董事、高级管理人员的行为损害公司的利益时，要求董事、高级管理人员予以纠正；

（四）提议召开临时股东会会议，在董事会不履行本法规定的召集和主持股东会会议职责时召集和主持股东会会议；

（五）向股东会会议提出提案；

（六）依照本法第一百八十九条的规定，对董事、高级管理人员提起诉讼；

（七）公司章程规定的其他职权。

第七十九条 监事可以列席董事会会议，并对董事会决议事项提出质询或者建议。

监事会发现公司经营情况异常，可以进行调查；必要时，可以聘请会计师事务所等协助其工作，费用由公司承担。

第八十条 监事会可以要求董事、高级管理人员提交执行职务的报告。

董事、高级管理人员应当如实向监事会提供有关情况和资料，不得妨碍监事会或者监事行使职权。

第八十一条 监事会每年度至少召开一次会议，监事可以提议召开临时监事会会议。

监事会的议事方式和表决程序，除本法有规定的外，由公司章程规定。

监事会决议应当经全体监事的过半数通过。

监事会决议的表决，应当一人一票。

监事会应当对所议事项的决定作成会议记录，出席会议的监事应当在会议记录上签名。

第八十二条 监事会行使职权所必需的费用，由公司承担。

第八十三条 规模较小或者股东人数较少的有限责任公司，可以不设监事会，设一名监事，行使本法规定的监事会的职权；经全体股东一致同意，也可以不设监事。

第四章 有限责任公司的股权转让

第八十四条 有限责任公司的股东之间可以相互转让其全部或者部分股权。

股东向股东以外的人转让股权的，应当将股权转让的数量、价格、支付方式和期限等事项书面通知其他股东，其他股东在同等条件下有优先购买权。股东自接到书面通知之日起三十日内未答复的，视为放弃优先购买权。两个以上股东行使优先购买权的，协商确定各自的购买比例；协商不成的，按照转让时各自的出资比例行使优先购买权。

公司章程对股权转让另有规定的，从其规定。

第八十五条 人民法院依照法律规定的强制执行程序转让股东的股权时，应当通知公司及全体股东，其他股东在同等条件下有优先购买权。其他股东自人民法院通知之日起满二十日不行使优先购买权的，视为放弃优先购买权。

第八十六条 股东转让股权的，应当书面通知公司，请求变更股东名册；需要办理变更登记的，并请求公司向公司登记机关办理变更登记。公司拒绝或者在合理期限内不予答复的，转让人、受让人可以依法向人民法院提起诉讼。

股权转让的，受让人自记载于股东名册时起可以向公司主张行使股东权利。

第八十七条 依照本法转让股权后，公司应当及时注销原股东的出资证明书，向新股东签发出资证明书，并相应修改公司章程和股东名册中有关股东及其出资额的记载。对公司章程的该项修改不需再由股东会表决。

第八十八条 股东转让已认缴出资但未届出资期限的股权的，由受让人承担缴纳该出资的义务；受让人未按期足额缴纳出资的，转让人对受让人未按期缴纳的出资承担补充责任。

未按照公司章程规定的出资日期缴纳出资或者作为出资的非货币财产的实际价额显著低于所认缴的出资额的股东转让股权的，转让人与受让人在出资不足的范围内承担连带责任；受让人不知道且不应当知道存在上述情形的，由转让人承担责任。

第八十九条 有下列情形之一的，对股东会该项决议投反对票的股东可以请求公司按照合理的价格收购其股权：

（一）公司连续五年不向股东分配利润，而公司该五年连续盈利，并且符合本法规定的分配利润条件；

（二）公司合并、分立、转让主要财产；

（三）公司章程规定的营业期限届满或者章程规定的其他解散事由出现，股东会通过决议修改章程使公司存续。

自股东会决议作出之日起六十日内，股东与公司不能达成股权收购协议的，股东可以自股东会决议作出之日起九十日内向人民法院提起诉讼。

公司的控股股东滥用股东权利，严重损害公司或者其他股东利益的，其他股东有权请求公司按照合理的价格收购其股权。

公司因本条第一款、第三款规定的情形收购的本公司股权，应当在六个月内依法转让或者注销。

第九十条 自然人股东死亡后，其合法继承人可以继承股东资格；但是，公司章程另有规定的除外。

第五章 股份有限公司的设立和组织机构

第一节 设 立

第九十一条 设立股份有限公司，可以采取发起设立或者募集设立的方式。

发起设立，是指由发起人认购设立公司时应发行的全部股份而设立公司。

募集设立，是指由发起人认购设立公司时应发行股份的一部分，其余股份向特定对象募集或者向社会公开募集而设立公司。

第九十二条 设立股份有限公司，应当有一人以上二百人以下为发起人，其中应当有半数以上的发起人在中华人民共和国境内有住所。

第九十三条 股份有限公司发起人承担公司筹办事务。

发起人应当签订发起人协议，明确各自在公司设立过程中的权利和义务。

第九十四条 设立股份有限公司，应当由发起人共同制订公司章程。

第九十五条 股份有限公司章程应当载明下列事项：

（一）公司名称和住所；

（二）公司经营范围；

（三）公司设立方式；

（四）公司注册资本、已发行的股份数和设立时发行的股份数，面额股的每股金额；

（五）发行类别股的，每一类别股的股份数及其权利和义务；

（六）发起人的姓名或者名称、认购的股份数、出资方式；

（七）董事会的组成、职权和议事规则；

（八）公司法定代表人的产生、变更办法；

（九）监事会的组成、职权和议事规则；

（十）公司利润分配办法；

（十一）公司的解散事由与清算办法；

（十二）公司的通知和公告办法；

（十三）股东会认为需要规定的其他事项。

第九十六条 股份有限公司的注册资本为在公司登记机关登记的已发行股份的股本总额。在发起人认购的股份缴足前，不得向他人募集股份。

法律、行政法规以及国务院决定对股份有限公司注册资本最低限额另有规定的，从其规定。

第九十七条 以发起设立方式设立股份有限公司的，发起人应当认足公司章程规定的公司设立时应发行的股份。

以募集设立方式设立股份有限公司的，发起人认购的股份不得少于公司章程规定的公司设立时应发行股份总数的百分之三十五；但是，法律、行政法规另有规定的，从其规定。

第九十八条 发起人应当在公司成立前按照其认购的股份全额缴纳股款。

发起人的出资，适用本法第四十八条、第四十九条第二款关于有限责任公司股东出资的规定。

第九十九条 发起人不按照其认购的股份缴纳股款，或者作为出资的非货币财产的实际价额显著低于所认购的股份的，其他发起人与该发起人在出资不足的范围内承担连带责任。

第一百条 发起人向社会公开募集股份，应当公告招股说明书，并制作认股书。认股书应当载明本法第一百五十四条第二款、第三款所列事项，由认股人填写认购的股份数、金额、住所，并签名或者盖章。认股人应当按照所认购股份足额缴纳股款。

第一百零一条 向社会公开募集股份的股款缴足后，应当经依法设立的验资机构验资并出具证明。

第一百零二条 股份有限公司应当制作股东名册并置备于公司。股东名册应当记载下列事项：

（一）股东的姓名或者名称及住所；

（二）各股东所认购的股份种类及股份数；

（三）发行纸面形式的股票的，股票的编号；

（四）各股东取得股份的日期。

第一百零三条 募集设立股份有限公司的发起人应当自公司设立时应发行股份的股款缴足之日起三十日内召开公司成立大会。发起人应当在成立大会召开十五日前将会议日期通知各认股人或者予以公告。成立大会应当有持有表决权过半数的认股人出席，方可举行。

以发起设立方式设立股份有限公司成立大会的召开和表决程序由公司章程或者发起人协议规定。

第一百零四条 公司成立大会行使下列职权：

（一）审议发起人关于公司筹办情况的报告；

（二）通过公司章程；

（三）选举董事、监事；

（四）对公司的设立费用进行审核；

（五）对发起人非货币财产出资的作价进行审核；

（六）发生不可抗力或者经营条件发生重大变化直接影响公司设立的，可以作出不设立公司的决议。

成立大会对前款所列事项作出决议，应当经出席会议的认股人所持表决权过半数通过。

第一百零五条 公司设立时应发行的股份未募足，或者发行股份的股款缴足后，发起人在三十日内未召开成立大会的，认股人可以按照所缴股款并加算银行同期存款利息，要求发起人返还。

发起人、认股人缴纳股款或者交付非货币财产出资后，除未按期募足股份、发起人未按期召开成立大会或者成立大会决议不设立公司的情形外，不得抽回其股本。

第一百零六条 董事会应当授权代表，于公司成立大会结束后三十日内向公司登记机关申请设立登记。

第一百零七条 本法第四十四条、第四十九条第三款、第五十一条、第五十二条、第五十三条的规定，适用于股份有限公司。

第一百零八条 有限责任公司变更为股份有限公司时，折合的实收股本总额不得高于公司净资产额。有限责任公司变更为股份有限公司，为增加注册资本公开发行股份时，应当依法办理。

第一百零九条 股份有限公司应当将公司章程、股东名册、股东会会议记录、董事会会议记录、监事会会议记录、财务会计报告、债券持有人名册置备于本公司。

第一百一十条 股东有权查阅、复制公司章程、股东名册、股东会会议记录、董事会会议决议、监事会会议决议、财务会计报告，对公司的经营提出建议或者质询。

连续一百八十日以上单独或者合计持有公司百分之三以上股份的股东要求查阅公司的会计账簿、会计凭证的，适用本法第五十七条第二款、第三款、第四款的规定。公司章程对持股比例有较低规定的，从其规定。

股东要求查阅、复制公司全资子公司相关材料的，适用前两款的规定。

上市公司股东查阅、复制相关材料的，应当遵守《中华人民共和国证券法》等法律、行政法规的规定。

第二节 股 东 会

第一百一十一条 股份有限公司股东会由全体股东组成。股东会是公司的权力机构，依照本法行使职权。

第一百一十二条 本法第五十九条第一款、第二款关于有限责任公司股东会职权的规定，适用于股份有限公司股东会。

本法第六十条关于只有一个股东的有限责任公司不设股东会的规定，适用于只有一个股东的股份有限公司。

第一百一十三条 股东会应当每年召开一次年会。有下列情形之一的，应当在两个月内召开临时股东会会议：

（一）董事人数不足本法规定人数或者公司章程所定人数的三分之二时；

（二）公司未弥补的亏损达股本总额三分之一时；

（三）单独或者合计持有公司百分之十以上股份的股东请求时；

（四）董事会认为必要时；

（五）监事会提议召开时；

（六）公司章程规定的其他情形。

第一百一十四条 股东会会议由董事会召集，董事长主持；董事长不能履行职务或者不履行职务的，由副董事长主持；副董事长不能履行职务或者不履行职务的，由过半数的董事共同推举一名董事主持。

董事会不能履行或者不履行召集股东会会议职责的，监事会应当及时召集和主持；监事会不召集和主持的，连续九十日以上单独或者合计持有公司百分之十以上股份的股东可以自行召集和主持。

单独或者合计持有公司百分之十以上股份的股东请求召开临时股东会会议的，董事会、监事会应当在收到请求之日起十日内作出是否召开临时股东会会议的决定，并书面答复股东。

第一百一十五条 召开股东会会议，应当将会议召开的时间、地点和审议的事项于会议召开二十日前通知各股东；临时股东会会议应当于会议召开十五日前通知各股东。

单独或者合计持有公司百分之一以上股份的股东，可以在股东会会议召开十日前提出临时提案并书面提交董事会。临时提案应当有明确议题和具体决议事项。董事会应当在收到提案后二日内通知其他股东，并将该临时提案提交股东会审议；但临时提案违反法律、行政法规或者公司章程的规定，或者不属于股东会职权范围的除外。公司不得提高提出临时提案股东的持股比例。

公开发行股份的公司,应当以公告方式作出前两款规定的通知。

股东会不得对通知中未列明的事项作出决议。

第一百一十六条 股东出席股东会会议,所持每一股份有一表决权,类别股股东除外。公司持有的本公司股份没有表决权。

股东会作出决议,应当经出席会议的股东所持表决权过半数通过。

股东会作出修改公司章程、增加或者减少注册资本的决议,以及公司合并、分立、解散或者变更公司形式的决议,应当经出席会议的股东所持表决权的三分之二以上通过。

第一百一十七条 股东会选举董事、监事,可以按照公司章程的规定或者股东会的决议,实行累积投票制。

本法所称累积投票制,是指股东会选举董事或者监事时,每一股份拥有与应选董事或者监事人数相同的表决权,股东拥有的表决权可以集中使用。

第一百一十八条 股东委托代理人出席股东会会议的,应当明确代理人代理的事项、权限和期限;代理人应当向公司提交股东授权委托书,并在授权范围内行使表决权。

第一百一十九条 股东会应当对所议事项的决定作成会议记录,主持人、出席会议的董事应当在会议记录上签名。会议记录应当与出席股东的签名册及代理出席的委托书一并保存。

第三节　董事会、经理

第一百二十条 股份有限公司设董事会,本法第一百二十八条另有规定的除外。

本法第六十七条、第六十八条第一款、第七十条、第七十一条的规定,适用于股份有限公司。

第一百二十一条 股份有限公司可以按照公司章程的规定在董事会中设置由董事组成的审计委员会,行使本法规定的监事会的职权,不设监事会或者监事。

审计委员会成员为三名以上,过半数成员不得在公司担任除董事以外的其他职务,且不得与公司存在任何可能影响其独立客观判断的关系。公司董事会成员中的职工代表可以成为审计委员会成员。

审计委员会作出决议,应当经审计委员会成员的过半数通过。

审计委员会决议的表决,应当一人一票。

审计委员会的议事方式和表决程序,除本法有规定的外,由公司章程规定。

公司可以按照公司章程的规定在董事会中设置其他委员会。

第一百二十二条 董事会设董事长一人,可以设副董事长。董事长和副董事长由董事会以全体董事的过半数选举产生。

董事长召集和主持董事会会议，检查董事会决议的实施情况。副董事长协助董事长工作，董事长不能履行职务或者不履行职务的，由副董事长履行职务；副董事长不能履行职务或者不履行职务的，由过半数的董事共同推举一名董事履行职务。

第一百二十三条 董事会每年度至少召开两次会议，每次会议应当于会议召开十日前通知全体董事和监事。

代表十分之一以上表决权的股东、三分之一以上董事或者监事会，可以提议召开临时董事会会议。董事长应当自接到提议后十日内，召集和主持董事会会议。

董事会召开临时会议，可以另定召集董事会的通知方式和通知时限。

第一百二十四条 董事会会议应当有过半数的董事出席方可举行。董事会作出决议，应当经全体董事的过半数通过。

董事会决议的表决，应当一人一票。

董事会应当对所议事项的决定作成会议记录，出席会议的董事应当在会议记录上签名。

第一百二十五条 董事会会议，应当由董事本人出席；董事因故不能出席，可以书面委托其他董事代为出席，委托书应当载明授权范围。

董事应当对董事会的决议承担责任。董事会的决议违反法律、行政法规或者公司章程、股东会决议，给公司造成严重损失的，参与决议的董事对公司负赔偿责任；经证明在表决时曾表明异议并记载于会议记录的，该董事可以免除责任。

第一百二十六条 股份有限公司设经理，由董事会决定聘任或者解聘。

经理对董事会负责，根据公司章程的规定或者董事会的授权行使职权。经理列席董事会会议。

第一百二十七条 公司董事会可以决定由董事会成员兼任经理。

第一百二十八条 规模较小或者股东人数较少的股份有限公司，可以不设董事会，设一名董事，行使本法规定的董事会的职权。该董事可以兼任公司经理。

第一百二十九条 公司应当定期向股东披露董事、监事、高级管理人员从公司获得报酬的情况。

第四节 监 事 会

第一百三十条 股份有限公司设监事会，本法第一百二十一条第一款、第一百三十三条另有规定的除外。

监事会成员为三人以上。监事会成员应当包括股东代表和适当比例的公司职工代表，其中职工代表的比例不得低于三分之一，具体比例由公司章程规定。监事会中的职工代表由公司职工通过职工代表大会、职工大会或者其他形式民主选举产生。

监事会设主席一人,可以设副主席。监事会主席和副主席由全体监事过半数选举产生。监事会主席召集和主持监事会会议;监事会主席不能履行职务或者不履行职务的,由监事会副主席召集和主持监事会会议;监事会副主席不能履行职务或者不履行职务的,由过半数的监事共同推举一名监事召集和主持监事会会议。

董事、高级管理人员不得兼任监事。

本法第七十七条关于有限责任公司监事任期的规定,适用于股份有限公司监事。

第一百三十一条 本法第七十八条至第八十条的规定,适用于股份有限公司监事会。

监事会行使职权所必需的费用,由公司承担。

第一百三十二条 监事会每六个月至少召开一次会议。监事可以提议召开临时监事会会议。

监事会的议事方式和表决程序,除本法有规定的外,由公司章程规定。

监事会决议应当经全体监事的过半数通过。

监事会决议的表决,应当一人一票。

监事会应当对所议事项的决定作成会议记录,出席会议的监事应当在会议记录上签名。

第一百三十三条 规模较小或者股东人数较少的股份有限公司,可以不设监事会,设一名监事,行使本法规定的监事会的职权。

第五节 上市公司组织机构的特别规定

第一百三十四条 本法所称上市公司,是指其股票在证券交易所上市交易的股份有限公司。

第一百三十五条 上市公司在一年内购买、出售重大资产或者向他人提供担保的金额超过公司资产总额百分之三十的,应当由股东会作出决议,并经出席会议的股东所持表决权的三分之二以上通过。

第一百三十六条 上市公司设独立董事,具体管理办法由国务院证券监督管理机构规定。

上市公司的公司章程除载明本法第九十五条规定的事项外,还应当依照法律、行政法规的规定载明董事会专门委员会的组成、职权以及董事、监事、高级管理人员薪酬考核机制等事项。

第一百三十七条 上市公司在董事会中设置审计委员会的,董事会对下列事项作出决议前应当经审计委员会全体成员过半数通过:

(一)聘用、解聘承办公司审计业务的会计师事务所;

(二)聘任、解聘财务负责人;

(三)披露财务会计报告;

(四)国务院证券监督管理机构规定的其他事项。

第一百三十八条　上市公司设董事会秘书,负责公司股东会和董事会会议的筹备、文件保管以及公司股东资料的管理,办理信息披露事务等事宜。

第一百三十九条　上市公司董事与董事会会议决议事项所涉及的企业或者个人有关联关系的,该董事应当及时向董事会书面报告。有关联关系的董事不得对该项决议行使表决权,也不得代理其他董事行使表决权。该董事会会议由过半数的无关联关系董事出席即可举行,董事会会议所作决议须经无关联关系董事过半数通过。出席董事会会议的无关联关系董事人数不足三人的,应当将该事项提交上市公司股东会审议。

第一百四十条　上市公司应当依法披露股东、实际控制人的信息,相关信息应当真实、准确、完整。

禁止违反法律、行政法规的规定代持上市公司股票。

第一百四十一条　上市公司控股子公司不得取得该上市公司的股份。

上市公司控股子公司因公司合并、质权行使等原因持有上市公司股份的,不得行使所持股份对应的表决权,并应当及时处分相关上市公司股份。

第六章　股份有限公司的股份发行和转让

第一节　股份发行

第一百四十二条　公司的资本划分为股份。公司的全部股份,根据公司章程的规定择一采用面额股或者无面额股。采用面额股的,每一股的金额相等。

公司可以根据公司章程的规定将已发行的面额股全部转换为无面额股或者将无面额股全部转换为面额股。

采用无面额股的,应当将发行股份所得股款的二分之一以上计入注册资本。

第一百四十三条　股份的发行,实行公平、公正的原则,同类别的每一股份应当具有同等权利。

同次发行的同类别股份,每股的发行条件和价格应当相同;认购人所认购的股份,每股应当支付相同价额。

第一百四十四条　公司可以按照公司章程的规定发行下列与普通股权利不同的类别股:

(一)优先或者劣后分配利润或者剩余财产的股份;

(二)每一股的表决权数多于或者少于普通股的股份;

(三)转让须经公司同意等转让受限的股份;

(四)国务院规定的其他类别股。

公开发行股份的公司不得发行前款第二项、第三项规定的类别股;公开发行前已发行的除外。

公司发行本条第一款第二项规定的类别股的,对于监事或者审计委员会成员的选举和更换,类别股与普通股每一股的表决权数相同。

第一百四十五条 发行类别股的公司,应当在公司章程中载明以下事项:

(一)类别股分配利润或者剩余财产的顺序;

(二)类别股的表决权数;

(三)类别股的转让限制;

(四)保护中小股东权益的措施;

(五)股东会认为需要规定的其他事项。

第一百四十六条 发行类别股的公司,有本法第一百一十六条第三款规定的事项等可能影响类别股股东权利的,除应当依照第一百一十六条第三款的规定经股东会决议外,还应当经出席类别股股东会议的股东所持表决权的三分之二以上通过。

公司章程可以对需经类别股股东会议决议的其他事项作出规定。

第一百四十七条 公司的股份采取股票的形式。股票是公司签发的证明股东所持股份的凭证。

公司发行的股票,应当为记名股票。

第一百四十八条 面额股股票的发行价格可以按票面金额,也可以超过票面金额,但不得低于票面金额。

第一百四十九条 股票采用纸面形式或者国务院证券监督管理机构规定的其他形式。

股票采用纸面形式的,应当载明下列主要事项:

(一)公司名称;

(二)公司成立日期或者股票发行的时间;

(三)股票种类、票面金额及代表的股份数,发行无面额股的,股票代表的股份数。

股票采用纸面形式的,还应当载明股票的编号,由法定代表人签名,公司盖章。

发起人股票采用纸面形式的,应当标明发起人股票字样。

第一百五十条 股份有限公司成立后,即向股东正式交付股票。公司成立前不得向股东交付股票。

第一百五十一条 公司发行新股,股东会应当对下列事项作出决议:

(一)新股种类及数额;

(二)新股发行价格;

(三)新股发行的起止日期;

（四）向原有股东发行新股的种类及数额；

（五）发行无面额股的，新股发行所得股款计入注册资本的金额。

公司发行新股，可以根据公司经营情况和财务状况，确定其作价方案。

第一百五十二条 公司章程或者股东会可以授权董事会在三年内决定发行不超过已发行股份百分之五十的股份。但以非货币财产作价出资的应当经股东会决议。

董事会依照前款规定决定发行股份导致公司注册资本、已发行股份数发生变化的，对公司章程该项记载事项的修改不需再由股东会表决。

第一百五十三条 公司章程或者股东会授权董事会决定发行新股的，董事会决议应当经全体董事三分之二以上通过。

第一百五十四条 公司向社会公开募集股份，应当经国务院证券监督管理机构注册，公告招股说明书。

招股说明书应当附有公司章程，并载明下列事项：

（一）发行的股份总数；

（二）面额股的票面金额和发行价格或者无面额股的发行价格；

（三）募集资金的用途；

（四）认股人的权利和义务；

（五）股份种类及其权利和义务；

（六）本次募股的起止日期及逾期未募足时认股人可以撤回所认股份的说明。

公司设立时发行股份的，还应当载明发起人认购的股份数。

第一百五十五条 公司向社会公开募集股份，应当由依法设立的证券公司承销，签订承销协议。

第一百五十六条 公司向社会公开募集股份，应当同银行签订代收股款协议。

代收股款的银行应当按照协议代收和保存股款，向缴纳股款的认股人出具收款单据，并负有向有关部门出具收款证明的义务。

公司发行股份募足股款后，应予公告。

第二节 股份转让

第一百五十七条 股份有限公司的股东持有的股份可以向其他股东转让，也可以向股东以外的人转让；公司章程对股份转让有限制的，其转让按照公司章程的规定进行。

第一百五十八条 股东转让其股份，应当在依法设立的证券交易场所进行或者按照国务院规定的其他方式进行。

第一百五十九条 股票的转让，由股东以背书方式或者法律、行政法规规定的其他方式进行；转让后由公司将受让人的姓名或者名称及住所记载于股东名册。

股东会会议召开前二十日内或者公司决定分配股利的基准日前五日内,不得变更股东名册。法律、行政法规或者国务院证券监督管理机构对上市公司股东名册变更另有规定的,从其规定。

第一百六十条 公司公开发行股份前已发行的股份,自公司股票在证券交易所上市交易之日起一年内不得转让。法律、行政法规或者国务院证券监督管理机构对上市公司的股东、实际控制人转让其所持有的本公司股份另有规定的,从其规定。

公司董事、监事、高级管理人员应当向公司申报所持有的本公司的股份及其变动情况,在就任时确定的任职期间每年转让的股份不得超过其所持有本公司股份总数的百分之二十五;所持本公司股份自公司股票上市交易之日起一年内不得转让。上述人员离职后半年内,不得转让其所持有的本公司股份。公司章程可以对公司董事、监事、高级管理人员转让其所持有的本公司股份作出其他限制性规定。

股份在法律、行政法规规定的限制转让期限内出质的,质权人不得在限制转让期限内行使质权。

第一百六十一条 有下列情形之一的,对股东会该项决议投反对票的股东可以请求公司按照合理的价格收购其股份,公开发行股份的公司除外:

(一)公司连续五年不向股东分配利润,而公司该五年连续盈利,并且符合本法规定的分配利润条件;

(二)公司转让主要财产;

(三)公司章程规定的营业期限届满或者章程规定的其他解散事由出现,股东会通过决议修改章程使公司存续。

自股东会决议作出之日起六十日内,股东与公司不能达成股份收购协议的,股东可以自股东会决议作出之日起九十日内向人民法院提起诉讼。

公司因本条第一款规定的情形收购的本公司股份,应当在六个月内依法转让或者注销。

第一百六十二条 公司不得收购本公司股份。但是,有下列情形之一的除外:

(一)减少公司注册资本;

(二)与持有本公司股份的其他公司合并;

(三)将股份用于员工持股计划或者股权激励;

(四)股东因对股东会作出的公司合并、分立决议持异议,要求公司收购其股份;

(五)将股份用于转换公司发行的可转换为股票的公司债券;

(六)上市公司为维护公司价值及股东权益所必需。

公司因前款第一项、第二项规定的情形收购本公司股份的,应当经股东会决议;公司因前款第三项、第五项、第六项规定的情形收购本公司股份的,可以按照公司章程或者股东会的授权，经三分之二以上董事出席的董事会会议决议。

公司依照本条第一款规定收购本公司股份后，属于第一项情形的，应当自收购之日起十日内注销；属于第二项、第四项情形的，应当在六个月内转让或者注销；属于第三项、第五项、第六项情形的，公司合计持有的本公司股份数不得超过本公司已发行股份总数的百分之十，并应当在三年内转让或者注销。

上市公司收购本公司股份的，应当依照《中华人民共和国证券法》的规定履行信息披露义务。上市公司因本条第一款第三项、第五项、第六项规定的情形收购本公司股份的，应当通过公开的集中交易方式进行。

公司不得接受本公司的股份作为质权的标的。

第一百六十三条 公司不得为他人取得本公司或者其母公司的股份提供赠与、借款、担保以及其他财务资助，公司实施员工持股计划的除外。

为公司利益，经股东会决议，或者董事会按照公司章程或者股东会的授权作出决议，公司可以为他人取得本公司或者其母公司的股份提供财务资助，但财务资助的累计总额不得超过已发行股本总额的百分之十。董事会作出决议应当经全体董事的三分之二以上通过。

违反前两款规定，给公司造成损失的，负有责任的董事、监事、高级管理人员应当承担赔偿责任。

第一百六十四条 股票被盗、遗失或者灭失，股东可以依照《中华人民共和国民事诉讼法》规定的公示催告程序，请求人民法院宣告该股票失效。人民法院宣告该股票失效后，股东可以向公司申请补发股票。

第一百六十五条 上市公司的股票，依照有关法律、行政法规及证券交易所交易规则上市交易。

第一百六十六条 上市公司应当依照法律、行政法规的规定披露相关信息。

第一百六十七条 自然人股东死亡后，其合法继承人可以继承股东资格；但是，股份转让受限的股份有限公司的章程另有规定的除外。

第七章　国家出资公司组织机构的特别规定

第一百六十八条 国家出资公司的组织机构，适用本章规定；本章没有规定的，适用本法其他规定。

本法所称国家出资公司，是指国家出资的国有独资公司、国有资本控股公司，包括国家出资的有限责任公司、股份有限公司。

第一百六十九条 国家出资公司，由国务院或者地方人民政府分别代表国家依法履行出资人职责，享有出资人权益。国务院或者地方人民政府可以授权国有资产监督管理机构或者其他部门、机构代表本级人民政府对国家出资公司履行出资人职责。

代表本级人民政府履行出资人职责的机构、部门，以下统称为履行出资人职责的机构。

第一百七十条 国家出资公司中中国共产党的组织，按照中国共产党章程的规定发挥领导作用，研究讨论公司重大经营管理事项，支持公司的组织机构依法行使职权。

第一百七十一条 国有独资公司章程由履行出资人职责的机构制定。

第一百七十二条 国有独资公司不设股东会，由履行出资人职责的机构行使股东会职权。履行出资人职责的机构可以授权公司董事会行使股东会的部分职权，但公司章程的制定和修改，公司的合并、分立、解散、申请破产，增加或者减少注册资本，分配利润，应当由履行出资人职责的机构决定。

第一百七十三条 国有独资公司的董事会依照本法规定行使职权。

国有独资公司的董事会成员中，应当过半数为外部董事，并应当有公司职工代表。

董事会成员由履行出资人职责的机构委派；但是，董事会成员中的职工代表由公司职工代表大会选举产生。

董事会设董事长一人，可以设副董事长。董事长、副董事长由履行出资人职责的机构从董事会成员中指定。

第一百七十四条 国有独资公司的经理由董事会聘任或者解聘。

经履行出资人职责的机构同意，董事会成员可以兼任经理。

第一百七十五条 国有独资公司的董事、高级管理人员，未经履行出资人职责的机构同意，不得在其他有限责任公司、股份有限公司或者其他经济组织兼职。

第一百七十六条 国有独资公司在董事会中设置由董事组成的审计委员会行使本法规定的监事会职权的，不设监事会或者监事。

第一百七十七条 国家出资公司应当依法建立健全内部监督管理和风险控制制度，加强内部合规管理。

第八章　公司董事、监事、高级管理人员的资格和义务

第一百七十八条 有下列情形之一的，不得担任公司的董事、监事、高级管理人员：

（一）无民事行为能力或者限制民事行为能力；

（二）因贪污、贿赂、侵占财产、挪用财产或者破坏社会主义市场经济秩序，被判处刑罚，或者因犯罪被剥夺政治权利，执行期满未逾五年，被宣告缓刑的，自缓刑考验期满之日起未逾二年；

（三）担任破产清算的公司、企业的董事或者厂长、经理，对该公司、企业的破产负有个人责任的，自该公司、企业破产清算完结之日起未逾三年；

（四）担任因违法被吊销营业执照、责令关闭的公司、企业的法定代表人，并负有个人责任的，自该公司、企业被吊销营业执照、责令关闭之日起未逾三年；

（五）个人因所负数额较大债务到期未清偿被人民法院列为失信被执行人。

违反前款规定选举、委派董事、监事或者聘任高级管理人员的，该选举、委派或者聘任无效。

董事、监事、高级管理人员在任职期间出现本条第一款所列情形的，公司应当解除其职务。

第一百七十九条 董事、监事、高级管理人员应当遵守法律、行政法规和公司章程。

第一百八十条 董事、监事、高级管理人员对公司负有忠实义务，应当采取措施避免自身利益与公司利益冲突，不得利用职权牟取不正当利益。

董事、监事、高级管理人员对公司负有勤勉义务，执行职务应当为公司的最大利益尽到管理者通常应有的合理注意。

公司的控股股东、实际控制人不担任公司董事但实际执行公司事务的，适用前两款规定。

第一百八十一条 董事、监事、高级管理人员不得有下列行为：

（一）侵占公司财产、挪用公司资金；

（二）将公司资金以其个人名义或者以其他个人名义开立账户存储；

（三）利用职权贿赂或者收受其他非法收入；

（四）接受他人与公司交易的佣金归为己有；

（五）擅自披露公司秘密；

（六）违反对公司忠实义务的其他行为。

第一百八十二条 董事、监事、高级管理人员，直接或者间接与本公司订立合同或者进行交易，应当就与订立合同或者进行交易有关的事项向董事会或者股东会报告，并按照公司章程的规定经董事会或者股东会决议通过。

董事、监事、高级管理人员的近亲属，董事、监事、高级管理人员或者其近亲属直接或者间接控制的企业，以及与董事、监事、高级管理人员有其他关联关系的关联人，与公司订立合同或者进行交易，适用前款规定。

第一百八十三条 董事、监事、高级管理人员，不得利用职务便利为自己或者他人谋取属于公司的商业机会。但是，有下列情形之一的除外：

（一）向董事会或者股东会报告，并按照公司章程的规定经董事会或者股东会决议通过；

（二）根据法律、行政法规或者公司章程的规定，公司不能利用该商业机会。

第一百八十四条 董事、监事、高级管理人员未向董事会或者股东会报告，并按照公司章程的规定经董事会或者股东会决议通过,不得自营或者为他人经营与其任职公司同类的业务。

第一百八十五条 董事会对本法第一百八十二条至第一百八十四条规定的事项决议时,关联董事不得参与表决,其表决权不计入表决权总数。出席董事会会议的无关联关系董事人数不足三人的,应当将该事项提交股东会审议。

第一百八十六条 董事、监事、高级管理人员违反本法第一百八十一条至第一百八十四条规定所得的收入应当归公司所有。

第一百八十七条 股东会要求董事、监事、高级管理人员列席会议的,董事、监事、高级管理人员应当列席并接受股东的质询。

第一百八十八条 董事、监事、高级管理人员执行职务违反法律、行政法规或者公司章程的规定,给公司造成损失的,应当承担赔偿责任。

第一百八十九条 董事、高级管理人员有前条规定的情形的,有限责任公司的股东、股份有限公司连续一百八十日以上单独或者合计持有公司百分之一以上股份的股东,可以书面请求监事会向人民法院提起诉讼;监事有前条规定的情形的,前述股东可以书面请求董事会向人民法院提起诉讼。

监事会或者董事会收到前款规定的股东书面请求后拒绝提起诉讼,或者自收到请求之日起三十日内未提起诉讼,或者情况紧急、不立即提起诉讼将会使公司利益受到难以弥补的损害的,前款规定的股东有权为公司利益以自己的名义直接向人民法院提起诉讼。

他人侵犯公司合法权益,给公司造成损失的,本条第一款规定的股东可以依照前两款的规定向人民法院提起诉讼。

公司全资子公司的董事、监事、高级管理人员有前条规定情形,或者他人侵犯公司全资子公司合法权益造成损失的,有限责任公司的股东、股份有限公司连续一百八十日以上单独或者合计持有公司百分之一以上股份的股东,可以依照前三款规定书面请求全资子公司的监事会、董事会向人民法院提起诉讼或者以自己的名义直接向人民法院提起诉讼。

第一百九十条 董事、高级管理人员违反法律、行政法规或者公司章程的规定,损害股东利益的,股东可以向人民法院提起诉讼。

第一百九十一条 董事、高级管理人员执行职务,给他人造成损害的,公司应当承担赔偿责任;董事、高级管理人员存在故意或者重大过失的,也应当承担赔偿责任。

第一百九十二条 公司的控股股东、实际控制人指示董事、高级管理人员从事损害公司或者股东利益的行为的,与该董事、高级管理人员承担连带责任。

第一百九十三条 公司可以在董事任职期间为董事因执行公司职务承担的赔偿责任投保责任保险。

公司为董事投保责任保险或者续保后,董事会应当向股东会报告责任保险的投保金额、承保范围及保险费率等内容。

第九章 公司债券

第一百九十四条 本法所称公司债券，是指公司发行的约定按期还本付息的有价证券。

公司债券可以公开发行，也可以非公开发行。

公司债券的发行和交易应当符合《中华人民共和国证券法》等法律、行政法规的规定。

第一百九十五条 公开发行公司债券，应当经国务院证券监督管理机构注册，公告公司债券募集办法。

公司债券募集办法应当载明下列主要事项：

（一）公司名称；

（二）债券募集资金的用途；

（三）债券总额和债券的票面金额；

（四）债券利率的确定方式；

（五）还本付息的期限和方式；

（六）债券担保情况；

（七）债券的发行价格、发行的起止日期；

（八）公司净资产额；

（九）已发行的尚未到期的公司债券总额；

（十）公司债券的承销机构。

第一百九十六条 公司以纸面形式发行公司债券的，应当在债券上载明公司名称、债券票面金额、利率、偿还期限等事项，并由法定代表人签名，公司盖章。

第一百九十七条 公司债券应当为记名债券。

第一百九十八条 公司发行公司债券应当置备公司债券持有人名册。

发行公司债券的，应当在公司债券持有人名册上载明下列事项：

（一）债券持有人的姓名或者名称及住所；

（二）债券持有人取得债券的日期及债券的编号；

（三）债券总额，债券的票面金额、利率、还本付息的期限和方式；

（四）债券的发行日期。

第一百九十九条 公司债券的登记结算机构应当建立债券登记、存管、付息、兑付等相关制度。

第二百条 公司债券可以转让，转让价格由转让人与受让人约定。

公司债券的转让应当符合法律、行政法规的规定。

第二百零一条 公司债券由债券持有人以背书方式或者法律、行政法规规定的其他方式转让;转让后由公司将受让人的姓名或者名称及住所记载于公司债券持有人名册。

第二百零二条 股份有限公司经股东会决议,或者经公司章程、股东会授权由董事会决议,可以发行可转换为股票的公司债券,并规定具体的转换办法。上市公司发行可转换为股票的公司债券,应当经国务院证券监督管理机构注册。

发行可转换为股票的公司债券,应当在债券上标明可转换公司债券字样,并在公司债券持有人名册上载明可转换公司债券的数额。

第二百零三条 发行可转换为股票的公司债券的,公司应当按照其转换办法向债券持有人换发股票,但债券持有人对转换股票或者不转换股票有选择权。法律、行政法规另有规定的除外。

第二百零四条 公开发行公司债券的,应当为同期债券持有人设立债券持有人会议,并在债券募集办法中对债券持有人会议的召集程序、会议规则和其他重要事项作出规定。债券持有人会议可以对与债券持有人有利害关系的事项作出决议。

除公司债券募集办法另有约定外,债券持有人会议决议对同期全体债券持有人发生效力。

第二百零五条 公开发行公司债券的,发行人应当为债券持有人聘请债券受托管理人,由其为债券持有人办理受领清偿、债权保全、与债券相关的诉讼以及参与债务人破产程序等事项。

第二百零六条 债券受托管理人应当勤勉尽责,公正履行受托管理职责,不得损害债券持有人利益。

受托管理人与债券持有人存在利益冲突可能损害债券持有人利益的,债券持有人会议可以决议变更债券受托管理人。

债券受托管理人违反法律、行政法规或者债券持有人会议决议,损害债券持有人利益的,应当承担赔偿责任。

第十章　公司财务、会计

第二百零七条 公司应当依照法律、行政法规和国务院财政部门的规定建立本公司的财务、会计制度。

第二百零八条 公司应当在每一会计年度终了时编制财务会计报告,并依法经会计师事务所审计。

财务会计报告应当依照法律、行政法规和国务院财政部门的规定制作。

第二百零九条 有限责任公司应当按照公司章程规定的期限将财务会计报告送交各股东。

股份有限公司的财务会计报告应当在召开股东会年会的二十日前置备于本公司，供股东查阅；公开发行股份的股份有限公司应当公告其财务会计报告。

第二百一十条 公司分配当年税后利润时，应当提取利润的百分之十列入公司法定公积金。公司法定公积金累计额为公司注册资本的百分之五十以上的，可以不再提取。

公司的法定公积金不足以弥补以前年度亏损的，在依照前款规定提取法定公积金之前，应当先用当年利润弥补亏损。

公司从税后利润中提取法定公积金后，经股东会决议，还可以从税后利润中提取任意公积金。

公司弥补亏损和提取公积金后所余税后利润，有限责任公司按照股东实缴的出资比例分配利润，全体股东约定不按照出资比例分配利润的除外；股份有限公司按照股东所持有的股份比例分配利润，公司章程另有规定的除外。

公司持有的本公司股份不得分配利润。

第二百一十一条 公司违反本法规定向股东分配利润的，股东应当将违反规定分配的利润退还公司；给公司造成损失的，股东及负有责任的董事、监事、高级管理人员应当承担赔偿责任。

第二百一十二条 股东会作出分配利润的决议的，董事会应当在股东会决议作出之日起六个月内进行分配。

第二百一十三条 公司以超过股票票面金额的发行价格发行股份所得的溢价款、发行无面额股所得股款未计入注册资本的金额以及国务院财政部门规定列入资本公积金的其他项目，应当列为公司资本公积金。

第二百一十四条 公司的公积金用于弥补公司的亏损、扩大公司生产经营或者转为增加公司注册资本。

公积金弥补公司亏损，应当先使用任意公积金和法定公积金；仍不能弥补的，可以按照规定使用资本公积金。

法定公积金转为增加注册资本时，所留存的该项公积金不得少于转增前公司注册资本的百分之二十五。

第二百一十五条 公司聘用、解聘承办公司审计业务的会计师事务所，按照公司章程的规定，由股东会、董事会或者监事会决定。

公司股东会、董事会或者监事会就解聘会计师事务所进行表决时，应当允许会计师事务所陈述意见。

第二百一十六条 公司应当向聘用的会计师事务所提供真实、完整的会计凭证、会计账簿、财务会计报告及其他会计资料，不得拒绝、隐匿、谎报。

第二百一十七条 公司除法定的会计账簿外，不得另立会计账簿。

对公司资金,不得以任何个人名义开立账户存储。

第十一章　公司合并、分立、增资、减资

第二百一十八条　公司合并可以采取吸收合并或者新设合并。

一个公司吸收其他公司为吸收合并,被吸收的公司解散。两个以上公司合并设立一个新的公司为新设合并,合并各方解散。

第二百一十九条　公司与其持股百分之九十以上的公司合并,被合并的公司不需经股东会决议,但应当通知其他股东,其他股东有权请求公司按照合理的价格收购其股权或者股份。

公司合并支付的价款不超过本公司净资产百分之十的,可以不经股东会决议;但是,公司章程另有规定的除外。

公司依照前两款规定合并不经股东会决议的,应当经董事会决议。

第二百二十条　公司合并,应当由合并各方签订合并协议,并编制资产负债表及财产清单。公司应当自作出合并决议之日起十日内通知债权人,并于三十日内在报纸上或者国家企业信用信息公示系统公告。债权人自接到通知之日起三十日内,未接到通知的自公告之日起四十五日内,可以要求公司清偿债务或者提供相应的担保。

第二百二十一条　公司合并时,合并各方的债权、债务,应当由合并后存续的公司或者新设的公司承继。

第二百二十二条　公司分立,其财产作相应的分割。

公司分立,应当编制资产负债表及财产清单。公司应当自作出分立决议之日起十日内通知债权人,并于三十日内在报纸上或者国家企业信用信息公示系统公告。

第二百二十三条　公司分立前的债务由分立后的公司承担连带责任。但是,公司在分立前与债权人就债务清偿达成的书面协议另有约定的除外。

第二百二十四条　公司减少注册资本,应当编制资产负债表及财产清单。

公司应当自股东会作出减少注册资本决议之日起十日内通知债权人,并于三十日内在报纸上或者国家企业信用信息公示系统公告。债权人自接到通知之日起三十日内,未接到通知的自公告之日起四十五日内,有权要求公司清偿债务或者提供相应的担保。

公司减少注册资本,应当按照股东出资或者持有股份的比例相应减少出资额或者股份,法律另有规定、有限责任公司全体股东另有约定或者股份有限公司章程另有规定的除外。

第二百二十五条　公司依照本法第二百一十四条第二款的规定弥补亏损后,仍有亏损的,可以减少注册资本弥补亏损。减少注册资本弥补亏损的,公司不得向股东分配,也不得免除股东缴纳出资或者股款的义务。

依照前款规定减少注册资本的，不适用前条第二款的规定，但应当自股东会作出减少注册资本决议之日起三十日内在报纸上或者国家企业信用信息公示系统公告。

公司依照前两款的规定减少注册资本后，在法定公积金和任意公积金累计额达到公司注册资本百分之五十前，不得分配利润。

第二百二十六条 违反本法规定减少注册资本的，股东应当退还其收到的资金，减免股东出资的应当恢复原状；给公司造成损失的，股东及负有责任的董事、监事、高级管理人员应当承担赔偿责任。

第二百二十七条 有限责任公司增加注册资本时，股东在同等条件下有权优先按照实缴的出资比例认缴出资。但是，全体股东约定不按照出资比例优先认缴出资的除外。

股份有限公司为增加注册资本发行新股时，股东不享有优先认购权，公司章程另有规定或者股东会决议决定股东享有优先认购权的除外。

第二百二十八条 有限责任公司增加注册资本时，股东认缴新增资本的出资，依照本法设立有限责任公司缴纳出资的有关规定执行。

股份有限公司为增加注册资本发行新股时，股东认购新股，依照本法设立股份有限公司缴纳股款的有关规定执行。

第十二章　公司解散和清算

第二百二十九条 公司因下列原因解散：

（一）公司章程规定的营业期限届满或者公司章程规定的其他解散事由出现；

（二）股东会决议解散；

（三）因公司合并或者分立需要解散；

（四）依法被吊销营业执照、责令关闭或者被撤销；

（五）人民法院依照本法第二百三十一条的规定予以解散。

公司出现前款规定的解散事由，应当在十日内将解散事由通过国家企业信用信息公示系统予以公示。

第二百三十条 公司有前条第一款第一项、第二项情形，且尚未向股东分配财产的，可以通过修改公司章程或者经股东会决议而存续。

依照前款规定修改公司章程或者经股东会决议，有限责任公司须经持有三分之二以上表决权的股东通过，股份有限公司须经出席股东会会议的股东所持表决权的三分之二以上通过。

第二百三十一条 公司经营管理发生严重困难，继续存续会使股东利益受到重大损失，通过其他途径不能解决的，持有公司百分之十以上表决权的股东，可以请求人民法院解散公司。

第二百三十二条 公司因本法第二百二十九条第一款第一项、第二项、第四项、第五项规定而解散的，应当清算。董事为公司清算义务人，应当在解散事由出现之日起十五日内组成清算组进行清算。

清算组由董事组成，但是公司章程另有规定或者股东会决议另选他人的除外。

清算义务人未及时履行清算义务，给公司或者债权人造成损失的，应当承担赔偿责任。

第二百三十三条 公司依照前条第一款的规定应当清算，逾期不成立清算组进行清算或者成立清算组后不清算的，利害关系人可以申请人民法院指定有关人员组成清算组进行清算。人民法院应当受理该申请，并及时组织清算组进行清算。

公司因本法第二百二十九条第一款第四项的规定而解散的，作出吊销营业执照、责令关闭或者撤销决定的部门或者公司登记机关，可以申请人民法院指定有关人员组成清算组进行清算。

第二百三十四条 清算组在清算期间行使下列职权：

（一）清理公司财产，分别编制资产负债表和财产清单；

（二）通知、公告债权人；

（三）处理与清算有关的公司未了结的业务；

（四）清缴所欠税款以及清算过程中产生的税款；

（五）清理债权、债务；

（六）分配公司清偿债务后的剩余财产；

（七）代表公司参与民事诉讼活动。

第二百三十五条 清算组应当自成立之日起十日内通知债权人，并于六十日内在报纸上或者国家企业信用信息公示系统公告。债权人应当自接到通知之日起三十日内，未接到通知的自公告之日起四十五日内，向清算组申报其债权。

债权人申报债权，应当说明债权的有关事项，并提供证明材料。清算组应当对债权进行登记。

在申报债权期间，清算组不得对债权人进行清偿。

第二百三十六条 清算组在清理公司财产、编制资产负债表和财产清单后，应当制订清算方案，并报股东会或者人民法院确认。

公司财产在分别支付清算费用、职工的工资、社会保险费用和法定补偿金，缴纳所欠税款，清偿公司债务后的剩余财产，有限责任公司按照股东的出资比例分配，股份有限公司按照股东持有的股份比例分配。

清算期间，公司存续，但不得开展与清算无关的经营活动。公司财产在未依照前款规定清偿前，不得分配给股东。

第二百三十七条 清算组在清理公司财产、编制资产负债表和财产清单后，发现公司财产不足清偿债务的，应当依法向人民法院申请破产清算。

人民法院受理破产申请后，清算组应当将清算事务移交给人民法院指定的破产管理人。

第二百三十八条 清算组成员履行清算职责，负有忠实义务和勤勉义务。

清算组成员怠于履行清算职责，给公司造成损失的，应当承担赔偿责任；因故意或者重大过失给债权人造成损失的，应当承担赔偿责任。

第二百三十九条 公司清算结束后，清算组应当制作清算报告，报股东会或者人民法院确认，并报送公司登记机关，申请注销公司登记。

第二百四十条 公司在存续期间未产生债务，或者已清偿全部债务的，经全体股东承诺，可以按照规定通过简易程序注销公司登记。

通过简易程序注销公司登记，应当通过国家企业信用信息公示系统予以公告，公告期限不少于二十日。公告期限届满后，未有异议的，公司可以在二十日内向公司登记机关申请注销公司登记。

公司通过简易程序注销公司登记，股东对本条第一款规定的内容承诺不实的，应当对注销登记前的债务承担连带责任。

第二百四十一条 公司被吊销营业执照、责令关闭或者被撤销，满三年未向公司登记机关申请注销公司登记的，公司登记机关可以通过国家企业信用信息公示系统予以公告，公告期限不少于六十日。公告期限届满后，未有异议的，公司登记机关可以注销公司登记。

依照前款规定注销公司登记的，原公司股东、清算义务人的责任不受影响。

第二百四十二条 公司被依法宣告破产的，依照有关企业破产的法律实施破产清算。

第十三章　外国公司的分支机构

第二百四十三条 本法所称外国公司，是指依照外国法律在中华人民共和国境外设立的公司。

第二百四十四条 外国公司在中华人民共和国境内设立分支机构，应当向中国主管机关提出申请，并提交其公司章程、所属国的公司登记证书等有关文件，经批准后，向公司登记机关依法办理登记，领取营业执照。

外国公司分支机构的审批办法由国务院另行规定。

第二百四十五条 外国公司在中华人民共和国境内设立分支机构，应当在中华人民共和国境内指定负责该分支机构的代表人或者代理人，并向该分支机构拨付与其所从事的经营活动相适应的资金。

对外国公司分支机构的经营资金需要规定最低限额的，由国务院另行规定。

第二百四十六条 外国公司的分支机构应当在其名称中标明该外国公司的国籍及责任形式。

外国公司的分支机构应当在本机构中置备该外国公司章程。

第二百四十七条 外国公司在中华人民共和国境内设立的分支机构不具有中国法人资格。

外国公司对其分支机构在中华人民共和国境内进行经营活动承担民事责任。

第二百四十八条 经批准设立的外国公司分支机构，在中华人民共和国境内从事业务活动，应当遵守中国的法律，不得损害中国的社会公共利益，其合法权益受中国法律保护。

第二百四十九条 外国公司撤销其在中华人民共和国境内的分支机构时，应当依法清偿债务，依照本法有关公司清算程序的规定进行清算。未清偿债务之前，不得将其分支机构的财产转移至中华人民共和国境外。

第十四章 法律责任

第二百五十条 违反本法规定，虚报注册资本、提交虚假材料或者采取其他欺诈手段隐瞒重要事实取得公司登记的，由公司登记机关责令改正，对虚报注册资本的公司，处以虚报注册资本金额百分之五以上百分之十五以下的罚款；对提交虚假材料或者采取其他欺诈手段隐瞒重要事实的公司，处以五万元以上二百万元以下的罚款；情节严重的，吊销营业执照；对直接负责的主管人员和其他直接责任人员处以三万元以上三十万元以下的罚款。

第二百五十一条 公司未依照本法第四十条规定公示有关信息或者不如实公示有关信息的，由公司登记机关责令改正，可以处以一万元以上五万元以下的罚款。情节严重的，处以五万元以上二十万元以下的罚款；对直接负责的主管人员和其他直接责任人员处以一万元以上十万元以下的罚款。

第二百五十二条 公司的发起人、股东虚假出资，未交付或者未按期交付作为出资的货币或者非货币财产的，由公司登记机关责令改正，可以处以五万元以上二十万元以下的罚款；情节严重的，处以虚假出资或者未出资金额百分之五以上百分之十五以下的罚款；对直接负责的主管人员和其他直接责任人员处以一万元以上十万元以下的罚款。

第二百五十三条 公司的发起人、股东在公司成立后，抽逃其出资的，由公司登记机关责令改正，处以所抽逃出资金额百分之五以上百分之十五以下的罚款；对直接负责的主管人员和其他直接责任人员处以三万元以上三十万元以下的罚款。

第二百五十四条 有下列行为之一的，由县级以上人民政府财政部门依照《中华人民共和国会计法》等法律、行政法规的规定处罚：

（一）在法定的会计账簿以外另立会计账簿；

（二）提供存在虚假记载或者隐瞒重要事实的财务会计报告。

第二百五十五条 公司在合并、分立、减少注册资本或者进行清算时，不依照本法规定通知或者公告债权人的，由公司登记机关责令改正，对公司处以一万元以上十万元以下的罚款。

第二百五十六条 公司在进行清算时，隐匿财产，对资产负债表或者财产清单作虚假记载，或者在未清偿债务前分配公司财产的，由公司登记机关责令改正，对公司处以隐匿财产或者未清偿债务前分配公司财产金额百分之五以上百分之十以下的罚款；对直接负责的主管人员和其他直接责任人员处以一万元以上十万元以下的罚款。

第二百五十七条 承担资产评估、验资或者验证的机构提供虚假材料或者提供有重大遗漏的报告的，由有关部门依照《中华人民共和国资产评估法》、《中华人民共和国注册会计师法》等法律、行政法规的规定处罚。

承担资产评估、验资或者验证的机构因其出具的评估结果、验资或者验证证明不实，给公司债权人造成损失的，除能够证明自己没有过错的外，在其评估或者证明不实的金额范围内承担赔偿责任。

第二百五十八条 公司登记机关违反法律、行政法规规定未履行职责或者履行职责不当的，对负有责任的领导人员和直接责任人员依法给予政务处分。

第二百五十九条 未依法登记为有限责任公司或者股份有限公司，而冒用有限责任公司或者股份有限公司名义的，或者未依法登记为有限责任公司或者股份有限公司的分公司，而冒用有限责任公司或者股份有限公司的分公司名义的，由公司登记机关责令改正或者予以取缔，可以并处十万元以下的罚款。

第二百六十条 公司成立后无正当理由超过六个月未开业的，或者开业后自行停业连续六个月以上的，公司登记机关可以吊销营业执照，但公司依法办理歇业的除外。

公司登记事项发生变更时，未依照本法规定办理有关变更登记的，由公司登记机关责令限期登记；逾期不登记的，处以一万元以上十万元以下的罚款。

第二百六十一条 外国公司违反本法规定，擅自在中华人民共和国境内设立分支机构的，由公司登记机关责令改正或者关闭，可以并处五万元以上二十万元以下的罚款。

第二百六十二条 利用公司名义从事危害国家安全、社会公共利益的严重违法行为的，吊销营业执照。

第二百六十三条 公司违反本法规定，应当承担民事赔偿责任和缴纳罚款、罚金的，其财产不足以支付时，先承担民事赔偿责任。

第二百六十四条 违反本法规定，构成犯罪的，依法追究刑事责任。

第十五章　附　　则

第二百六十五条　本法下列用语的含义：

（一）高级管理人员，是指公司的经理、副经理、财务负责人，上市公司董事会秘书和公司章程规定的其他人员。

（二）控股股东，是指其出资额占有限责任公司资本总额超过百分之五十或者其持有的股份占股份有限公司股本总额超过百分之五十的股东；出资额或者持有股份的比例虽然低于百分之五十，但依其出资额或者持有的股份所享有的表决权已足以对股东会的决议产生重大影响的股东。

（三）实际控制人，是指通过投资关系、协议或者其他安排，能够实际支配公司行为的人。

（四）关联关系，是指公司控股股东、实际控制人、董事、监事、高级管理人员与其直接或者间接控制的企业之间的关系，以及可能导致公司利益转移的其他关系。但是，国家控股的企业之间不仅因为同受国家控股而具有关联关系。

第二百六十六条　本法自2024年7月1日起施行。

本法施行前已登记设立的公司，出资期限超过本法规定的期限的，除法律、行政法规或者国务院另有规定外，应当逐步调整至本法规定的期限以内；对于出资期限、出资额明显异常的，公司登记机关可以依法要求其及时调整。具体实施办法由国务院规定。

附录二　合规管理文件示例

一、合规手册(示例)

本手册所称合规,是指企业经营管理行为和员工履职行为符合国家法律法规、监管规定、行业准则和国际条约、规则,以及公司章程、相关规章制度等要求。

合规管理,是指企业以有效防控合规风险为目的,以提升依法合规经营管理水平为导向,以企业经营管理行为和员工履职行为为对象,开展包括建立合规制度、完善运行机制、培育合规文化、强化监督问责等有组织、有计划的管理活动。

第一章　合规理念、原则

一、合规理念

(一)全面合规

坚持全级次、全领域、全生命周期合规,努力实现合规“无死角”。强化全员合规意识,培养员工合规理念,做到人人合规,全面合规。

(二)持续合规

持续动态维护合规管理体系、持续提升合规经营能力,持续管控风险创造价值。

(三)主动合规

主动建立健全合规管理体系,主动识别化解合规风险,以合规意识带动合规行动,主动将合规义务、合规要求履行、落实到位。

二、合规原则

(一)坚持党的领导

充分发挥企业党委(党组)领导作用,落实全面依法治国战略部署有关要求,把党的领导贯穿合规管理全过程。

(二)坚持全面覆盖

将合规要求嵌入经营管理各领域各环节,贯穿决策、执行、监督全过程,落实到各部门、各单位和全体员工，实现多方联动、上下贯通。

（三）坚持权责清晰

按照"管业务必须管合规"要求，明确业务及职能部门、合规管理部门和监督部门职责，严格落实员工合规责任，对违规行为严肃问责。

（四）坚持务实高效

建立健全符合企业实际的合规管理体系，突出对重点领域、关键环节和重要人员的管理，充分利用大数据等信息化手段，切实提高管理效能。

第二章　合规主体

一、党委（党组）

"坚持党的领导"是中央企业合规管理工作应当遵循的重要原则之一。党组和各级所属企业党委充分发挥把方向、管大局、促落实的领导作用，落实全面依法治国战略部署要求，把党的领导贯穿合规治理、经营和管理全过程，推动合规要求在本企业得到严格遵循和落实，不断提升依法合规经营管理水平。

二、董事会

董事会对股东（大）会负责，是公司最高决策机构，对公司合规治理和合规管理负总责，对公司合规经营负最终责任。企业董事会应充分发挥定战略、作决策、防风险作用，确立并认同企业合规价值理念，引领全员合规，并确保自身依法依规依章程履行职责。

三、"第一责任人"

企业党委（党组）书记、董事长、总经理等企业主要负责人是"法治建设第一责任人"。应切实履行依法合规经营管理重要组织者、推动者和实践者的职责，积极推动合规管理各项工作。

四、"首席合规官"

企业结合实际、加快设立本企业首席合规官，由总法律顾问兼任，对企业主要负责人负责，领导合规管理部门组织开展相关工作，指导企业加强合规管理。

五、业务部门及职能部门

"管业务必须管合规"是中央企业合规管理工作应当遵循的重要原则之一。业务部门及职能部门守好合规“第一道防线”。建立健全本部门业务合规管理制度和流程，开展合规风险识别评估，编制风险清单和应对预案；定期梳理重点岗位合规风险，将合规要求纳入本部门岗位职责；负责本部门经营管理行为的合规审查；及时报告合规风险，组织或者配合开展应对处置；组织或者配合开展违规问题调查和整改。

六、合规管理部门

企业合规管理部门牵头负责本企业合规管理工作，构筑合规“第二道防线”，组织起草合规管理基本制度、具体制度、年度计划和工作报告等；负责规章制度、经济合同、重大决策合规审查；组织开展合规风险识别、预警和应对处置，根据董事会授权开展合规管理体系有效性评价；受理职责范围内的违规举报，提出分类处置意见，组织或者参与对违规行为的调查；组织或者协助业务及职能部门开展合规培训，受理合规咨询，推进合规管理信息化建设。

七、纪检监察机构和审计、巡视巡察、监督追责等部门

企业纪检监察机构和审计、巡视巡察、监督追责等部门作为企业合规“第三道防线”，在职权范围内对合规要求落实情况进行监督，对违规行为进行调查，按照规定开展责任追究。

第三章　合规风险管理机制

合规风险，是指企业及其员工在经营管理过程中因违规行为引发法律责任、造成经济或者声誉损失以及其他负面影响的可能性。

一、“三重一大”决策机制

“三重一大”事项坚持集体决策原则。企业应当健全议事规则，明确“三重一大”事项的决策规则和程序，完善群众参与、专家咨询和集体决策相结合的决策机制。企业党委（党组）、董事会、总经理办公会等决策机构要依据各自的职责、权限和议事规则，集体讨论决定“三重一大”事项，防止个人或少数人专断。要坚持务实高效，保证决策的科学性；充分发扬民主，广泛听取意见，保证决策的民主性；遵守国家法律法规、党内法规和有关政策，保证决策合法合规。党委（党组）、董事会以及总经理办公会依法合规设定决策权限，在权限范围内行使决策权或授权。

二、风险识别评估预警机制

合规风险识别是发现、收集、确认、描述合规风险以及整理和储存合规风险信息的过

程，包括对风险根源、风险成因、风险事件及潜在后果的识别。合规风险识别是合规风险管理的首要步骤、前提和基础。

（一）风险识别清单

各业务部门和职能部门逐项梳理本部门工作内容，结合各项必须遵循的法律法规和政策文件，确定工作中的合规风险点，把这些风险点按照风险程度和发生概率排列出来，形成风险识别清单进一步夯实合规管理工作基础。

（二）岗位合规职责清单

原则上，各部门各内设机构各岗位，均应对应清晰的岗位职责。对照岗位职责明确合规义务，汇总岗位合规审查、合规风险防控应对、合规培训宣贯以及相关合规机制运行要求，明确岗位合规职责和违规后果，形成岗位合规职责清单，支撑和指导各岗位员工合规履职。

（三）流程管控清单

进一步强调将合规要求嵌入业务流程和管理流程，通过识别合规风险，在内控流程中设置关键风控点，增加合规审查环节，各环节、各流程合规管控节点依次确认，形成流程管控清单。

三、合规审查机制

加强合规审查是规范经营行为、防范合规风险的重要关口。企业加快健全完善合规审查工作机制，将合规审查作为必经程序嵌入经营管理流程。重大决策事项的合规审查意见由首席合规官签字，对决策事项的合规性提出明确意见。业务及职能部门、合规管理部门依据职责权限完善审查标准、流程、重点等，定期对审查情况开展后评估。

四、考核评价和监督追责机制

（一）考核评价机制

企业应当定期开展合规管理体系有效性评价，针对重点业务合规管理情况适时开展专项评价，强化评价结果运用。应当将合规管理作为法治建设重要内容，纳入对所属单位的考核评价。加快建立所属单位经营管理和员工履职违规行为记录制度，将违规行为性质、发生次数、危害程度等作为考核评价、职级评定等工作的重要依据。

（二）监督追责机制

企业应当完善违规行为追责问责机制，明确责任范围，细化问责标准，针对问题和线索及时开展调查，按照有关规定严肃追究违规人员责任。企业加快建立经营管理和员工履职违规行为记录制度，将违规行为性质、发生次数、危害程度等作为考核评价、职级评定等工作的重要依据。

第四章 合规文化

合规文化是组织成员普遍遵守的依法合规经营的思想观念、道德标准和价值取向，是企业诚信经营的意识和行为。良好的企业合规文化有助于弥补法规和制度漏洞，防范和减少合规风险，重构企业文化。合规文化建设机制包括常态化合规培训机制、合规宣传教育、合规文化培育等。

一、常态化合规培训机制

企业应当注重合规培训的普及性，将合规培训纳入员工培训范围，每年制定合规培训计划，组织合规培训，通过培训让员工掌握基本合规知识和合规管理要求；注重合规培训的专业性，持续关注法律、规则和准则的最新发展，密切结合企业的重点合规风险项目，及时为管理层提供合规建议；注重合规培训的有效性，通过合规检查和考核检测合规培训教育的效果，对出现违规行为的企业和个人进行重点培训教育；注重合规培训的规范性，有关合规培训的信息和事项应当记录在案，包括培训的时间地点和方式、培训人员和培训材料、受训人员的签到表和其他证明其参加培训的有关证明材料、培训考试的试卷和结果等。

二、合规宣传教育

合规宣传教育是指通过多种方式宣传合规知识，提倡合规风气，对合规理念进行宣传和倡导，协助培育合规文化。合规理念的宣导方式应注意针对性、创新性和知识性，达到合规文化宣传效果。

三、合规文化培育

企业应当通过建立有效的合规管理组织体系、制度体系、合规风险管控机制和合规文化建设机制，围绕"企业重视合规、全员主动合规、合规创造价值"的合规理念，鼓励合规的行为，倡导合规的风气，营造合规的氛围，培育本单位的合规文化，形成合规管理软实力。

第五章 合规重点领域

在坚持全面合规基础上，聚焦合规管理重点，精准实施合规管理措施，确保合规风险防范到位、处置及时。企业应当明确划分合规管理重点领域和重点环节，针对劳动用工、知识产权、网络安全和数据安全、反垄断、资金管理、境外投资经营等重点领域，集中优势、精准施策，确保合规管理工作落到实处。

一、劳动用工

企业要坚持依法合规用工，遵循平等自愿、协商一致、诚实信用的原则，与员工依法合规订立、变更、解除和终止劳动合同。要切实维护员工合法权益，为员工提供安全的工作环境，保障员工健康。坚持平等、公平、公正对待员工，反对任何歧视和骚扰行为，不容忍员工的威胁、暴力、欺凌或其他类似行为。鼓励和支持员工合理反映诉求，在发生劳动纠纷的情况下，积极寻求保护双方利益的解决方案。

二、知识产权

建立健全知识产权管理体系，加强企业知识产权的管理、保护和利用；鼓励发明创造，促进科技进步和技术创新；全面检索，避免侵犯他人的知识产权也避免重复研发无效劳动；避免在商标申请时因使用相同或近似商业标识侵犯他人在先知识产权，或落入驰名商标跨类保护范围，面临权利人索赔；在知识产权的维护上及时有效，避免对知识产权因管理不当无效；在面对侵权行为时及时启动维权程序；在日常的经营中避免侵犯他人知识产权。

三、网络安全和数据安全

建立健全网络安全和数据安全管理制度，按照相关法律、合规管理的要求，尽快开展内部数据安全合规培训，提高各级企业、各部门及全体员工对数据安全、个人信息保护的合规意识；开展数据处理活动应当加强风险监测，发现数据安全缺陷、漏洞等风险时，应当立即采取补救措施；发生数据安全事件时，应当立即采取处置措施；任何组织、个人不得窃取或者以其他非法方式获取数据，不得非法出售或者非法向他人提供个人信息；个人信息处理者不得公开其处理的个人信息等。

四、反垄断

建立健全反垄断合规管理制度，将反垄断合规管理纳入现有合规管理体系；明确合规工作职责和负责人，完善反垄断合规咨询、合规检查、合规汇报、合规培训、合规考核等内部机制，降低企业的合规风险；禁止滥用市场支配地位；依法进行经营者集中申报，未申报的不得实施集中；坚持公平竞争，坚决抵制一切破坏或可能破坏公平竞争的垄断行为；禁止与具有竞争关系的竞争者达成横向垄断协议；禁止与交易相对人达成具有排除、限制竞争效果的纵向垄断协议等。

五、资金管理

不得违反决策和审批程序或超越权限筹集和使用资金;不得违反规定以个人名义留存资金、收支结算、开立银行账户;不得设立"小金库";不得违反规定集资、发行股票或债券、捐赠、担保、委托理财、拆借资金或开立信用证、办理银行票据等;不得虚列支出套取资金;不得违反规定超发、滥发职工薪酬福利;加强财务内控,杜绝资金挪用、侵占、盗取、欺诈等。

六、境外经营投资

建立健全企业境外投资管理制度,提高决策质量和风险防范水平,组织开展定期审计,加强境外投资管理机构和人才队伍建设,加强对各级子企业境外投资活动的监督和指导。

第六章 违规举报

逐步建立健全违规举报受理和处置机制,接收处理对公司各部门、所出资企业及全体员工违反合规管理要求行为的举报。

设立违规举报平台,畅通举报渠道,广泛接收违规举报信息。

合规管理牵头部门负责组织开展违规举报信息的接收、受理、核查等工作。

举报人信息受保护,禁止任何针对投诉举报人的打击报复行为。

举报平台:

第七章 附 则

一、本手册由××公司合规管理部负责解释、修订。

二、本手册自发布之日起实施。

××公司

××××年××月××日

二、员工合规承诺书(示例)

我已收悉并理解《××公司合规手册(2023版)》(以下简称《合规手册》)的全部内容,清楚合规要求及违反合规要求应承担的责任,自愿严格遵守公司合规管理制度,主动承担合规职责,积极履行合规义务。在此,我郑重承诺:

1. 认真学习、全面理解、严格遵守适用于本岗位及经办业务相关的法律法规、监管规定、行业准则、商业惯例等要求,依法依规履职尽责;

2. 知悉并遵守公司规章制度和《合规手册》,严守工作纪律,合规开展各项工作;

3. 忠诚敬业,诚实守信,廉洁自律,遵守社会公德,尊重社会公序良俗,维护公司形象;

4. 在职责范围内约束、监督相关合作伙伴遵守法律法规和规章制度;

5. 知悉并掌握公司及本业务领域相关的合规知识,积极参加公司组织的合规培训,增强合规意识,践行合规文化,不断提升依规履职能力;

6. 严守风险底线,在履职过程中充分识别、主动防范、积极应对合规风险;

7. 不参与任何违法违规活动,如发现违反法律法规、公司规章制度及《合规手册》的行为,积极向公司有关部门反映;

8. 认真履行岗位合规职责,自觉接受监督检查,自愿承担因本人失信、失职,违法、违规以及配合监管不力等带来的后果。

本人声明:以上内容本人已完全理解并自愿遵守。在公司工作期间,如发生违背上述承诺事项的行为,本人自愿接受公司处分,并承担相应法律责任。

承诺人:

签署日期:

三、高级管理人员合规承诺书(示例)

本人自愿作出如下承诺:

一、廉洁自律,严守合规底线

严格遵守宪法、法律法规、监管规定、商业规范和行业准则,严格遵守公司章程和规章制度,严禁商业贿赂、不正当竞争、谋取不正当利益等违规行为,坚决拒绝金钱、物品、有价证券以及其他任何形式的馈赠,筑牢"八项规定"堤坝,绝不触碰"合规底线""法律红线"。

二、恪尽职守,履行忠诚勤勉义务

严格履行对公司的忠诚、勤勉义务,以促进公司发展、维护公司的良好声誉为己任,不从事任何损害公司声誉和利益的行为。切实推动公司合规体系建设,坚持将合规融入经营生产的全过程。

三、诚实守信,坚持合规经营

坚持诚实守信、规范运作、稳健经营,不以不正当手段谋求竞争优势,将"合规从高层做起、全员主动合规、合规创造价值"的理念内化于心、固化于制、外化于行,以高水平合规管理护航公司高质量发展。

四、强化学习,提升合规意识

牢固树立合规理念,加强合规知识学习,积极参与合规培训,加大合规文化宣导和推广力度,做依法合规的积极践行者、模范引领者和坚定捍卫者。

五、严格监督，落实合规责任

全面落实合规管理责任，层层压实岗位职责，从严督导考核，务求工作实效，对于不合规行为，坚决问责追责到人，督促彻底整改到位。

承诺人：

签署日期：

四、“三重一大”事项申报表(示例)

填报(承办)部门:　　　　　　　　　　　　　　　　　　填报日期:

申报事项	关于审议××事项的请示
申报事项类别	□1. 重大决策事项　□2. 重要人事任免 □3. 重大项目投资　□4. 大额资金使用
审议会议	□党委会　□董事会 □董事长办公会　□总经理办公会
申报事项概述	
部门负责人意见	
法务部审核意见	本部门依据《××公司三重一大决策管理办法》,已从专业角度对申报事项进行了合法合规性审核,主要意见如下: □本申报事项符合法律法规、监管规定和公司章程、规章制度等规定。 □本申报事项经法务部合法合规性审核、提交党委会审议通过后,需要提报公司董事会审议。 □本申报事项经公司内部决策程序审议通过后,需要上报××单位备案。
首席合规官(法律合规分管领导)审核意见	
合法合规性审核相关材料	承办部门提交的相关材料包括: 相关依据包括:
备注	

填报人:　　　　　　　　　　　　　　　　　　审核人:

联系电话:

五、合规风险识别清单（示例）

序号	业务		合规风险点	发生风险的可能性	风险后果	防控措施	责任部门	涉及岗位	合规依据	
	类别	事项							外部规范	内部规范
1.1	法律管理	重大决策事项	重大决策事项提交有权机构审议前未经法律合规审核	小	方案存在违反有关监管规定的情况，或法律风险防控措施不完备，可能引发法律责任	制作《合规审核表》，由承办部门/管理部门/合规部门/首席合规官根据管理要求填写合规审核意见	法律合规部	法律合规主管、法律合规专员	《中央企业合规管理办法》《关于进一步推进国有企业贯彻落实“三重一大”决策制度的意见》	《××集团有限公司合规管理办法》《××集团有限公司三重一大决策事项管理办法》
1.2	投资管理	公司风险治理	企业法人治理结构不完善。新设或并购企业未设定合理的、与股权比例相适应的董事会席位、表决机制；对股东提名董监事的权利及人数约定不明等	中	新设或并购企业决策及监管风险	审核新设或并购企业是否设立于股权比例相适应的董事会席位、表决机制；对股东提名董监事的权利及人数是否有约定	法律合规部	法律合规主管、法律合规专员	《国务院办公厅关于进一步完善国有企业法人治理结构的指导意见》	《××集团有限公司股权投资管理办法》

续表

序号	业务		合规风险点	发生风险的可能性	风险后果	防控措施	责任部门	涉及岗位	合规依据	
	类别	事项							外部规范	内部规范
1.3	合同及印章管理	合同管理风险	合同管理业务自身固有的潜在风险主要包括:合同应审未审、应签未签、先履行后签署,无视法律合规审核意见签署合同、合同履行过程中发生变更但未签署补充协议致使发生纠纷合同档案管理不规范等	中	未及时有效防范规范交易行为,降低合同风险,造成合同纠纷风险隐患,合同档案管理不善,为处置纠纷造成困难	合同审批表、技术合同审批表、采购合同审批表等	法律合规部	法律合规主管、法律合规专员	《中华人民共和国民法典》	《××集团合同管理办法》

六、重点岗位合规职责清单(示例)

序号	部门	岗位	合规职责	部门责任人	备注
1	法律合规部	合规主管	1. 拟定合规管理制度; 2. 起草并审核法律文件; 3. 对公司重大决策、规章制度、重要合同进行合规审查; 4. 建立合规审查事项清单; 5. 明确合规审查依据、制定审查规则、复核规则; 6. 对合规风险进行识别、评价,撰写年度合规报告; 7. 受理合规举报、组织开展合规调查; 8. 组织开展合规培训、签订合规承诺。	法律合规部主任	
2	法律合规部	合规专员	1. 审核合同主体、内容、形式是否合法合规; 2. 审核合同涉及的法律关系是否清晰; 3. 审核合同条款是否完备,主、从合同及其附件是否齐全和相互衔接; 4. 审核各方权利义务是否明确,是否显失公平; 5. 审核合同表述是否有歧义、有矛盾,是否具有可操作性; 6. 审核违约救济措施是否充分,是否有效保障公司利益; 7. 审核争议解决方式和法律适用条款是否利于保护公司利益; 8. 审核合同内容是否符合公司《合同管理办法》等内部规章制度的要求。		
3					

七、合规流程管控清单(示例)

<table>
<tr><th rowspan="2">序号</th><th rowspan="2">业务领域</th><th rowspan="2">业务事项</th><th colspan="2">发起部门合规管控</th><th colspan="4">会签审核部门合规管控</th><th colspan="4">决策机构合规管控</th><th colspan="2">落实部门/岗位合规管控</th></tr>
<tr><th>发起部门</th><th>发起部门合规管控措施</th><th>会签审核部门一(责任岗)</th><th>会签审核部门二(责任岗)</th><th>会签审核部门三(责任岗)</th><th>会签审核部门合规管控措施</th><th>决策机构一</th><th>决策机构二</th><th>决策机构三</th><th>牵头落实部门(责任岗)</th><th>落实岗位</th><th>落实部门/岗位合规管控措施</th></tr>
<tr><td rowspan="3">1</td><td rowspan="3">投资并购</td><td rowspan="3">股权投资</td><td>投资部－项目专员</td><td>做好前期合规调查、论证、审查等工作,起草重大决策事项合规审查报告书</td><td rowspan="3">财务部－经理</td><td rowspan="3">法律合规部－经理</td><td rowspan="3">首席合规官</td><td rowspan="3">审核投资合同及审查相关法律风险、财务风险、税务风险……进一步完善重大决策事项合规审查报告书内容</td><td rowspan="3">党委会</td><td rowspan="3">总经理办公会</td><td rowspan="3">董事会</td><td rowspan="3">法律合规部</td><td rowspan="3">法律合规部经理</td><td rowspan="3">规范相关合同的签订和履行,根据重大决策事项合规审查意见书的有关内容切实有效防控股权投资行为中的合规风险</td></tr>
<tr><td>投资部－项目主管</td><td>审核</td></tr>
<tr><td>投资部－经理</td><td>签署重大决策事项合规审查报告书部门意见</td></tr>
</table>

八、岗位合规风险识别表(示例)

公司名称	××公司				
岗位名称	工程部经理				
序号	工作类别	主要工作内容清单	对应合规义务	对应公司内部制度规定	合规风险
1	工程管理	1. 负责建设工程施工管理; 2. 负责组织建设工程验收。	1. 法律,发改委、住建部、所在省市颁布的工程验收方面法规; 2. 反商业贿赂规定、廉洁从业规定等; 3. 公司做出的交付质量的承诺。		1. 违反法律法规规定风险:违反国家工程质量验收标准,违反实名制规定; 2. 生产安全风险:违反国家工程建设安全规定; 3. 环境违法风险:违反国家环境保护规定; 4. 舞弊风险:验收过程中私自修改技术参数、报告内容、收买技术质量验收人员; 5. 腐败风险:施工管理过程中吃拿卡要; 6. 文明施工违约风险:工程建设噪声过大引发的投诉,进而可能导致违约。

续表

公司名称	××公司				
岗位名称	工程部经理				
序号	工作类别	主要工作内容清单	对应合规义务	对应公司内部制度规定	合规风险
2	工程预算	1. 负责工程预算报批； 2. 负责建设工程结算报批。	1. 法律，发改委、住建部、所在省市颁布的工程量计量方面法规； 2. 反商业贿赂规定、廉洁从业规定等； 3. 公司做出的工程量计量误差控制的承诺。		1. 违反法律法规规定风险：违反国家工程量计量规定； 2. 舞弊风险：工程预算、结算可能存在虚增预算、重复计项计量、偏离合同范围计量； 3. 腐败风险：编制预算、结算报告过程中可能收受相关方利益输送。
3	工程定价	1. 掌握内部决定的工程价格； 2. 掌握投标人信息； 3. 掌握工程预算量； 4. 掌握工程决算量。	1.《中华人民共和国保守国家秘密法》《中华人民共和国保守国家秘密法实施条例》等保密相关法律法规； 2. 反商业贿赂规定、廉洁从业规定等； 3. 公司内部保密工作管理规定。		1. 违反法律法规规定风险：违反国家保密、个人信息保护工作法律法规； 2. 舞弊风险：出售投标人企业及个人信息、公司内部预算量、决算量信息； 3. 腐败风险：向投标人透露预算、决算信息，收受对方利益输送。
4					
5					
6					

九、合规风险等级评估表(示例)

合规风险发生的可能性评估。发生的可能性运用从“1”至“9”的赋值方法					
发生可能性	极高	高	中等	低	极低
分值 风险 事项	9	7	5	3	1
制度设计执行	关于本条合规风险行为,在制度设计或执行方面极不规范	关于本条合规风险行为,在制度设计或执行方面不规范	关于本条合规风险行为,在制度设计或执行方面规范性一般	关于本条合规风险行为,在制度设计或执行方面较为规范	关于本条合规风险行为,在制度设计或执行方面规范
人员素质	很不了解外部合规要求及企业相关制度;合规意识极为淡薄	不尽了解外部合规要求及企业相关制度;合规意识不强	对外部合规要求及企业相关制度熟悉程度一般;合规意识一般	较为熟悉外部合规要求及企业相关制度;合规意识较强	熟悉外部合规要求及企业相关制度;合规意识极强
监督力度	监督力度强,违规行为总能被及时查处	监督力度较强,违规行为通常能被及时查处	监督力度一般,违规行为一般能被及时查处	监督力度较弱,违规行为偶尔能被及时查处	监督力度很弱,违规行为通常不能被及时查处

续表

合规风险影响程度评估。影响程度运用从“1”至“9”的赋值方法					
风险影响程度	极高	高	中等	低	极低
评分	5	4	3	2	1
经济责任（损失）	500万元以上	200万～500万元	100万～200万元	10万～100万元	10万元以下
非经济责任	管理人员被追究刑事责任；单位被吊销营业执照或相关许可证等严重责任	管理人员被行政拘留、员工被追究刑事责任；单位被责令停业整顿等较为严重责任	员工被行政拘留；单位被责令停止违规、限期整改、纠正不当等一般责任	单位被通报批评、责令道歉、消除影响等较轻的责任	单位被约谈，不承担其他违规责任
声誉损失	负面消息流传世界各地，业界口碑严重下滑，公众负面评论爆发，对企业声誉造成无法弥补的损害	负面消息在全国各地流传，引起公众大范围讨论和持续关注，对企业声誉造成重大损害	负面消息在公司所在区域流传，并引起公众关注，无法短时间内及时化解，对企业声誉造成一定损害	负面消息在当地局部流传，采取应急措施后能在短时间内控制和化解，对企业声誉造成轻微损害	负面消息在企业周边流传并很快化解，企业声誉基本无损

十、员工违规情况申诉单(示例)

<table>
<tr><td colspan="6">违规情况申诉单</td></tr>
<tr><td>姓名:</td><td></td><td>身份证号:</td><td></td><td>岗位:</td><td></td></tr>
<tr><td>违规事实(列明日期、违规情节等情况)</td><td colspan="5"></td></tr>
<tr><td>员工确认</td><td colspan="5">□认可　□不认可
签字:　　　日期:　　　______年______月______日</td></tr>
<tr><td>员工意见及申诉理由</td><td colspan="5">签字:　　　日期:　　　______年______月______日</td></tr>
<tr><td colspan="2">部门负责人意见</td><td colspan="2">人力资源部意见</td><td colspan="2">总经理意见</td></tr>
<tr><td colspan="2">签字:
______年______月______日</td><td colspan="2">签字:
______年______月______日</td><td colspan="2">签字:
______年______月______日</td></tr>
<tr><td colspan="6">备注:
1. 如实填写违规事实,不得捏造、虚构事实或为逃避责任而恶意诬陷他人。
2. 如果违规员工拒绝签字的,由部门负责人与人力资源部人员组成见证人共同签字并注明情况。
3. 如果员工拒绝在本核实单上签字的,见证人共同签字视为违规情况核实单生效。
4. 员工对违规事实不认可的,应在员工意见及申诉理由处写明具体意见、理由,若拒绝填写的,可视为认可违规事实部分内容。</td></tr>
</table>

十一、数据安全合作责任承诺书(示例)

致:××公司

鉴于贵、我双方已就××项目/业务进行合作并签署《××合同》(合同编号:××),现我司就合作中的数据安全责任事宜做出郑重承诺,并严格遵守以下规定:

一、我司承诺恪守良好的职业道德,自觉遵守《中华人民共和国网络安全法》《中华人民共和国数据安全法》《中华人民共和国个人信息保护法》《全国人民代表大会常务委员会关于加强网络信息保护的决定》《关于办理侵犯公民个人信息刑事案件适用法律若干问题的解释》等国家有关信息安全的方针政策、法律法规、行政规定;严格执行贵司各项信息安全规章制度,包括但不限于《××数据安全风险防控工作指引》《××据安全管控分类分级实施指南》《××数据安全管理制度》。

二、建立我司内部数据合规、数据安全的规章制度和技术标准等文件,具备项目所需的网络信息服务安全能力,在数据存储系统受到攻击时能够采取必要措施、手段进行有效防护;保证项目参与人员均接受内部培训并签署保密协议及数据安全承诺书,保证项目参与人员具备足够的专业技术能力及工作经验。

三、我司承诺严格遵守贵司关于信息安全、数据合规等方面的规定,对贵司负责并接受贵司监督,在××项目之外不通过任何方式对工作过程中获得的账户、密钥、口令、加解密程序和软件、加解密数据文件、测试工具和源代码以及业务合作中获得的任何客户信息等加以利用。

四、贵司各业务系统、平台收集存储的用户数据及业务数据,我司承诺采取有效措施加强数据保护、严密防范数据泄露,切实保障国家、社会、企业及客户利益。

五、我司承诺不泄露、传播、使用或变相使用、公布、倒卖、转让或以其他任何方式让第三方知悉贵司的企业数据、商业秘密、用户信息等,以及虽属他人但贵司负有保密义务的技术秘密、商业秘密、个人隐私等。

六、本承诺书涉及的各类数据信息仅用于××项目的合作,除此之外任何情形下我司对上述数据信息的使用均视为我司违反本承诺书。

七、我司确认员工在项目实施期间和离职脱秘期内所有与上述数据信息相关的行为均为职务行为。若我司员工未按本承诺书使用数据信息,或未遵守数据安全管理规定造成的信息泄露,包括但不限于向任何第三方披露数据及用户信息,或利用上述数据信息向第三方提供咨询服务或进行研究开发,均视为我司违反本承诺。

八、在《××合同》解除或履行完毕后20日内,我司将交回或彻底删除合作中所获得的所有数据及信息并在删除后提供已删除的证明。

九、如违反本承诺,我司自愿支付《××合同》总价30%的违约金,同时还将赔偿由此给贵司造成的一切损失,包括但不限于贵司因维护自身合法权利产生的鉴定费、律师费、诉讼费、差旅费等。

十、本承诺书经我司加盖公章后即时生效,本承诺书的效力溯及至《××合同》生效之日。

十一、本承诺书作为《××合同》不可分割的部分与合同正文具有同等法律效力。

××公司

年　月　日

（注:国有企业可要求合作伙伴签署该承诺书,保障数据安全）

十二、数据合规尽职调查清单(示例)

公司业务情况	公司基本业务情况说明
	公司工商内档
	公司组织架构及各部门岗位职责介绍
	公司有关数据安全管理的组织架构及职责描述
	公司股权穿透组织架构图(含分支机构)
	目标公司是否是涉及关键信息基础设施的企业
	目标公司是否为跨国企业,在境外是否设有实体或有经营活动
公司相关数据管理制度	数据安全相关管理制度
	数据分类分级制度
	数据主体权利保护制度
	数据和网络安全事件应对制度
	个人信息安全影响评估制度
	数据出境管理制度
	网络信息系统运行维护管理制度
	网络信息系统操作权限管理制度
	网络安全与信息保护管理制度
	网络安全等级设定及保护管理制度
	供应商/合作伙伴网络安全和数据保护评估审查制度
	数据和信息安全负责人/机构管理制度
	信息安全运行操作手册

续表

公司相关数据安全保护措施	目标公司计算机信息系统安全等级
	数据隐私保护书面协议/政策以及具体执行
	目标公司数据合规负责人员的安排
	目标公司有无因数据隐私合规问题受到政府部门的调查或处罚？有无发生过数据泄露事件？有无因数据问题产生争议？
公司员工相关制度	员工手册
	劳动合同
	劳务派遣协议
	实习生见习协议
	退休人员返聘协议
	外包服务商合同
	员工保密协议
	员工竞业协议
公司所需数据收集	数据来源及其合法证明
	知情同意书
	公司隐私协议/政策
公司数据储存、使用及分享相关证明	数据交易协议：数据分享、出售协议
	网络存储协议：若贵司相关数据库、数据信息储存在云平台上，请提供相应与云平台相关的协议
	数据处理协议：若公司存在委托第三方对数据进行处理的情况，请提供相关协议
	数据运行基础设施采购协议
	数据历年匿名化情况
	数据内部的流转、使用情况
	数据对外流转情况以及其目的、反馈情况
	数据流向境外的情况、目的以及监测反馈
	数据安全风险应急应对机制
	数据销毁周期及其情况反馈
	IT 应用系统清单
	IT 基础设施清单
	境内服务器运行数据的存储位置

十三、员工数据安全承诺书(示例)

本人郑重承诺遵守本承诺书的有关条款,如有违反本承诺书有关条款的行为,由本人承担由此带来的一切民事、行政和刑事责任。

一、本人承诺遵守《中华人民共和国网络安全法》《中华人民共和国数据安全法》《中华人民共和国个人信息保护法》《中华人民共和国反电信网络诈骗法》《全国人民代表大会常务委员会关于加强网络信息保护的决定》《关于办理侵犯公民个人信息刑事案件适用法律若干问题的解释》及国家其他有关法律、法规和公司内部规章制度。

二、本人承诺不利用网络或自身掌握的技术手段实施危害国家安全、泄露国家秘密的活动,不侵犯国家、社会、集体公共利益和第三方的合法权益,不从事违法犯罪活动。

三、本人承诺严格按照国家相关的法律法规做好个人社交媒体信息安全管理工作。

四、本人承诺落实公司各项网络安全管理制度和各项安全保护技术措施。

五、本人承诺不制作、复制、查阅和传播下列信息:

1. 反对宪法所确定的基本原则的;

2. 危害国家安全,泄露国家秘密,颠覆国家政权,破坏国家统一的;

3. 损害国家荣誉和利益的;

4. 煽动民族仇恨、民族歧视,破坏民族团结的;

5. 破坏国家宗教政策,宣扬邪教和封建迷信的;

6. 散布谣言,扰乱社会秩序,破坏社会稳定的;

7. 散布淫秽、色情、赌博、暴力、凶杀、恐怖或者教唆犯罪的;

8. 侮辱或者诽谤他人,侵害他人合法权益的;

9. 含有法律、行政法规禁止的其他内容的。

六、本人承诺不从事下列危害计算机信息网络安全的活动:

1. 未经允许,进入计算机信息网络或者使用计算机信息网络资源的;

2. 未经允许,对计算机信息网络功能进行删除、修改或者增加的;

3. 未经允许,对计算机信息网络中存储或者传输的数据和应用程序进行删除、修改或者增加的；

4. 故意制作、传播计算机病毒等破坏性程序的；

5. 其他危害计算机信息网络安全的。

七、本人承诺当计算机信息系统发生重大安全事故时，立即采取应急措施，保留有关原始记录，并在第一时间向公司报告。

八、若违反本承诺书有关条款和国家相关法律法规的，本人直接承担相应法律责任。

九、本承诺书自签署之日起生效。

个人签名：

日期：年　月　日

十四、合同申请审批单(示例)

申请日期:

<table>
<tr><td colspan="2">合同名称</td><td></td><td>合同编号</td><td></td></tr>
<tr><td colspan="2" rowspan="2">签约主体名称</td><td>甲方:</td><td>合同金额</td><td></td></tr>
<tr><td>乙方:</td><td>合同期限</td><td></td></tr>
<tr><td colspan="2">合同内容说明</td><td colspan="3"></td></tr>
<tr><td colspan="2">送审部门负责人</td><td></td><td>经办人</td><td></td></tr>
<tr><td rowspan="6">审查意见</td><td>主管部门</td><td colspan="3"></td></tr>
<tr><td>财务部</td><td colspan="3"></td></tr>
<tr><td>人资部</td><td colspan="3"></td></tr>
<tr><td>投资部</td><td colspan="3"></td></tr>
<tr><td>法务部</td><td colspan="3"></td></tr>
<tr><td>办公室</td><td colspan="3"></td></tr>
<tr><td colspan="2">总经理</td><td colspan="3"></td></tr>
<tr><td colspan="2">董事长</td><td colspan="3"></td></tr>
</table>

(注:各部门的审查意见以各公司的业务和职能部门设置情况为准)

十五、案件登记表(示例)

收案日期:

<table>
<tr><td>案件名称</td><td colspan="3"></td></tr>
<tr><td>经办人</td><td></td><td>联系方式</td><td></td></tr>
<tr><td colspan="2">当事人</td><td colspan="2"></td></tr>
<tr><td colspan="2">案件基本情况
(案情介绍、涉案金额、争议焦点)</td><td colspan="2"></td></tr>
<tr><td colspan="2">是否聘请第三方机构</td><td colspan="2"></td></tr>
<tr><td colspan="2">是否属于重大案件</td><td>□是,属于以下第____种情况
1. 涉案金额达到5000万元人民币或者等值外币以上
2. 涉案金额达到上一年度经审计净利润绝对值10%以上,且金额超过2000万元人民币或者等值外币
3. 可能产生较大影响的群体性案件或者系列案件
4. 涉及单位犯罪的刑事案件
5. 其他涉及企业重大权益或者具有重大影响的案件</td><td>□否</td></tr>
<tr><td colspan="2">已收集证据材料</td><td colspan="2"></td></tr>
<tr><td colspan="2">下一步工作安排</td><td colspan="2"></td></tr>
<tr><td colspan="2">备注</td><td colspan="2"></td></tr>
</table>

十六、结案报告(示例)

案号：

<table>
<tr><td>案由</td><td></td><td>涉案金额</td><td colspan="2"></td></tr>
<tr><td>案件名称</td><td colspan="4"></td></tr>
<tr><td>案件发生原因</td><td colspan="4"></td></tr>
<tr><td rowspan="2">对方当事人
基本情况</td><td>单位名称</td><td></td><td>联系人</td><td></td></tr>
<tr><td>联系地址</td><td></td><td>联系方式</td><td></td></tr>
<tr><td>生效法律文书</td><td colspan="4">(2023)××民初××号民事判决书</td></tr>
<tr><td>处理结果</td><td colspan="4"></td></tr>
<tr><td>经办人结案意见</td><td colspan="4">建议本案结案</td></tr>
<tr><td>总法律顾问审批意见</td><td colspan="4">同意结案</td></tr>
<tr><td>经验总结
(示例)</td><td colspan="4">本案所涉××合同纠纷数量及涉案金额较高，主要原因在于……在后续工作中，建议业务部门合规管理专员关注合同履行情况，发现对方当事人出现或者可能出现违约情况时，及时报法务部、总法律顾问研究处理对策。</td></tr>
</table>

填表时间：

十七、合规法律意见书(示例)

××公司法审〔2023〕××号

根据《中央企业合规管理办法》等有关法律法规的规定,结合《××公司三重一大决策管理办法》等规章制度要求,基于××部门提供的材料,现对××事项进行合法合规性审核,出具本意见书。

一、基本情况

简要概括决策事项,对承办部门就决策事项提交的资料、涉及的材料进行全面梳理后反映的法律事实进行归纳(如发现材料缺漏或存在矛盾之处,应及时联系承办部门补充提供)。

二、审核依据

列示相关审核依据,包括现行有效法律法规、司法解释、其他规范性文件、行业准则及公司内部规章制度等。

三、法律分析及风险提示

针对决策事项提炼出待论证的核心法律关系,围绕该法律关系展开合法合规性、程序适当性分析。着重关注可能产生的法律合规风险,并判断该风险可能对公司产生的影响。对作出合法合规判断的,应论证其合法合规性和法律可行性;对作出违法违规判断的,应指出法律障碍、法律风险和所违反的具体法律或制度条款(如果发现可能存在较大法律风险或者对公司利益产生较大不利影响的内容,需要作出特别提示)。

四、审核结论

鉴于上述分析,出具结论性意见。总体结论要明确决策方案是否合法合规,认为决策方案应当调整的,协调有关部门调整后,建议履行“三重一大”决策程序;认为决策方案存在重大法律风险或障碍的,或对决策方案存在重大分歧的,建议暂缓履行后续决策程序。

五、建议

列举保障决策合法合规实施的法律建议,以及防范、化解法律风险的措施或注意事项。

起草人:
审核人:
复核人:
签发人:
日　期: